**国家社会科学基金项目(批准号：17XJL004)**

国家社科基金丛书
GUOJIA SHEKE JIJIN CONGSHU

# 互联网驱动区域
# 创新能力提升的效应研究

Research on the Effect of Regional Innovation
Capability Improving Driven by Internet

惠宁 著

人民出版社

# 序　言

当前,我国已经建成了门类齐全、独立完整、实力雄厚的制造业体系,产出规模跃居世界第一,创新能力不断增强。但中国的现实情况是实体经济"大而不强"的问题比较突出[①],实体经济与虚拟经济结构性失衡严峻,亟须寻求新动能推动实体经济高质量发展,实现实体经济由大变强的历史性跨越。以互联网为代表的新一代信息技术为区域创新能力的提升、实体经济的高质量发展提供了前所未有的战略机遇。互联网及数字技术无疑已经成为驱动区域创新的关键动能,本书沿着"理论分析—现实测度—实证检验—政策设计"的基本逻辑,论述互联网发展对区域创新能力提升的理论机理、影响效应、融合路径与政策建议。这一研究对于推动产业转型升级、推动区域经济高质量发展,加快实现制造强国、质量强国、网络强国、数字中国具有重要的理论和现实意义。

多年来,我们坚持把制造强国、质量强国、网络强国、数字中国作为研究的重点方向,围绕互联网、大数据和人工智能对企业、产业和区域创新能力展开了深入研究,团队成员先后申报完成了"互联网驱动区域创新能力提升的效应与路径研究"(项目号:17XJL004)、"双向跨境投资驱动中国创新发展的时

---

① 黄群慧:《论新时期中国实体经济的发展》,《中国工业经济》2017年第9期。

空演化机制及其共轨溢出效应"(项目号:19BJL076)、"农村劳动力相对贫困人口的行为决策特征及干预研究"(项目号:19XSH019)、"长三角区域一体化下科技资源共享的动态演化机制研究"(项目号:20CGL061)等国家社会科学基金项目十余项,产生了《互联网驱动传统产业创新发展研究》(2016)、《数字经济推动中国产业结构转型升级的效应研究》(2017)、《技术进步促进装备制造业高质量发展的路径研究》(2018)、《互联网发展对中国制造业高质量发展的影响研究》(2018)、《互联网驱动文化产业高质量发展的效应研究》(2019)、《人工智能对中国制造业创新效率的影响研究》(2020)等十余篇博士论文选题,团队成员在《财政研究》《统计研究》《中国软科学》《经济科学》《统计与信息论坛》《社会科学研究》《科技进步与对策》《陕西师范大学学报》等期刊发表互联网、人工智能和大数据与实体经济深度融合等相关学术论文100余篇。

《互联网驱动区域创新能力提升的效应研究》是在国家社会科学基金项目"互联网驱动区域创新能力提升的效应与路径研究"(项目号:17XJL004)报告基础上修改完成的。研究采用查阅文献、查阅机构研究报告、国家重点网站、政府工作报告等收集资料,通过梳理互联网和区域创新相关的学术文献和经典著作,明确研究动态及进一步研究空间;通过查阅中国信息通信研究院发布的《中国数字经济发展白皮书》、中国互联网络信息中心发布的《中国互联网络发展状况统计报告》等机构报告归纳中国互联网发展的历史演化;通过查阅国务院官网、人民网、光明网等重点网站明确互联网驱动区域创新的发展现状;通过学习国家领导人重要讲话,学习《"十四五"数字经济发展规划》《中国共产党第十九次全国代表大会公报》《中共中央十九届五中全会公报》《中国共产党第二十次全国代表大会公报》等党和政府的公报,把握互联网与区域创新能力融合的政策方向。

《互联网驱动区域创新能力提升的效应研究》数据采集来源于2006—2020年中国30个省份,涉及被解释变量、核心解释变量、中介变量、门槛变量以及控制变量的数据收集。(1)被解释变量为区域创新能力。原始数据来源于《中国科技年鉴》《中国教育经费统计年鉴》《中国高技术产业统计年鉴》《中国人口统计年鉴》《中国统计年鉴》。(2)核心解释变量为互联网。原始数据来源于《中国互联网统计报告》《中国统计年鉴》和国家统计局。由于官方权威机构对网站数的原始数据只更新到 2018 年,故 2019—2020 年的数据用 2006—2018 年的平均增长率进行估算;互联网普及率和网民数的原始数据只更新到 2017 年,故 2018—2020 年的数据根据 2006—2017 年平均增长率进行估算。(3)中介变量原始数据来源于《中国人口统计年鉴》和《中国统计年鉴》。(4)门槛变量原始数据均来源于《中国统计年鉴》。(5)控制变量原始数据来源于《中国科技统计年鉴》《中国金融年鉴》《中国劳动统计年鉴》《中国统计年鉴》。

《互联网驱动区域创新能力提升的效应研究》以互联网发展促进区域创新能力提升为逻辑起点,梳理相关研究成果,研究互联网发展对区域创新能力影响的理论机理,论证互联网为什么会影响和如何影响区域创新能力,构建互联网发展与区域创新能力的指标测度体系,分析互联网发展对区域创新能力的时空演变规律、空间差异及变动趋势,基于线性效应、中介效应、网络效应和异质效应视角考察互联网发展对区域创新能力的传导渠道、影响差异、门槛特征,探讨互联网与区域创新的有效融合路径与政策创新,促进互联网与中国区域创新能力提升的深度融合,实现制造强国、质量强国、网络强国、数字中国。本书的主要内容包括以下几个方面:

第一,互联网对区域创新能力影响的理论分析框架。结合互联网对区域创新能力提升的演化过程,归纳总结中国互联网与区域创新能力的发展阶段特征及融合规律,科学界定互联网与区域创新能力的内涵,阐述互联网对区域创新能力提升的内在机理。(1)从互联网技术、互联网平台和互联网思维三个层面构建互联网对区域创新能力影响的动力机制框架,分析互联网为何会驱动区域创新能力提升。(2)从人力资本、创业活动和城市化三个角度出发,构建互联网驱动区域创新能力提升的传导机制框架,诠释互联网如何提升区域创新能力。(3)从互联网发展和创新价值链两个维度出发,探索互联网对区域创新能力影响的非线性和异质性效应机理,解释互联网与区域创新能力之间为何会存在非线性关系以及互联网的创新溢出效应为何会存在差异。

第二,互联网和区域创新能力的现实测度研究。结合互联网和区域创新能力的内涵与特征,从互联网基础设施、互联网信息资源、互联网普及规模、互联网应用程度四个维度和创新投入、创新产出、创新环境三个维度分别构建互联网发展水平和区域创新能力指标体系,采用全局主成分分析法测度2006—2020年中国30个省份互联网发展指数和区域创新能力发展指数,从时间维度回答中国15年互联网和区域创新能力发展水平的变化趋势;从空间维度回答中国30个省份互联网和区域创新能力发展水平的区域差异和空间布局;从时空维度回答中国30个省份2006—2020年互联网和区域创新能力发展水平的格局变动和演变特征,客观把握互联网和区域创新能力发展的现实情况和变化趋势。

第三,实证分析互联网对区域创新能力的影响效应。采用固定效应模型、系统广义距估计模型、空间回归模型、中介效应模型、面板门槛模型等计量方法分析互联网对区域创新能力提升的影响规律。(1)从线性效应视角揭示互联网对区域创新能力的长期影响和空间溢出,考察互联网对区域创新能力的当期影响和滞后效应,分析邻近区域互联网对本区域创新能力的溢出效应。(2)从中介效应视角探索互联网驱动区域创新能力提升的渠道,检验互联网能否通过人力资本、创业活动和城镇化进程推动区域创新能力的提升。(3)从网络效应视角明确互联网对区域创新能力提升的门槛特征,揭示外部环境约束下与区域创新能力匹配的最优"互联网发展水平区间"。(4)从异质效应视角论证互联网资源量和互联网普及度对区域创新能力的影响差异,考察互联网在研发投入和开发转化不同价值链环节对区域创新能力溢出效应的差异。

第四,互联网与区域创新能力的融合路径研究。以"互联网+区域创新"融合为目标,按照围绕产业链部署创新链,围绕创新链部署服务链的总体框架,设计"微观—中观—宏观"三维立体的互联网与区域创新能力融合路径。(1)从思维理念、生产经营和管理系统三个方面研究企业创新路径,论述企业如何借助互联网构建多元化创新能力矩阵;(2)从产业互联网、工业互联网和消费互联网三个维度研究产业创新路径,阐述产业如何依靠互联网形成有序的创新推进结构;(3)从创新要素集聚共生体系、政产学研协同创新平台、创新创业云服务平台和分享经济创新平台四个方面研究区域创新的宏观路径,诠释区域如何通过互联网打造完善的创新创业生态系统。

第五,互联网促进区域创新能力提升的政策建议。以理论分析和实证研究的结论为基础提出政策建议。(1)强化顶层设计,构建科技创新体系。立足国际化视野,构建数字创新体系;综合多元政策工具,构建创新政策体系。(2)深化网络应用,加快建设网络强国。推进信息基础设施建设,拓展互联网应用场景,关注网络安全问题,提升网络治理能力。(3)壮大企业创新主体,加强企业创新能力建设。夯实企业创新主体地位,增强财税补贴政策力度,丰富创新资金融通渠道,完善知识产权保护制度。(4)推动产业结构优化升级,提高产业整体素质。支持产业基础能力再造,确保产业链供应链稳定,形成有竞争力的产业集群。(5)畅通区域创新渠道,打造区域科创走廊。厚植人力资本优势,支持创业创新活动,推进智慧城市建设,强化区域科技合作,提高对外开放水平。

《互联网驱动区域创新能力提升的效应研究》认为:(1)中国互联网和区域创新呈现上升态势。中国互联网发展水平和区域创新能力呈现上升态势,但增长速度缓慢,存在严重的空间分布不均衡、不充分、不协调现象,整体表现为"东部>中部>西部"的梯度规律,并且随着时间的推移,"东高西低、两极分化"的空间分布特征愈加凸显。(2)互联网对区域创新能力具有显著的促进作用。这种影响具有明显的时滞性和持续性,在中西部地区的溢出效应尤为显著。中国省际的区域创新能力存在正向的空间溢出效应,相邻或者相近地区互联网发展能够正向影响本地区的创新能力,但互联网对邻近地区区域创新能力的提升具有负面的溢出效应。(3)互联网可以通过提高人力资本水平、开展创业活动、推动城镇化进程驱动区域创新能力提升。中介效应存在明显的区域差异,从人力资本视角看,西部地区的互联网发展无法带动人力资本的提升,中介效应不成立;从创业活动视角看,西部地区的互联网发展对创业活动尚未产生影响,中介效应不显著;从城市化视角看,无论在东部地区还是在中西部地区,城市化均是互联网影响区域创新能力的重要渠道。(4)互联网与区域创新能力之间存在复杂的非线性关系。互联网对区域创新能力存在显著的边际报酬递增的非线性特征,东部、中部和西部地区分别呈现"N"型的三重门槛效应、边际报酬递减的双重门槛效应和倒"U"型的三重门槛效应。在要素禀赋、产业结构和知识产权保护的外部环境约束下,两者之间分别呈现倒"U"型、倒"N"型和倒"U"型的门槛特征。(5)互联网对区域创新能力的促进作用存在明显的异质性。从互联网维度看,互联网资源对区域创新能力的促进作用呈现边际效率递增规律,表现为"西部>中部>东部"的区域差异;互联网普及对区域创新能力的促进作用呈现倒"U"型的特征,表现为"东部>中部>西部"的区域差异。从价值链维度看,互联网对区域研发创新能力和区域转化创新能力的促进作用均呈现边际效率递增规律,但互联网研发溢出效应在中部地区不显著,互联网转化溢出效应在中部地区和西部地区不显著。

《互联网驱动区域创新能力提升的效应研究》研究成果的创新程度、特色和主要建树包括以下几个方面。(1)从"互联网技术—互联网平台—互联网思维"的视角,论证互联网和区域创新能力之间的逻辑关系。作为一种技术,互联网可以促进信息传递、区域互联,通过前向和后向的技术关联带动技术创新;作为一种平台,互联网可以推动资源优化配置,增加可供配置资源的数量,带动区域创新;作为一种思维,互联网重塑了内外部区域创新环境,颠覆了区域创新模式。构建互联网驱动区域创新能力提升的理论分析框架,刻画互联

序　言

网助推区域创新能力提升的内在逻辑。从人力资本机制、创业活动机制和城市化机制三个层面,阐述互联网推动区域创新能力提升的传导机制;从互联网发展和创新价值链两个层面,阐述互联网对区域创新能力的差异机理;从要素禀赋、产业结构和知识产权保护三个层面,阐述互联网发展对区域创新能力的非线性规律,在一定程度上拓展了产业经济学、信息经济学和发展经济学的研究范畴。(2)从"线性效应—中介效应—网络效应—异质效应"的视角,分析互联网对区域创新能力的影响效应。互联网与区域创新能力之间是否存在长期均衡关系,互联网能够通过哪些渠道推动区域创新能力提升,互联网发展对区域创新能力的影响是否存在非线性关系,互联网发展对区域创新能力影响的异质效应如何,本书需要构建数理模型、采用大样本和大数据对这些问题进行实证检验,把互联网纳入区域创新的研究框架,采用固定效应模型、系统广义距估计、空间回归模型、中介效应模型、门槛面板技术等计量方法分析互联网驱动区域创新能力提升的影响规律,考察互联网与区域创新能力的线性关联,探索互联网驱动区域创新能力的中介效应,厘清互联网对区域创新能力的非线性动态规律,分析互联网驱动区域创新能力的异质影响,从而客观反映互联网影响区域创新能力提升的影响效应,为释放互联网和区域创新的"合力"效应提供经验证据。(3)从"微观—中观—宏观"路径选择的视角,探索互联网与创新能力深度的融合路径。按照围绕产业链部署创新链,围绕创新链部署服务链的总体框架,设计"互联网+区域创新"融合路径。企业如何利用互联网构建多元化创新能力矩阵,从思维理念、生产经营和管理系统三个方面研究企业创新的微观路径;产业如何借助互联网形成有序的创新推进结构,从产业互联网、工业互联网和消费互联网三个维度研究产业创新的中观路径;区域如何以互联网为支撑塑造完善的创新创业生态,从创新要素集聚共生体系、政产学研协同创新平台、创新创业云服务平台和分享经济创新平台四个方面研究区域创新的宏观路径,诠释区域如何打造完善的创新创业生态系统。

《互联网驱动区域创新能力提升的效应研究》是根据国家社会科学基金

"互联网驱动区域创新能力提升的效应与路径研究"（项目号：17XJL004）报告修改而成的，西安邮电大学经济与管理学院讲师刘鑫鑫博士和西北大学经济管理学院博士生宁楠负责国家社会科学基金"互联网驱动区域创新能力提升的效应与路径研究"资料的整理、研究报告初稿的撰写，付出了艰辛的劳动，在此表示深深的谢意！课题组成员西安财经大学经济学院副教授周宇博士，昆明理工大学管理与经济学院校聘教授韩先锋博士，陕西师范大学国际商学院讲师马微博士，西北大学经济管理学院博士生许潇丹、王丹和于茜参与了资料的收集、报告的讨论和成果论文发表的撰写，使国家社会科学基金"互联网驱动区域创新能力提升的效应与路径研究"得以顺利结题，并鉴定为良好，在此表示感谢！

《互联网驱动区域创新能力提升的效应研究》得到了"西北大学学术著作出版基金资助"，西北大学经济管理学院在人力和物力上全面支持，使本书得以顺利出版，在此表示衷心的感谢！在书稿的修改写作过程中，我们参阅了国内外许多经济学方面的论著、教材和论文，吸收了其中的部分研究成果，谨向这些论著、教材和论文的作者表示感谢！人民出版社经济与管理编辑部主任郑海燕编审对本书提出了许多修改意见，做了大量的编辑工作，在此表示深深的谢意。同时，由于互联网对区域创新能力的影响效应研究范围大、现实发展日新月异，许多新问题、新情况和新动态需要进一步探讨，本书难免存在一些疏漏，诚请同人、读者批评指正，使我们的研究不断完善，经济学理论不断发展。

惠　宁

2022 年 10 月 16 日于西北大学长安校区

# 目 录

**导 论** ·············································································· 001
    第一节　研究背景与意义 ································· 002
    第二节　研究思路与方法 ································· 005
    第三节　研究视角与技术路线 ···························· 008
    第四节　研究问题与主要内容 ···························· 010
    第五节　研究重点与难点 ································· 014

**第一章　互联网驱动与区域创新能力研究现状分析** ············ 017
    第一节　互联网发展的相关研究分析 ···················· 017
    第二节　区域创新能力的相关研究分析 ················· 025
    第三节　互联网与创新能力关系的相关研究分析 ······· 033
    第四节　进一步研究的空间 ······························ 040

**第二章　互联网驱动区域创新能力提升的理论分析框架** ······ 043
    第一节　互联网驱动区域创新能力提升的研究框架 ···· 043
    第二节　互联网驱动区域创新能力提升的动力机制 ···· 048

第三节　互联网驱动区域创新能力提升的传导机制 …………… 059
　　第四节　基于动力机制和传导机制的拓展分析 ………………… 067

第三章　互联网驱动区域创新能力提升的作用机理研究 …… 074
　　第一节　互联网的内涵及特征 …………………………………… 074
　　第二节　区域创新能力的内涵、构成与特征 …………………… 082
　　第三节　互联网驱动区域创新能力发展的作用研究 …………… 090

第四章　互联网与区域创新能力发展的历史演化研究 ……… 097
　　第一节　信息化是互联网发展的基础 …………………………… 097
　　第二节　我国互联网发展历史的梳理 …………………………… 101
　　第三节　互联网对区域创新能力提升的演化逻辑 ……………… 112

第五章　互联网和区域创新能力的发展测度体系研究 ……… 122
　　第一节　评价指标体系的构建 …………………………………… 122
　　第二节　发展指数的测度 ………………………………………… 129
　　第三节　时空特征的分析 ………………………………………… 141

第六章　互联网发展对区域创新能力的线性效应 …………… 152
　　第一节　互联网对区域创新能力线性效应计量模型的设定 …… 152
　　第二节　线性效应的变量选取和数据来源 ……………………… 154
　　第三节　互联网发展对区域创新能力的直接影响检验 ………… 158
　　第四节　互联网发展对区域创新能力的空间影响检验 ………… 168

第七章　互联网发展对区域创新能力的中介效应 …………… 178
　　第一节　互联网对区域创新能力中介效应计量模型的设定 …… 178

第二节　中介效应的变量选取和数据来源 …………………… 182
　　第三节　基于人力资本水平的中介效应检验 ………………… 185
　　第四节　基于创业活动水平的中介效应检验 ………………… 190
　　第五节　基于城市化进程的中介效应检验 …………………… 195

## 第八章　互联网发展对区域创新能力的网络效应 ……………… 202
　　第一节　互联网对区域创新能力网络效应计量模型的设定 …… 202
　　第二节　网络效应的变量选取和数据来源 …………………… 205
　　第三节　互联网发展对区域创新能力的网络效应检验 ……… 207
　　第四节　互联网发展影响区域创新能力网络效应的约束
　　　　　　机制 ……………………………………………………… 215

## 第九章　互联网发展对区域创新能力的异质效应 ……………… 225
　　第一节　互联网对区域创新能力异质效应计量模型的设定 …… 225
　　第二节　异质效应的变量选取和数据来源 …………………… 227
　　第三节　基于互联网维度的异质效应检验 …………………… 230
　　第四节　基于价值链维度的异质效应检验 …………………… 239

## 第十章　互联网与区域创新的融合路径研究 …………………… 247
　　第一节　互联网与区域创新融合路径的框架设计 …………… 247
　　第二节　微观路径：构建企业多元创新能力矩阵 …………… 249
　　第三节　中观路径：形成有序的产业创新推进结构 ………… 260
　　第四节　宏观路径：打造完善创业创新生态系统 …………… 268

## 第十一章　互联网驱动区域创新能力提升的政策建议 ………… 277
　　第一节　强化顶层设计，构建科技创新体系 ………………… 277
　　第二节　深化网络应用，加快建设网络强国 ………………… 282

第三节　夯实企业创新主体地位,提升企业创新能力……… 285

第四节　推进产业结构优化升级,提高产业整体素质……… 288

第五节　畅通区域创新渠道,高质量打造区域科创走廊……… 291

**参考文献** ……………………………………………………… 297

# 导　论

当前,在全球新一轮科技革命和产业变革中,以互联网、人工智能、区块链、云计算和大数据等为代表的数字经济与经济社会领域融合的广度和深度不断拓展,引发了企业创新体系、产业竞争格局、区域创新能力以及国家经济形态的重大变革,以互联网为代表的新一代信息技术为区域创新能力的提升、实体经济的高质量发展提供了前所未有的战略机遇。在传统产业动力不足、实体经济亟待转型升级的背景下,探究互联网对区域创新能力的理论机理、影响效应和融合路径,掌握互联网对区域创新活动的作用规律,对于学习贯彻习近平总书记在党的二十大报告中提出的"加快建设现代化经济体系,着力提高全要素生产率,着力提升产业链供应链韧性和安全水平,着力推进城乡融合和区域协调发展,推动经济实现质的有效提升和量的合理增长"。"建设现代化产业体系。坚持把发展经济的着力点放在实体经济上,推进新型工业化,加快建设制造强国、质量强国、航天强国、交通强国、网络强国、数字中国。"[①]实现传统产业转型升级,区域创新能力提质增效,实体经济高质量发展,具有重要的理论价值和现实意义。

---

[①] 习近平:《高举中国特色社会主义伟大旗帜　为全面建设社会主义现代化国家而团结奋斗——在中国共产党第二十次全国代表大会上的报告》,人民出版社2022年版,第28—29、30页。

## 第一节 研究背景与意义

### 一、研究背景

以互联网、大数据、人工智能、云计算等为代表的数字经济的迅猛发展在培育国家竞争优势、推动产业结构转型、促进企业技术创新等方面的重要作用已经得到了高度重视与广泛认可。2015年3月,时任总理的李克强同志在工作报告中正式提出"互联网+"行动计划;7月,国务院颁布《关于积极推进"互联网+"行动的指导意见》,重点提出要充分发挥互联网创新驱动作用,以促进创新创业为重点,推动各类要素资源聚集、开放和共享,引导和推动社会形成"大众创业、万众创新"的局面。党的十九大报告提出,要建设现代化经济体系,必须把发展经济的着力点放在实体经济上,把提高供给体系质量作为主攻方向,显著增强我国经济质量优势。加快建设制造强国,加快发展先进制造业,大力推动互联网、大数据、人工智能和实体经济的深度融合。党的十九届五中全会指出,要发展数字经济,推动数字经济和实体经济深度融合,打造具有国际竞争力的数字产业集群。《中华人民共和国国民经济和社会发展第十四个五年规划和二〇三五年远景目标纲要》强调要加快数字发展、建设数字中国,打造数字经济新优势。2020年11月20日,习近平主席在亚太经合组织第二十七次领导人非正式会议上指出"数字经济是全球未来的发展方向,创新是亚太经济腾飞的翅膀",倡议"释放数字经济潜力,为亚太经济复苏注入新动力"。[①] 2021年10月18日,中共中央政治局就推动我国数字经济健康发展进行第三十四次集体学习,习近平总书记主持学习并强调"数字经济健康发展有利于推动构建新发展格

---

① 习近平:《习近平在亚太经合组织第二十七次领导人非正式会议上的讲话》,人民出版社2020年版,第14页。

局、有利于推动建设现代化经济体系、有利于推动构筑国家竞争新优势"。①

实践中,以大数据、互联网、第五代移动通信技术(5G)、人工智能、云计算等为代表的新一代信息技术正在深刻影响着人类生产与生活方式。互联网正逐渐成为新时代推进创新发展、优化产业结构、提高经济质量的重要驱动力量,"互联网+"成为不可阻挡的时代潮流,互联网及数字经济充分发挥了其驱动经济社会效率变革、动力变革和质量变革的潜力。我国数字经济规模稳居世界前列,2020年增速居9.7%的高位水平,是拉动经济增长的关键动能。数字经济赋能实体经济提质增效成果丰硕,其中工业数字经济在全行业增加值中的比重达到了21%。② 数字经济与社会生活和政府治理融合质量不断增强,特别是在新冠疫情期间为创新社会治理,有序复工复产作出了重要贡献。③ 因此,在国家大力推进"互联网+"战略和全面创新改革战略的背景下,继续深挖我国互联网规模优势和应用优势,有效促进互联网发展与区域创新能力深度融合,引导形成持续创新的良好局面,推动区域高质量发展是我国积极应对全球新一轮科技革命和产业变革,提高国家创新力和竞争力的必要选择。

## 二、理论意义

第一,构建理论分析框架,回答互联网对区域创新能力影响的内在逻辑。互联网与区域创新能力的融合是新时代下各领域探讨的热点问题,研究互联网和区域创新能力的本质特征,搭建互联网有效支持区域创新能力提升的理论分析框架,从互联网技术、互联网平台和互联网思维三个方面构建互联网对

---

① 习近平:《不断做强做优做大我国数字经济》,《求是》2022年第2期。
② 中国信息通信研究院:《中国数字经济发展白皮书》,中国信息通信研究院2021年版,第5—7页。
③ 中国互联网络信息中心:《第46次中国互联网络发展状况统计报告》,中国互联网络信息中心2020年版,第53页。

区域创新能力影响的动力机制,从人力资本、创业活动和城市化三个维度研究互联网对区域创新能力影响的传导机制,揭示互联网影响区域创新能力的内在机理,回答互联网怎么影响以及如何影响区域创新能力的问题,在一定程度上拓展了产业经济学、信息经济学和发展经济学的研究范畴。

第二,采用多种计量方法,研究互联网对区域创新能力的影响效应。建立互联网对区域创新能力影响的实证研究体系,综合采用固定效应模型、中介效应模型、系统广义距估计模型、门槛面板模型等计量方法分析互联网对区域创新能力的影响效应。从线性视角揭示互联网对区域创新能力的直接影响,从中介视角探索互联网对区域创新能力的间接影响,从非线性视角明确互联网对区域创新能力的门槛规律,从异质效应论证互联网对区域创新能力的异质影响,对于明晰互联网与区域创新能力间的内在逻辑关系具有重要意义。

第三,围绕产业链部署创新链、服务链,探索互联网与区域创新的融合路径。从思维理念、生产经营和管理系统三个方面研究企业创新的微观路径,论述企业如何利用互联网构造多元化创新能力矩阵;从产业互联网、工业互联网和消费互联网三个维度研究产业创新的中观路径,阐述产业如何形成有序的创新推进结构;从创新要素集聚共生体系、政产学研协同创新平台、创新创业云服务平台和分享经济创新平台四个方面研究区域创新的宏观路径,诠释区域如何打造完善的创新创业生态系统,具有一定的学术价值。

### 三、现实意义

第一,构建测度互联网发展和区域创新能力的指标体系,为互联网促进区域创新发展提供现实依据。在科学性、全面性、合理性、可操作性的原则下,结合中国互联网和区域创新的实际情况,构建互联网发展和区域创新能力的指标体系,采用全局主成分分析法测度互联网与区域创新能力的综合水平,分析中国互联网发展和区域创新能力的时空演变,对于客观把握互联网和区域创新能力发展的现实状况,明确互联网激励区域创新能力的重点和难点,形成创新发展新动能具有重要的现实意义。

第二,从理论和实证双重维度探讨互联网对区域创新的影响效应,为政府、企业决策提供参考。探讨互联网驱动区域创新能力的理论机制、影响效应和融合路径,不仅为不同省份如何结合自身资源禀赋、技术能力、市场环境等因素,采取适合自身发展的"互联网+"战略和创新改革战略提供策略支撑,也为相关部门解决新常态下经济发展面临的结构调整、产能过剩等一系列矛盾提供政策依据。实证验证互联网能够通过提高人力资本水平、鼓励开展创业活动、加快城市化进程等途径间接激发互联网创新红利,为政府、企业等找准影响创新能力的关键要素,并利用互联网提升创新活动的质量和效率提供决策参考。

第三,探讨互联网与区域创新的有效融合路径,为互联网与区域创新发展的融合提供对策建议。论证互联网和区域创新改革的合力效应,充分激发"互联网+"的创新溢出红利,设计互联网与区域创新的融合方式,疏通区域创新路径,均衡区域创新布局,发挥互联网基础设施投资与区域创新能力的协同效应,打造创新创业生态系统,保障区域创新发展的宽松友好环境,为互联网促进区域创新能力提升提供有效的政策支持。对于推动互联网与区域创新的深度融合,重塑创新体系、激发创新活力和培育新兴业态,激发数字经济的潜力,实现数字经济产业化、产业经济数字化,促进经济高质量发展具有重要的现实意义。

## 第二节 研究思路与方法

### 一、研究思路

遵循"提出问题→分析问题→解决问题"的研究基本范式,沿着"互联网对区域创新能力影响的内在逻辑→现实测度→影响效应→路径选择→政策创新"逻辑脉络,构建互联网对区域创新能力影响的理论分析框架,测度互联网和区域创新能力水平,论证互联网对区域创新能力的影响效应,设计互联网与区域创新能力融合的有效路径和政策。研究视野从小到大,分析问题逐步深入,论证导向不断逼近实践应用,在调研基础上将实证研究与规范研究、经验归纳与理论演绎、一般分析与典型分析充分结合,紧密围绕"互联网对区域创新能力的影响效应"核心主题,探讨互联网和区域创新发展的规律,总结互联网激发区域创新能力过程中存在的问题,最终归结到为推动互联网与区域创新的有效融合提供路径与政策建议上。研究思路具体遵循以下范式:

提出问题——科学界定互联网和区域创新能力内涵,总结互联网驱动区域创新能力提升的历史演化过程,分析互联网为何会影响区域创新能力、互联网如何影响区域创新能力,阐述互联网对区域创新能力影响的动力机制和传导机制,论证互联网与区域创新能力之间为何呈现非线性关系、互联网的创新溢出效应为何存在差异。论述是否存在激励区域创新能力的最优互联网发展水平区间,互联网影响区域创新能力过程中存在哪些规律可应用于优化融合路径和政策设计?

分析问题——研究互联网影响区域创新能力的理论机制,设计新常态下互联网发展和区域创新能力指标测度体系,测算相关数据指数,从线性效应、中介效应、网络效应、异质效应角度探讨互联网对区域创新能力的影响效应,揭示互联网对区域创新主体之间的作用规律,分析互联网驱动区域创新能力影响的强度效应、空间溢出、传导渠道、门槛特征以及差异影响,解释互联网发展为什么以及如何影响区域创新能力等问题。

解决问题——遵循互联网对区域创新能力的影响规律,探讨"互联网+区域创新"有效融合的实施路径和政策创新,研究"互联网+全面创新"改革战略的"合力"效应,提出相关的政策建议,充分激发"互联网+"的创新溢出红利。研究思路见图 0-1。

导　论

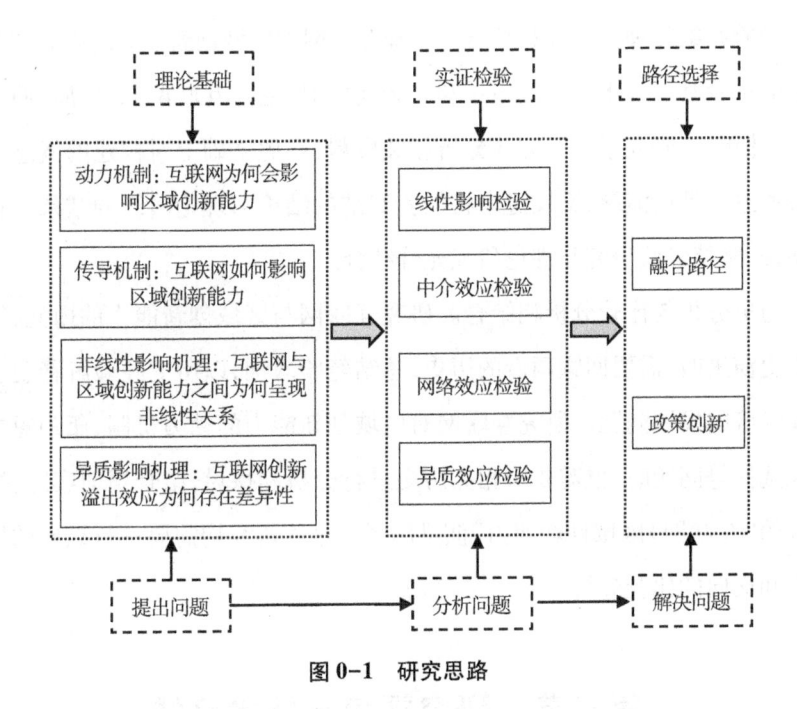

图 0-1　研究思路

## 二、研究方法

多学科交叉研究。综合运用区域经济学、产业经济学、制度经济学、信息技术理论、统计学、计量经济学、计算机科学与技术等多学科理论分析工具,研究互联网对区域创新能力提升的效应和路径,为互联网与区域创新能力的深度融合提供理论支持。

规范研究与实证研究相结合。在构建互联网对区域创新能力影响的理论框架,分析互联网与区域创新能力的内涵、特征及历史演进,设计互联网与区域创新能力深度融合的路径和政策时,以规范分析为主。在探究互联网对区域创新能力影响效应时,以实证分析为主,通过使用固定效应模型、系统广义距估计模型、空间杜宾模型、面板门槛回归技术、中介效应等多种计量方法对变量之间存在的潜在关系进行检验。规范研究与实证研究相结合的思路既体现了定性研究的规范性,又渗透了定量研究的严谨性。

经验归纳与理论演绎相结合。梳理互联网与区域创新能力的内涵、特征、历史演进及其设计水平指标体系和路径实施时，通过互联网、数据库、期刊报纸、统计年鉴、研究报告等方式分析相关资料，在此基础上对构建的概念和数理模型进行理论演绎，又反过来将经验归纳的结论与理论演绎的结果互相参照验证，坚持经验研究与理论研究充分结合。

历史分析与比较分析相结合。研究互联网与区域创新能力的内涵、特征和历史演进时，需要回顾两者的历史，总结经验教训，以历史经验解释现实中实体经济的发展问题。研究互联网对区域创新能力的动力机制、瓶颈短板与路径选择等问题时，也需要对相关历史进行分析和探讨，结合当前实际，探索适合的"互联网+区域创新能力"演进路径。这些研究均需要进行纵向的历史分析和横向的比较分析。

## 第三节　研究视角与技术路线

### 一、研究视角

第一，基于"互联网技术—互联网平台—互联网思维"视角，论证互联网和区域创新能力之间的逻辑关系。一是构建互联网对区域创新能力影响的理论分析框架，辩证分析互联网的内涵及特征，研究互联网与区域创新能力的历史演化。二是从互联网技术、互联网平台和互联网思维三个层面分析互联网对区域创新能力影响的动力机制，回答互联网影响区域创新能力的原因。三是从互联网发展和创新价值链两个维度探索互联网对区域创新能力影响的非线性和异质性效应机理。四是从人力资本、创业活动和城市化三个视角，诠释互联网提升区域创新能力的传导机制，明晰互联网驱动区域创新能力提升的方式。

第二，基于"指标体系构建—真实水平测度—时空特征分析"的视角，评估中国互联网和区域创新能力的发展现状。一是从互联网基础设施、互联网信息资源、互联网普及规模、互联网应用程度和创新投入、创新产出、创新环境多维度分别建立互联网发展和区域创新能力指标体系。二是选择科学有效的评价方法，运用全局主成分分析法测度出 2006—2020 年 30 个省份的互联网发展水平和区域创新能力真实水平。三是从时间维度分析中国 2006—2020 年互联网和区域创新能力发展水平变化趋势和增长态势；从空间维度分析中国 30 个省份互联网和区域创新能力发展水平的布局和差异；从时空维度探讨中国各省份 2006—2020 年互联网和区域创新能力发展的格局变动和演变特征。

第三，基于"线性效应—中介效应—网络效应—异质效应"的视角，考察互联网对区域创新能力的影响效应。厘清互联网对区域创新能力提升的传导渠道、空间溢出、影响差异、门槛特征等问题。一是采用系统广义距估计、空间杜宾模型等方法明确互联网对区域创新能力的影响作用和空间溢出；二是采用中介效应模型探寻互联网影响区域创新能力的间接渠道；三是采用门槛回归技术明晰互联网与区域创新能力的非线性关系和环境约束特征；四是采用广义最小二乘法检验互联网驱动区域创新能力提升的差异。

第四，基于"微观—中观—宏观"的视角，研究互联网与创新能力深度融合的路径选择。一是从思维理念、生产经营和管理体系三个方面提出企业转型的微观路径，实现微观层次高质量发展。二是从产业互联网、工业互联网和消费互联网三个方面形成有序的产业创新推进结构，实现中观层次高质量发展。三是从创新要素集聚共生体系、政产学研协同创新、创新创业云服务和分享经济创新平台四个方面打造区域创新创业生态系统，实现宏观层次高质量发展。

第五，基于"发现问题—分析问题—提出解决方案"的视角，提出互联网促进区域创新能力提升的政策建议。以解决"互联网+区域创新"融合发展中的"难点""重点"问题为目标，从"强化顶层设计，构建科技创新体系；深化网络应用,加快建设网络强国;壮大创新主体,加强企业创新能力建设;推进产业结构优化升级,提高产业整体素质;畅通区域创新渠道,高质量打造区域科创走廊"五个方面提出对策建议,为互联网促进区域创新能力提升提供有效的政策支持。

## 二、技术路线

按照问题导向的思路,沿着"提出问题—理论研究—问题描述—规律探寻—政策设计"的基本逻辑,围绕"互联网对区域创新能力的影响效应"核心主题,在调查研究的基础上,坚持实证研究与规范研究相结合,经验归纳与理论演绎相结合,历史分析与比较分析相结合,分析互联网和区域创新发展存在的问题,提出互联网促进中国区域创新能力提升的对策建议,为推动互联网与实体经济有效融合提供新的方向,见图0-2。

# 第四节 研究问题与主要内容

## 一、研究问题

区域创新能力不仅是区域经济研究领域与实际发展中的焦点问题,而且是关乎我国经济高质量发展,实现创新驱动和构建现代化经济体系的重大现实问题。以"互联网对区域创新能力的影响效应研究"为主题,按照问题导向原则,主要解决五个方面的问题。一是论述互联网对区域创新能力影响的内在逻辑问题,回答互联网为什么以及如何影响区域创新能力。二是厘清互联网和区域创新能力的现实测度问题,明确中国互联网和区域创新发展动态和变化趋势。三是考察互联网对区域创新能力的影响效应问题,揭示互联网影响区域创新能力的直接作用、间接渠道、门槛特征、约束机制和影响差异。四是探索互联网与区域创新能力的融合路径问题,诠释区域如何推进互联网与

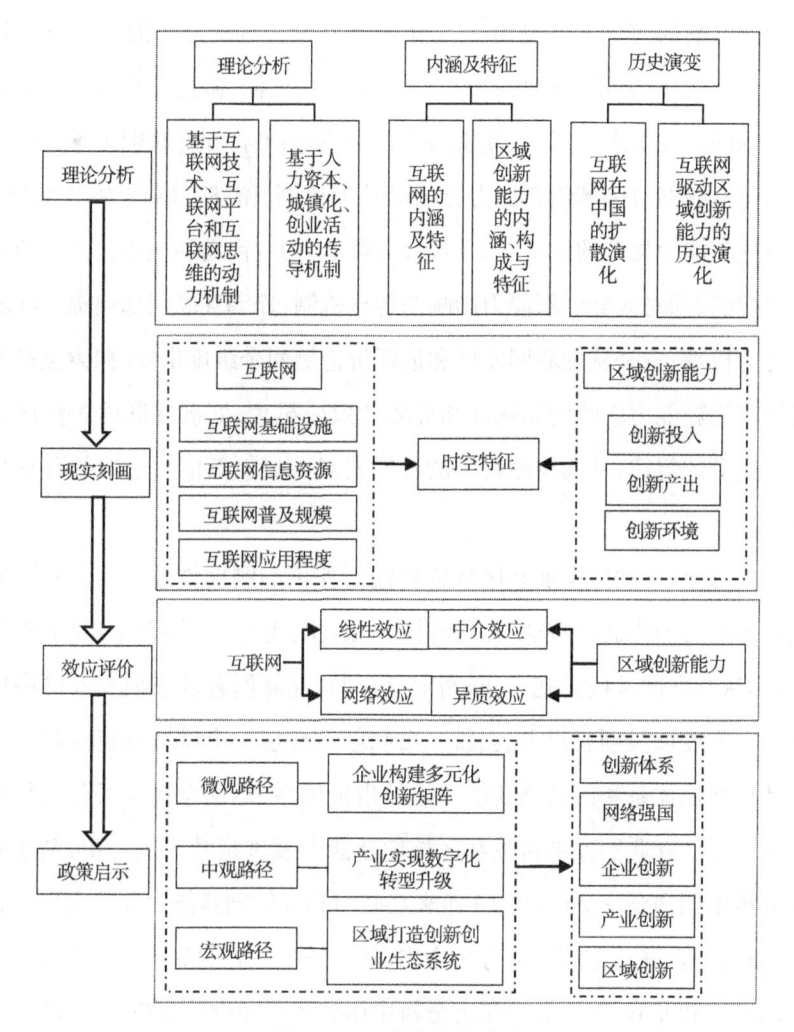

图 0-2　研究的技术路线

企业、产业的深度融合，打造完善的创新创业生态系统。五是聚焦互联网促进区域创新能力的政策建议，为深挖数字经济时代互联网发展潜力，释放互联网对区域创新能力的动能作用提供有效的政策支持。

## 二、主要内容

第一部分，互联网对区域创新能力影响的内在逻辑。结合互联网对区域

011

创新能力影响的演化过程,归纳总结中国互联网与创新能力的发展阶段特征及融合规律,科学界定互联网和区域创新能力的内涵,阐述互联网对区域创新能力影响的内在机理:一是从互联网技术、互联网平台和互联网思维三个层面出发构建互联网对区域创新能力影响的动力机制,阐述互联网为什么能够推动区域创新能力提升的机理;二是从人力资本、创业活动和城市化三个角度出发,构建互联网对区域创新能力影响的传导机制,诠释互联网如何提升区域创新能力的机理;三是从互联网发展和创新价值链两个维度出发,探索互联网发展对区域创新能力影响的非线性和异质性效应机理,明确互联网影响区域创新能力提升的规律,从而构建科学的互联网对区域创新能力影响的理论分析框架。

第二部分,互联网发展和区域创新能力评价的测度体系。结合互联网和区域创新能力的内涵和特征,在科学性、全面性、代表性、实操性和动态性原则下,分别从互联网基础设施、互联网信息资源、互联网普及规模和互联网应用程度四个维度以及创新投入、创新产出和创新环境三个维度构建互联网发展水平评价指标体系和区域创新能力评价指标体系,运用全局主成分分析法测度中国省际的互联网发展指数和区域创新能力发展指数。进一步,基于时间维度分析中国 2006—2020 年 15 年来互联网和区域创新能力发展水平变化趋势和增长态势,基于空间维度分析中国 30 个省份互联网和区域创新能力发展水平的布局和差异,基于时空维度分析中国各省份 2006—2020 年互联网和区域创新演变的特征和格局分布差异。

第三部分,互联网驱动区域创新能力提升的影响效应。采用固定效应模型、系统广义距估计模型、空间回归模型、中介效应模型、门槛面板技术等计量方法全面分析互联网驱动区域创新能力提升的影响规律。从线性效应视角揭示互联网对区域创新能力的长期影响和空间溢出,考察互联网对区域创新能力的当期影响和滞后效应,分析邻近区域互联网对本区域创新能力的溢出效应。从中介效应视角探索互联网驱动区域创新能力的影响渠道,检验互联网能否通过人力资本、创业活动和城镇化进程推动区域创新能力的提升。从网络效应视角明确互联网驱动区域创新能力提升的门槛特征,揭示外部环境约束下与区域创新能力相匹配的最优"互联网发展水平区间"。从异质效应视角论证互联网资源量和互联网普及度对区域创新能力的影响差异,考察互联网在研发投入和开发转化不同的价值链环节对区域创新能力溢出效应的差异。

第四部分,互联网与区域创新能力的融合路径。以"互联网+区域创新"融合为目标,按照围绕产业链部署创新链,围绕创新链部署服务链的总体框架,设计"微观—中观—宏观"三维互联网与区域创新能力的融合路径。在微观层面,论述企业如何利用互联网构建多元化创新能力矩阵,从思维理念、生产经营和管理系统三个方面构造企业创新的微观路径;在中观层面,论述产业如何借助互联网形成有序的产业创新推进结构,从产业互联网、工业互联网和消费互联网三个方面提出产业创新的中观路径;在宏观层面,论述区域如何以互联网为支撑塑造适宜的创新创业生态系统,从创新要素集聚共生体系、政产学研协同创新平台、创新创业云服务平台和分享经济创新平台四个方面设计区域创新的宏观路径。

第五部分,互联网促进区域创新能力提升的政策建议。以理论分析和实证研究为基础,以解决"互联网+区域创新"融合发展中的"难点""重点"问题为目标,提出针对性的政策建议。一是强化顶层设计,构建科技创新体系。立足国际化视野,构建数字创新体系;综合运用多种政策工具,构建创新政策体系。二是深化网络应用,加快建设网络强国。推进信息基础设施建设,拓展互联网应用场景,关注网络安全问题,提升网络治理能力。三是壮大企业创新主体,加强企业创新能力建设。夯实企业创新主体地位,增强财税补贴政策力度,丰富创新资金融通渠道,完善知识产权保护制度。四是推动产业结构优化升级,提高产业整体素质。支持产业基础能力再造,确保产业链供应链稳定,形成有竞争力的产业集群。五是畅通区域创新渠道,高质量打造区域科创走廊。厚植人力资本优势,支持创业创新活动,推进智慧城市建设,强化区域科技合作,提高对外开放水平。

## 第五节 研究重点与难点

### 一、研究重点

第一,互联网对区域创新能力的影响效应研究。构建数理模型,多层次、多方法、多角度检验互联网对区域创新能力的影响效应,最大限度地打开互联网影响区域创新能力的"黑箱"。采用空间回归模型检验互联网对区域创新能力的空间溢出效应;采用中介效应模型检验互联网对区域创新能力的间接影响渠道;采用门槛面板模型检验互联网对区域创新能力的非线性影响规律;采用固定效应模型检验互联网对区域创新能力的影响差异;通过实证分析明确互联网对区域创新能力提升的影响规律,为互联网与区域创新能力深度融合提供更好的数据参考,是本书的研究重点。

第二,互联网与区域创新能力的融合路径研究。以"互联网+区域创新"融合目标为导向,结合当前互联网和区域创新能力的现实情况,按照围绕产业链部署创新链,围绕创新链部署服务链的总体框架,设计"微观—中观—宏观"三维结合的融合路径体系,提出具有创新性和针对性的互联网与区域创新能力的融合路径。论述企业如何利用互联网构建多元化创新能力矩阵,产业如何借助互联网形成有序的产业创新推进结构,区域如何以互联网为支撑塑造完善的创新创业生态系统并完全释放"互联网+"创新的溢出红利,是本书的研究重点。

第三,互联网促进区域创新能力提升的政策建议。从互联网与区域创新能力的现实问题出发,通过重构科技创新体系、加快建设网络强国、加强企业创新能力、推动产业结构转型、畅通区域创新渠道五个方面对互联网促进区域创新能力的政策支持框架进行设计,基于互联网驱动区域创新能力提升的作用规律,制定长期稳定、空间关联和差异化的"互联网+区域创新"政策,深挖数字经济时代互联网发展的潜力,充分释放互联网对区域创新能力的动能作用,为激发互联网创新溢出效应提供持久有效的政策支持,是本书的研究重点。

## 二、研究难点

第一,分析互联网对区域创新能力影响的传导机制和动力机制。理论分析互联网对区域创新能力影响作用,需要立足于已有成果,也需要跳出现有理论局限,通过调研、访谈和案例等解析互联网影响区域创新能力的动力机制和传导机制,即从内生动机和外生动机两个视角出发,探讨互联网对区域创新能力提升的动力机制,理论上阐述互联网为什么会激励区域创新能力提升;探索互联网提升区域创新能力的传导机制,理论上阐述互联网如何推动区域创新能力提升。然而目前尚未有研究对互联网发展影响区域创新的原因、动力等问题进行系统回答,如何系统刻画互联网对区域创新能力的影响,前人未做过相关探讨,缺乏借鉴基础。因此,对互联网影响区域创新能力理论机理的探讨以及动力机制的设计是本书的研究难点。

第二,构建互联网与区域创新能力的测度指标体系。科学合理测度互联网与区域创新能力真实水平,是探讨互联网对区域创新能力影响效应和路径的前提,然而无论是互联网还是区域创新能力,学术界对其内涵界定尚未形成统一标准,使互联网和区域创新能力的测度较为困难,虽然多数学者对其进行了测度,但多基于某一层面进行描述,难以全面反映出两者的真实水平,因此基于互联网和区域创新能力的内涵和特征构建一套科学系统的指标体系,充分利用现有宏观数据对互联网和区域创新能力进行有效测度是本书要突破的一大难点。

第三,检验互联网驱动区域创新能力提升的影响效应。互联网与区域创

**互联网驱动区域创新能力提升的效应研究**

新能力之间是否存在长期均衡关系,互联网能够通过哪些渠道提升区域创新能力,互联网发展对区域创新能力的影响效应是否存在非线性和异质性,本书需要构建数理模型、采用大样本对这些问题进行实证检验。因此,如何准确地构造实证检验模型、选择合适的计量研究方法、有效克服内生性,验证互联网驱动区域创新能力提升的线性效应、异质效应、中介效应和非线性效应是否存在,从而客观真实地反映互联网对区域创新能力提升的影响效应也是本书的难点。

# 第一章　互联网驱动与区域创新能力研究现状分析

对互联网驱动与区域创新能力研究现状相关文献的梳理从三个方面进行分析：一是互联网发展的相关研究，可以分为互联网发展的区域差异、互联网发展的经济效应和"互联网+产业"三个方向。二是区域创新能力的相关研究，主要从区域创新系统和子系统（企业、科研机构和高校）视角入手。三是互联网与创新能力关系的相关研究，从企业、产业和区域维度探究创新溢出效应。

## 第一节　互联网发展的相关研究分析

互联网作为新型通用技术，逐渐渗透到经济社会的各个领域，引起了国内外学者的高度关注，此方面的研究可以归纳为以下三个方面。

### 一、互联网发展的区域差异

现有学者从多个角度验证了"数字鸿沟的存在"：第一，互联网发展区域差异的静态比较。刘桂芳（2006）将中国互联网域名地区分布数据与图形数据相互结合分析，指出中国互联网发展从东到西呈现阶梯状分布，东部地区和北京的互联网发展水平最高,中部地区形成了很明显的次发达地带,西部地区的互联网发展水平最低。[1] 尹楠(2015)选取网民数量、网际协议版本4地址数比例、网民规模增长速度、页面平均大小等指标测度了互联网发展状况,从城市层面分析得出,互联网发展较快的地区有北京、上海、福建、浙江、江苏、黑龙江,发展中等的地区有广东和山东,其他地区的互联网发展较为缓慢。[2] 金春枝和李伦(2016)从互联网普及和应用两个角度证实了中国区域确实存在数字鸿沟,东中西部、省份和城乡之间互联网发展存在明显的差异,东部地区和城镇地区的互联网水平远高于中西部地区和农村地区。[3] 彭坤(2017)探究了互联网发展在城乡之间的差异,发现农村在网民规模、网民学历、使用内容以及政务应用上都远落后于城镇,且在互联网发展下,这种差距有扩大的趋势。[4] 徐星星(2020)基于网络基础水平、整合发展能力、新生经济效应和协调创新潜能四个维度构建了互联网经济发展指标体系,发现以北京、上海为代表的发达城市互联网经济发展最快,以江浙为代表的东南沿海发达地区次之,以中西部地区的互联网经济发展较为落后。[5]

第二,互联网发展区域差异的动态比较研究。林娟(2013)通过计算泰勒指数发现,中国互联网的区域差异总体呈现逐渐缩小的趋势,其中东部地区是全国互联网差异的主要贡献者,西部地区内部差距不断增大,已经超过了中部地区的差异贡献率。[6] 丁疆辉等(2010)探究了农村内部信息化水平差异,发现农村内部信息化差距呈现扩大的趋势,东部、中部、西部和东北部四大地带间差异以及家用电脑的普及率差异是造成信息化区域差异的主要因素。[7] 宁

---

[1] 刘桂芳:《中国互联网区域差异的时空分析》,《地理科学进展》2006年第4期。
[2] 尹楠:《我国各省份互联网区域化发展竞争力差异分析》,《中国流通经济》2015年第9期。
[3] 金春枝、李伦:《我国互联网数字鸿沟空间分异格局研究》,《经济地理》2016年第8期。
[4] 彭坤:《"互联网+"视角下的城乡差异研究》,《农业经济》2017年第9期。
[5] 徐星星:《我国互联网经济发展评价指标体系构建与实证》,《统计与决策》2020年第11期。
[6] 林娟:《互联网对经济收敛性的影响研究》,《经济问题探索》2013年第1期。
[7] 丁疆辉、刘卫东、吴建民:《中国农村信息化发展态势及其区域差异》,《经济地理》2010年第10期。

进厅等(2010)借用锡尔系数和集中化指数分析了互联网发展的动态趋势,得出互联网用户和互联网产业的区域差异显著减小,互联网用户的缩小速度较快;在互联网产业上,互联网产业消费层面的区域差距速度快于互联网产业生产层面。① 刘传明等(2017)基于中国八大城市群之间的区域差异研究发现,八大城市群互联网金融发展的总体区域差异呈逐渐下降的趋势,城市群间差异是造成差异的主要来源,八大城市群互联网金融发展呈现出典型的 $\sigma$ 收敛和条件 $\beta$ 收敛,珠江流域具有明显的俱乐部收敛特征。②

第三,互联网影响效应的区域差异研究。荣格(Jung,2014)基于巴西的州际数据指出,互联网的出现给予落后地区更强的资源能量,更有利于推动落后地区经济的发展。③ 周宇和陈锦强(2020)证实了这种观点,认为互联网能够缩小区域之间的差距,与东部地区相比,在中西部地区互联网对实体经济创新溢出效应更为明显。④ 然而,有些学者认为落后地区信息化水平较低,无法发挥互联网影响效应。刘湖和张家平(2016)从互联网普及率、移动电话普及率与互联网投资环境三个指标探究了互联网对农村居民消费结构影响的区域差异,发现互联网发展对东部地区农村居民各项消费支出的影响强度大于中西部地区。⑤ 曹源芳(2017)基于随机前沿模型指出,互联网金融发展并未产生普惠金融的作用,中部、西部对东部地区的单向利益输出格局未有改变,经济发展中的"马太效应"和地域歧视更加突出。⑥

---

① 宁进厅、邱娟、汪明峰:《中国互联网产业发展的区域差异及其动态演进——基于生产和消费的视角》,《世界地理研究》2010 年第 4 期。
② 刘传明、王卉彤、魏晓敏:《中国八大城市群互联网金融发展的区域差异分解及收敛性研究》,《数量经济技术经济研究》2017 年第 8 期。
③ Jung J., *Regional Inequalities in the Impact of Broadband on Productivity: Evidence from Brazil*, Spain: Universitat de Barcelona, 2014, p.22.
④ 周宇、陈锦强:《互联网驱动实体经济创新发展的效应研究》,《福建论坛(人文社会科学版)》2020 年第 7 期。
⑤ 刘湖、张家平:《互联网对农村居民消费结构的影响与区域差异》,《财经科学》2016 年第 4 期。
⑥ 曹源芳:《互联网金融与区域经济均衡发展——基于随机前沿模型的区域经济收敛增长分析》,《商业研究》2017 年第 12 期。

## 二、互联网发展的经济效应

20世纪80年代,美国著名学者斯特拉斯曼(Strassman,1985)调查292个企业,发现一个奇怪的现象,这些企业的IT投资与投资回报率之间没有明显的关联。① 索洛(Slow,1987)将这种现象称为"索洛悖论",认为企业即使投入大量的信息资源也无法提高生产率。② 这一观点引起学者的密切关注,姜建强等(2002)、孙琳琳等(2012)从不同角度证实了"索洛悖论"的存在。③④ 直到1997年众多学者宣布"索洛悖论"的死亡,从直接效应和间接效应等不同层面肯定了互联网对经济增长的正向影响。

关于互联网发展对经济增长的直接影响研究。迈耶(Meyer,2007)理论探讨了互联网对经济增长的影响机理,提出互联网能够推动产品创新、降低用户成本、提高信息获取能力。⑤ 乔伊和伊(Choi 和 Yi,2009)运用全球国家的数据实证分析互联网与经济增长之间的关系,发现互联网能够显著推动经济增长。⑥ 吉梅内斯等(Jiménez 等,2014)、萨兰哈德和高(Salahuddin 和 Gow,2016)分别采用墨西哥和南非的时间序列数据探究了互联网使用率与经济增长之间的关系,研究表明,两者之间存在明显的正向长期关系。⑦⑧ 李立威和

---

① Strassman P.A., *Information Payoff the Transformation of Work in the Electronic Age*, New York: Free Press, 1985, pp.243-244.
② Solow R.M., "We'd Better Watch Out", *New York Times Book Review*, Vol.12, No.7, 1987.
③ 姜建强、乔延清、孙烽:《信息技术革命与生产率悖论》,《中国工业经济》2002年第12期。
④ 孙琳琳、郑海涛、任若恩:《信息化对中国经济增长的贡献:行业面板数据的经验证据》,《世界经济》2012年第2期。
⑤ Meyer T., "Online P2P Lending Nibbles at Banks' Loan Business", *Deutsche Bank Research*, No.7, 2007.
⑥ Choi C., Yi M.H., "The Effect of the Internet on Economic Growth: Evidence from Cross-country Panel Data", *Economics Letters*, Vol.105, No.1, 2009.
⑦ Jiménez M., Matus J.A., Martínez M.A., "Economic Growth as a Function of Human Capital, Internet and Work", *Applied Economics*, Vol.46, No.26, 2014.
⑧ Salahuddin M., Gow J., "The Effects of Internet Usage, Financial Development and Trade Openness on Economic Growth in South Africa: A Time Series Analysis", *Telematics and Informatics*, Vol.33, No.4, 2016.

景峰(2013)通过构建个体时点双向固定效应模型肯定了互联网的经济效应,提出互联网普及率对人均实际 GDP 的弹性为 1.38%。[1] 郭家堂和骆品亮(2016)采用理论和实证相结合的方法探究了互联网与经济增长质量之间的关系,得出互联网对技术进步推动型的中国全要素生产率有显著的促进作用。[2] 刘姿均和陈文俊(2017)在考虑空间影响的作用下互联网与区域经济发展水平之间的关系,研究结果表明,当控制空间因素后,互联网普及率对经济发展仍具有明显的推动作用。[3]

关于互联网发展对经济增长的间接影响研究。巴伦和罗伯特(Barro 和 Robert,2010)指出,信息技术的推广和移动电话的普及能够简化金融中介流程,明显降低金融中介的交易费用,间接提高国民生产总值水平。[4] 毛德勇和杜亚斌(2016)提出互联网凭借其低成本、长尾化、便捷化和大数据的特性,能够降低交易成本、推动组织变革和优化产业结构,从而通过产生规模经济效应、创新经济效应和产业结构优化效应促进经济增长。[5] 具体分析来看,基于贸易角度,弗洛恩德和温霍尔德(Freund 和 Weinhold,2002)利用 1993—1999 年的美国贸易数据,证明国家网络主机数量的增加能够推动贸易出口率的提升,互联网成本的降低也能促进贸易出口的增长。[6] 迈耶尔什(Meijers,2014)基于跨国面板数据研究发现,互联网能够通过提高贸易开放度间接推动经济

---

[1] 李立威、景峰:《互联网扩散与经济增长的关系研究——基于我国 31 个省份面板数据的实证检验》,《北京工商大学学报(社会科学版)》2013 年第 3 期。

[2] 郭家堂、骆品亮:《互联网对中国全要素生产率有促进作用吗?》,《管理世界》2016 年第 10 期。

[3] 刘姿均、陈文俊:《中国互联网发展水平与经济增长关系实证研究》,《经济地理》2017 年第 8 期。

[4] Barro,Robert J.,"Economic Growth in a Cross Section of Countries", The Quarterly Journal of Economics, Vol.106, No.2, 2010.

[5] 毛德勇、杜亚斌:《我国互联网金融发展的宏观经济效应分析——基于 PVAR 模型的实证》,《贵州社会科学》2016 年第 10 期。

[6] Freund C., Weinhold D., "The Internet and International Trade in Services", American Economic Review, Vol.92, No.2, 2002.

增长,互联网应用每提高1%,国际贸易开放度就会提升0.390个百分点,经济增长会提高0.017个百分点。① 基于消费角度,谢印成和高杰(2015)采用1999—2013年的时间序列数据建立联立方程模型,证明了互联网与中国居民消费网络之间存在相关性,消费作为经济增长的"三驾马车",间接增加了经济增长。② 祝仲坤和冷晨昕(2017)提出互联网逐渐重塑着农村居民的消费行为观念,结合2015年中国社会状况综合调查数据证实,互联网技能可以释放农村居民的消费潜力、优化农村居民消费结构,推动农村消费升级。③ 基于就业角度,阿塔索伊(Atasoy,2013)利用美国县域数据证实了互联网对劳动市场的积极影响,互联网宽带扩张1%,就业率就会提高1.8%。④ 阿克曼(Akerman等,2015)认为互联网发展所带来的技术进步能够在一定程度上执行简单的工厂线操作,有效地促进了劳动生产率的提高。⑤ 丁琳和王会娟(2020)通过构建互联网技术进步对各行业劳动力配置的理论模型,发现规模报酬小于1的行业,互联网技术进步能够提高劳动力需求,进一步实证检验发现互联网技术进步能够促进整个行业的就业。⑥

## 三、"互联网+产业"

随着"互联网+"战略的提出和推广,实体经济发展模式发生了重大变革和调整,显著推动了产业结构的优化升级。卡多纳等(Cardona等,2013)提出

---

① Meijers H., "Does the Internet Generate Economic Growth, International Trade, or Both?", *International Economics & Economic Policy*, 2014, Vol.11, No.1-2.
② 谢印成、高杰:《互联网发展对中国经济增长影响的实证研究》,《经济问题》2015年第7期。
③ 祝仲坤、冷晨昕:《互联网与农村消费——来自中国社会状况综合调查的证据》,《经济科学》2017年第6期。
④ Atasoy H., "The Effects of Broadband Internet Expansion on Labor Market Outcomes", *Industrial & Labor Relations Review*, Vol.66, No.2, 2013.
⑤ Akerman A., Gaarder I., Mogstad M., "The Skill Complementarity of Broadband Internet", *The Quarterly Journal of Economics*, Vol.130, No.4, 2015.
⑥ 丁琳、王会娟:《互联网技术进步对中国就业的影响及国别比较研究》,《经济科学》2020年第1期。

## 第一章　互联网驱动与区域创新能力研究现状分析

互联网通信技术能够通过提高产业技术效率、改变组织形式和增强产业竞争力来推动产业结构的调整。[①] 肖静华等(2015)认为,互联网的引入改变了企业生产方式,革新了企业管理模式和价值链,有利于产业结构的优化升级。[②] 徐伟呈和范爱军(2018)以互联网技术对三大产业产出的贡献率为视角,提出互联网技术对第三产业的贡献率大于第二产业和第三产业,显著驱动全国产业结构趋于高度化。[③] 具体分行业来看,主要集中于以下几方面研究。

第一,"互联网+制造业"的研究。主要探究了互联网影响制造业的内在机理、溢出效应和融合路径。童有好(2015)指出,互联网推动制造业以客户为研发中心,人才逐渐社会化,金融融资渠道拓宽,制造资源和能力云化,智能制造成为新型生产方式,个性化制造成为可能,网络营销成为主流,产品和装备技术含量不断提高,绿色制造、制造业服务化趋势日渐明显。[④] 王可和李连燕(2018)指出,互联网消除了信息传递障碍,形成了新型网络营销方式,从创新行为、供应链协同、销售和营销三个方面推动了制造业发展,并借助2012年世界银行对制造业企业的调查数据证实了这一观点。[⑤] 黄群慧等(2019)从城市、行业和企业三个维度全面探究了互联网对制造业生产率的影响机制和内在机理,证实互联网能够通过降低交易成本、减少资源错配和促进创新显著提高制造业生产效率,城市互联网发展指数每提高1%,制造业生产率就会提高0.3%。[⑥]

---

[①] Cardona M., Kretschmer T., Strobel T., "ICT and Productivity: Conclusions from the Empirical Literature", *Information Economics & Policy*, Vol.25, No.3, 2013.
[②] 肖静华、谢康、吴遥、廖雪华:《从面向合作伙伴到面向消费者的供应链转型——电商企业供应链双案例研究》,《管理世界》2015年第4期。
[③] 徐伟呈、范爱军:《"互联网+"驱动下的中国产业结构优化升级》,《财经科学》2018年第3期。
[④] 童有好:《"互联网+制造业服务化"融合发展研究》,《经济纵横》2015年第10期。
[⑤] 王可、李连燕:《"互联网+"对中国制造业发展影响的实证研究》,《数量经济技术经济研究》2018年第6期。
[⑥] 黄群慧、余泳泽、张松林:《互联网发展与制造业生产率提升:内在机制与中国经验》,《中国工业经济》2019年第8期。

第二,"互联网+金融"的研究。主要涉及互联网金融的发展历程、风险揭示和溢出效应。黄益平和黄卓(2018)提出,自2013年余额宝上线以来,中国数字经济扶摇直上,蚂蚁金服、京东金融、陆金所、众安保险已列入全球五大数字金融公司,第三方支付、网络贷款以及数字货币等业务规模在国际上也是遥遥领先,未来国家将持续大力支持普惠金融的发展。[1] 郝云平和雷汉云(2018)探究了在空间因素影响下互联网金融对经济增长的影响,发现互联网数字金融存在较强的空间相关性,对经济增长具有明显的推动作用,呈现三次曲线的非线性特征。[2] 陈荣达等(2020)阐述了中国互联网金融的发展历程、发展模式和未来挑战,提出互联网金融经历了硬件革新、技术革新、模式革新和监管革新四个阶段,采用互联网传统金融延伸、互联网移动支付与数字货币、互联网金融理财与融资和互联网金融科技四大模式,将面临系统性风险的防范、政府监管与行业自律、估测参与者行为演变规律三大挑战。[3] 何凌云和马青山(2020)提出,互联网金融能通过激发技术溢出、提高融资效率和市场运行效率促进企业研发创新水平,并运用287个地级市面板数据实证检验了互联网金融对企业研发创新的影响以及在产业发展、传统金融发展、人力资本水平等环境下互联网金融的创新溢出效应。[4]

第三,"互联网+农业"研究。主要集中于互联网影响农业发展的理论机制,实证分析甚少。杨继瑞等(2016)认为,互联网技术的应用衍生出众多的新型融资模式,可以破解传统农业的投融资困境,拓宽传统农业经营的流通渠

---

[1] 黄益平、黄卓:《中国的数字金融发展:现在与未来》,《经济学(季刊)》2018年第4期。
[2] 郝云平、雷汉云:《数字普惠金融推动经济增长了吗?——基于空间面板的实证》,《当代金融研究》2018年第3期。
[3] 陈荣达、余乐安、金骋路:《中国互联网金融的发展历程,发展模式与未来挑战》,《数量经济技术经济研究》2020年第1期。
[4] 何凌云、马青山:《互联网金融促进了企业研发创新吗》,《科技进步与对策》2020年第13期。

道,突破传统农业服务模式的局限,为了推进互联网技术与农业各环节的深度融合,必须要创新农业经营思路。① 王柏谊和杨帆(2016)从供应链角度论述了农业经济发展的瓶颈和路径,指出目前涉农电商模式尚不成熟,互联网平台在农业供应链上没有充分发挥作用,需要借助互联网技术创新经营模式,将"线上到线下"(Online To Offline,O2O)、"面对面"(Face To Face,F2F)、"众包"、"众筹"等引入现代化农业发展中。② 姚海鑫和张晓旭(2019)提出,"互联网+"缓解了农产品供需失衡的问题,重塑了农业的价值链和产业链,从技术来看,互联网降低了企业运营成本,提高了企业生产效率;从商业模式来看,互联网的应用和推广创造了共享经济,提高资金效率;从生产和服务角度来看,互联网颠覆了传统产业价值创造方式,激发了差异化产品和服务。③ 马晓河和胡拥军(2020)阐述了"互联网+"影响农村经济的逻辑,指出互联网可以通过"网络链接"和"信息赋能"畅通农村的产业循环、市场循环和要素循环,从而实现一二三产业的融合、本地与跨区的市场融合以及城乡人钱技的双向流动,推动农村经济的高质量发展。④

## 第二节 区域创新能力的相关研究分析

现有学者针对区域创新能力的研究主要围绕区域创新系统及其子系统(企业、科研机构以及高校)做了较多的研究,具体可以归纳为四个方面。

---

① 杨继瑞、薛晓、汪锐:《"互联网+现代农业"的经营思维与创新路径》,《经济纵横》2016年第1期。
② 王柏谊、杨帆:《"互联网+"重构农业供应链的新模式及对策》,《经济纵横》2016年第5期。
③ 姚海鑫、张晓旭:《"互联网+农业"背景下农业企业竞争力提升问题研究——基于农业上市公司样本的实证分析》,《经济纵横》2019年第11期。
④ 马晓河、胡拥军:《"互联网+"推动农村经济高质量发展的总体框架与政策设计》,《宏观经济研究》2020年第7期。

## 一、区域创新系统研究

区域创新能力的影响因素一直是学术界探讨的重要话题,主要涉及以下几个因素:一是外商直接投资(Foreign Direct Investment,FDI)和对外直接投资(Outward Foreign Direct Investment,OFDI),达夫特(Daft,1978)认为,外商直接投资通过逆向技术溢出渠道正向促进了区域创新能力的提升。① 沙文兵和李莹(2018)、冉启英等(2019)考察了对外直接投资逆向技术溢出对区域创新能力的影响,结果发现对外直接投资逆向技术溢出效应是存在的,但必须跨越吸收能力、市场化程度和知识产权保护等内外部环境的门槛约束。②③ 二是人力资本,王永华(2015)提出人力资本与区域创新能力之间存在电信基础设施双门槛效应,只有跨越 4.031 的门槛,才能发挥人力资本的促进作用。④ 马明和赵国浩(2017)指出,人力资本能够显著促进本地区创新能力的提升,却对相邻地区的创新能力起到了负面影响,整体起到了聚集作用。⑤ 倪进峰和李华(2017)借用省级面板数据实证研究了产业集聚—人力资本—区域创新能力的链式关系,得出制造业聚集与人力资本的互动有利于区域创新能力提升的结论。⑥ 三是政府和市场行为,洪(Hong 等,2016)、格雷克(Greco 等,2017)指出,政府参与到研发过程中能够为创新活动创造良好的知识环境,促进区域

---

① Daft R.L.,"A Dual-core Model of Organizational Innovation",*The Academy of Management Journal*,Vol.21,No.2,1978.

② 沙文兵、李莹:《OFDI 逆向技术溢出、知识管理与区域创新能力》,《世界经济研究》2018年第 7 期。

③ 冉启英、任思雨、吴海涛:《OFDI 逆向技术溢出、制度质量与区域创新能力——基于两步差分 GMM 门槛面板模型的实证分析》,《科技进步与对策》2019 年第 7 期。

④ 王永华:《我国人力资本与区域创新能力的非线性关系研究——基于面板门槛模型的经验证据》,《经济问题》2015 年第 6 期。

⑤ 马明、赵国浩:《交通基础设施和人力资本对区域创新能力影响研究》,《财经问题研究》2017 年第 8 期。

⑥ 倪进峰、李华:《产业集聚、人力资本与区域创新——基于异质产业集聚与协同集聚视角的实证研究》,《经济问题探索》2017 年第 12 期。

创新能力的提升。①② 徐鹏杰和黄少安(2020)利用城市面板数据证实,政府和市场是促进区域创新能力发展的重要因素,其中市场的促进作用更强。③ 众多学者还从产业集聚(张秋燕和齐亚伟,2016)、科技网络(Hsieh 等,2003;孔令丞等,2019)等方面分析了区域创新能力的影响因素。④⑤⑥

同时,还有部分学者探究了区域创新能力提升的路径。贾春香(2017)基于《中国区域创新能力评价报告(2015)》系统分析了内蒙古创新能力的优势和劣势,提出了提升科技创新能力的有效途径,即深化科技金融体制改革、加强科技创新投入力度、加大高新技术企业的培育、推动生态创新模式、提高创新产出水平。⑦ 龙建辉(2018)分析了提升区域创新能力的外源和内源路径,认为区域可以通过进口贸易、出口贸易的外源路径和研发支出的内源路径改善创新能力。⑧ 赵宏波等(2020)提出,要提升河南省区域创新能力需要转变经济增长方式、培育创新引领型人才、引进创新引领型技术、推进产学研一体化发展、刺激和优化创新环境以及缩小区域间的创新能力差异。⑨

---

① Hong J., Feng B., Wu Y., Wang L., "Do Government Grants Promote Innovation Efficiency in China's High-tech Industries?", *Technovation*, 2016.
② Greco M., Grimaldi M., Cricelli L., "Hitting the Nail on the Head: Exploring the Relationship between Public Subsidies and Open Innovation Efficiency", *Technological Forecasting and Social Change*, Vol.118, No.5, 2017.
③ 徐鹏杰、黄少安:《我国区域创新发展能力差异研究——基于政府与市场的视角》,《财经科学》2020 年第 2 期。
④ 张秋燕、齐亚伟:《地区规模、集聚外部性与区域创新能力——对中国工业行业的门槛效应检验》,《科技进步与对策》2016 年第 8 期。
⑤ Hsieh P.H., Mishra C.S., Gobeli D.H., "The Return on R&D Versus Capital Expenditures in Pharmaceutical and Chemical Industries", *IEEE Transactions on Engineering Management*, Vol.50, No.2, 2003.
⑥ 孔令丞、许建红、刘鲁浩等:《科创网络推动区域创新的作用机理及实证分析——来自省级面板数据的证据》,《上海经济研究》2019 年第 4 期。
⑦ 贾春香:《内蒙古科技创新能力的提升路径——基于对〈中国区域创新能力评价报告 2015〉的研究》,《科学管理研究》2017 年第 3 期。
⑧ 龙建辉:《中国区域创新能力增长路径及其共生机理实证研究》,《软科学》2018 年第 3 期。
⑨ 赵宏波、李光慧、苗长虹:《河南省区域创新能力与提升路径》,《经济经纬》2020 年第 4 期。

## 二、区域企业创新研究

对区域企业创新问题的探究多集中在企业创新能力的评价和影响因素分析两方面。从企业创新能力的评价来看,阿什蒂尼普尔和赞德赫萨米(Ashtianipour 和 Zandhessami,2015)基于研发能力、学习能力、资源分配能力、制造能力、营销能力以及组织战略规划能力六个维度科学评估了企业科技创新能力对中小规模企业综合发展水平的影响。[①] 孙群英和曹玉昆(2016)从投入能力、设计水平、管理能力、开发能力、市场营销和社会服务能力六个方面构建了企业绿色技术创新能力指标体系,并基于可拓关联度的企业绿色技术创新能力多方案评价模型定量评估了企业绿色技术创新能力,为企业绿色技术创新能力评价提供一种新的途径。[②] 李玥等(2017)基于知识整合视角从创新投入、主体协同、创新产出、创新环境四个方面组成了企业技术创新能力评价指标体系,运用熵值法和逼近理想解排序法(TOPSIS)进行了测度和评估,得出创新产出、创新环境、主体协同、创新投入的影响程度逐渐减弱。[③] 杜丹丽和曾小春(2017)基于速度特征视角研究了高新技术企业创新能力的动态综合评价问题,运用突变级数从创新资源投入、创新实施能力投入、创新产出三个维度对高新技术企业创新能力进行了静态评估,并基于时间维度进行了动态综合评估。[④]

有关企业创新影响因素的文献:黄和陈(Huang 和 Chen,2010)、李长英和

---

[①] Ashtianipour Z., Zandhessami H., "An Integrated ISM-DEMA-TEL Model for Evaluation of Technological Innovation Capabilities Impact on the Competitiveness of Small & Medium Size Enterprises", *Portland International Conference on Management of Engineering and Technology*, 2015.

[②] 孙群英、曹玉昆:《基于可拓关联度的企业绿色技术创新能力评价》,《科技管理研究》2016 年第 21 期。

[③] 李玥、张雨婷、郭航等:《知识整合视角下企业技术创新能力评价》,《科技进步与对策》2017 年第 1 期。

[④] 杜丹丽、曾小春:《速度特征视角的我国高新技术企业创新能力动态综合评价研究》,《科研管理》2017 年第 7 期。

## 第一章　互联网驱动与区域创新能力研究现状分析

赵忠涛(2020)分别基于台湾地区 IT 和制造业企业的考察发现技术多样化对企业创新数量和质量均具有显著的倒"U"型影响。[1][2] 霍尔(Hall,1993)、刘诗源等(2020)认为,税收激励能够提升研发项目的实际回报率,增加企业现金流,显著促进企业的研发投入,但此作用只发挥在成熟型企业,对成长期和衰退期企业的影响不显著。[3][4] 黛米和昆蒂(Demi 和 Kunt,1998)、格里菲斯(Griffith 等,2006)认为,完善的法制化营商环境能够严格监督高管人员的自利行为,打破银企之间的信息不对称壁垒,确保有充足的资金进行企业研发活动;公开透明的市场化营商环境有利于营造一个公平自由的市场竞争环境,激励企业开展新产品和新技术的研发,推动企业的创新驱动。[5][6] 杨波和李波(2021)、吴一平和李鲁(2017)基于国家级开发区设立的自然准实验,实证证明了开发区的设立能够提升企业创新质量,其政策效应、竞争效应和聚集效应是重要的传导路径。[7][8] 蒋欣娟等(2020)通过构建面板截尾回归模型表明,知识溢出是推动企业创新活动开展的重要因素,在不同所有制企业以及处于不同生命周期阶段的企业中,知识溢出对企业创新产出具有显著差异。[9]

---

[1] Huang Y., Chen C., "The Impact of Technological Diversity and Organizational Slack on Innovation", *Technovation*, Vol.30, No.7-8, 2010.

[2] 李长英、赵忠涛:《技术多样化与企业价值——专利产出的中介作用和环境不确定性的调节效应》,《山西财经大学学报》2020 年第 4 期。

[3] Hall B., "R&D Tax Policy during the 1980s: Success or Failure?", *Tax Policy and the Economy*, No.7, 1993.

[4] 刘诗源、林志帆、冷志鹏:《税收激励提高企业创新水平了吗?——基于企业生命周期理论的检验》,《经济研究》2020 年第 6 期。

[5] Demi R.G., Kunt D.A., "Law, Finance and Firm Growth", *The Journal of Finance*, Vol.53, No.6, 1998.

[6] Griffith R., Huergoe, Mairesse J., "Innovation and Productivity across Four European Countries", *Oxford Review of Economic Policy*, Vol.22, No.3, 2006.

[7] 杨波、李波:《开发区设立提升了企业创新质量吗——来自中国 A 股上市公司的经验证据》,《科技进步与对策》2021 年第 3 期。

[8] 吴一平、李鲁:《中国开发区政策绩效评估:基于企业创新能力的视角》,《金融研究》2017 年第 6 期。

[9] 蒋欣娟、吴福象、丛海彬:《异质性研发、知识溢出与企业创新产出——基于创新链视角的实证分析》,《科技进步与对策》2020 年第 24 期。

### 三、区域科研机构创新研究

当前,以研发机构为对象研究区域创新能力的文献不多,典型的研究有:张凤和霍国庆(2007)提出了一种包含创新产出、创新投入、创新绩效的概念模型和测度方法,采用此模型定量分析了19个国家科研机构的创新绩效,发现当国家科研机构的人均科研经费超过某个临界值时,单位经费创新产出将会递减。[①]董恒敏和李柏洲(2017)基于知识生产、知识转移和知识传播的三维视角,采用"B—Z"反应模型评估了科研院所协同创新活跃度,结果表明科研院所协同创新活跃度存在明显的地域差距,东部地区的科研院所协同创新活跃度高于中西部地区。[②]曾国屏和林菲(2013)定义了新型研发机构,即以科学发现、技术发明和产业发展的"三发联动"为理念,以科技+产业+资本"三位体"和科技+产业+资本+教育"四位体"为模式,采用国有性质或民办公助方式运营的创业型科研机构。[③]夏太寿等(2014)以苏、粤、陕6家新型研发机构为例研究了新型研发机构协同创新模式与机制,认为新型研发机构的主要特点是功能定位体现政府导向、治理模式去行政化、体制机制灵活创新和政产学研高度协作,并且分析了合作建设模式、组织管理模式、合作研发模式和合作服务模式四种模式。[④]

另外,少量学者探究了科研机构创新的影响因素。安德鲁(Andrew,2001)以英国农业科研机构为研究对象,强调了财政科技投入在创新中的重要性,政府需要进一步加强对科研机构的投资力度。[⑤]胡曙虹等(2015)基于

---

[①] 张凤、霍国庆:《国家科研机构创新绩效的评价模型》,《科研管理》2007年第3期。
[②] 董恒敏、李柏洲:《基于知识三角的科研院所协同创新活跃度研究》,《科研管理》2017年第5期。
[③] 曾国屏、林菲:《走向创业型科研机构——深圳新型科研机构初探》,《中国软科学》2013年第11期。
[④] 夏太寿、张玉赋、高冉晖等:《我国新型研发机构协同创新模式与机制研究——以苏粤陕6家新型研发机构为例》,《科技进步与对策》2014年第14期。
[⑤] Andrew P.B., "Towards a Framework for Justifying Public Agricultural R&D: The Example of UK Agricultural Research Policy", *Research Policy*, No.4, 2001.

合作创新的视角考察了与跨国公司在华研发机构创新合作对本土创新机构的影响,发现合作创新能够显著促进本土创新机构的创新产出和创新产出效率。① 林卓玲等(2016)从产业结构升级需求视角,通过构建结构方程模型考察了广东省公共研发机构创新成果转化的影响因素,结果表明,环境因素显著加快了基础研究成果转化,激励措施影响了研发主体的创新驱动力。② 周恩德和刘国新(2018)以广东省为例,采用层次回归分析法从研发投入、政府支持和组建性质三方面探究了我国新型研发机构创新绩效影响因素,研究发现,研发经费支出、专项补贴和税收减免能够显著正向影响科研机构的创新绩效,且企业型新型研发机构比事业单位型新型研发机构具有更高的创新绩效。③

## 四、区域高校创新研究

作为创新驱动发展的核心支撑,高校创新能力一直是创新领域的研究重点,多数文献从以下三方面入手。

第一,高校创新能力的测度和评估。吴建国等(2016)在科技创新投入能力、科技创新产出能力、科技创新转化能力、科技创新支撑能力和科技创新合作能力五个方面选取23个指标体系测度了2014年我国高校的科技创新能力,发现区域之间高校科技创新能力存在显著的差异,且科技资源配置明显不平衡。④ 王亚楠和宋景华(2017)借助钻石模型系统分析了高校创新能力的内外部影响因素,从创新要素、创新产出、创新环境及发展状况四个维度构建了高校科技创新能力评价指标体系,并采用灰色关联分析方法对京津冀高校科

---

① 胡曙虹、杜德斌、肖刚等:《跨国公司在华研发对本土创新机构知识溢出效应的实证研究——基于合作创新的视角》,《软科学》2015年第10期。
② 林卓玲、张雯、杨彦川:《广东公共研发机构基础研究成果转化影响因素关系研究——产业结构升级需求视角》,《科技进步与对策》2016年第22期。
③ 周恩德、刘国新:《我国新型研发机构创新绩效影响因素实证研究——以广东省为例》,《科技进步与对策》2018年第9期。
④ 吴建国、张经强、王娇:《我国高校科技创新能力比较分析:基于因子分析法的实证研究》,《科技进步与对策》2016年第15期。

技创新能力进行了测度和评估,认为北京的创新要素和创新产出优势明显,然而京津冀的创新环境和发展速度仍然滞后。[1] 王金国等(2017)结合北京市属高校发展特点,选择科技人力投入、科技财力投入、科技项目投入、论文著作和科技成果指标构建评价指标体系,采用因子分析进行了测度,发现北京市属高校的科技创新能力存在较大差异性,普通高校明显高于高职院校,工科类高校高于经管类高校。[2]

第二,高校创新能力的影响因素。原长弘和王瑞琪(2017)基于523所高校面板数据考察了政府干预与市场力量对高校技术创新能力的影响,结果表明政府支持可以直接促进高校技术创新能力的提升,而市场不仅能直接作用于高校技术创新能力,而且能通过政府间接影响高校技术创新能力。[3] 王丽平和王俊霞(2019)基于人力资源管理理论、社会交换理论、市场导向理论和创新质量理论构建了包容型人才开发模式与创新质量间的理论模型,实证检验得出包容型人才开发模式能够显著提高创新质量,其中心理所有权起着中介作用,市场导向起着调节作用。[4] 吴昌南和张云(2020)认为"大学扩招"不仅能够壮大师资队伍,而且在竞争下提升了师资质量,促使国家扩大了科研经费投入,提升了高校创新效率,同时运用双重差分估计方法检验了"大学扩招"的创新效应,证实"大学扩招"是影响高校创新的重要因素。[5]

第三,提升高校创新能力的发展路径。沙世蕤(2016)借鉴美国、英国、日本的成功经验构建了以市场为导向的高校技术创新驱动机制,建立产学研创

---

[1] 王亚楠、宋景华:《京津冀高校科技创新能力比较研究》,《科学管理研究》2017年第6期。

[2] 王金国、张经强、王娇:《北京市属高校科技创新能力评价研究》,《科技进步与对策》2017年第20期。

[3] 原长弘、王瑞琪:《政府与市场"双引擎"提升了高校的技术创新能力吗?》,《研究与发展管理》2017年第2期。

[4] 王丽平、王俊霞:《包容型人才开发模式对高校科技成果创新质量的影响机制研究》,《科技进步与对策》2019年第3期。

[5] 吴昌南、张云:《"大学扩招"对大学创新效率的影响——基于省级层面的双重差分的分析》,《科研管理》2020年第8期。

新机制,完善科技中介服务体系,充分发挥市场对高等院校技术研究和发展方向、价格因素的分配效用。[1] 肖国芳(2019)根据研究型大学自身特点和存在的瓶颈,提出加强研究型大学的创新能力开放合作与融合、大力推进学科交叉研究、完善研究型大学创新能力评估体系三条发展路径。[2] 解兆丹和杨永环(2020)从"环境—科研效能感"关系出发,提出了四点提高高校青年科技人才创新能力的策略,分别是合理化高校制度安排,完善青年科技人才的分类评价体系,将"过程支持"作为培育高校青年人才的方式以及建立高校青年人才科研效能感评价的制度化体系。[3]

## 第三节 互联网与创新能力关系的相关研究分析

互联网的兴起引起了企业、产业和区域的创新变革,但探讨互联网创新溢出效应的研究较少,关于两者之间关系的研究处于起步阶段,较多文献集中于互联网与企业创新或产业创新的研究,而互联网与区域创新的研究较少。

### 一、互联网与企业创新

部分学者探究了互联网影响企业创新的内在机理,证实了互联网带给企业的积极溢出效应。卡福罗斯(Kafouros,2006)指出互联网具有搜索和通信的功能,能够通过缩短时间、降低成本和提高质量三个方面提高企业研发能力。[4] 福

---

[1] 沙世蕤:《市场导向的中国高校技术创新驱动机制研究——基于美英日成功经验的研究与构建》,《科学管理研究》2016年第5期。
[2] 肖国芳:《创新驱动视域下的研究型大学创新能力提升机制研究》,《科学管理研究》2019年第3期。
[3] 解兆丹、杨永环:《"环境—科研效能感"下的高校青年科技人才创新能力研究》,《科学管理研究》2020年第1期。
[4] Kafouros M.I.,"The Impact of the Internet on R&D Efficiency: Theory and Evidence", *Technovation*, Vol.26, No.7, 2006.

尔曼和兹布瑞克（Forman 和 Zeebroeck，2012）基于美国企业专利数据肯定了互联网对专利数量的积极影响，认为引进互联网技术能够显著降低企业的协调成本，促进企业之间的创新合作，并且在较大规模经济和范围经济的团队、以前没有合作过的团队、在高度合作领域中活跃的团队以及在分散的研究领域工作过的团队中，这种效应更为显著。[①] 保诺夫和罗洛（Paunov 和 Rollo，2016）采用发展中国家和新兴国家的50013个企业数据实证检验发现，行业中使用互联网能够显著提高企业创新能力，高生产效率和较少从事创新的企业从中获利更高，只有企业具备了相应的吸收能力，才能实现包容性创新。[②] 孙耀吾等（2013）应用系统动力学的模块耦合共轭原理，以苹果移动创新网络为样本进行实证分析，证明了移动互联网等高技术服务的发展有利于企业价值网络的扩展与创新源的深化。[③] 程立茹（2013）对互联网经济下企业价值网络创新能力进行了系统研究，认为互联网环境下存在节点创新与网络价值的正反馈机制、软件创新和硬件创新的正反馈机制、企业创新与产业地位的正反馈机制，客户作为价值提供者进入了价值网络创新体系，价值网络通过制度创新和管理创新实现企业的技术创新。[④] 王金杰等（2018）认为互联网优化了企业创新资源的组合方式、降低了企业创新过程的交易成本、缓解了企业创新认知差异，通过实证检验证实互联网对企业创新绩效具有显著的积极影响，且能够放大技术人员与研发资金投入的创新溢出效果，减弱传统公司治理对创新绩效的负面影响。[⑤]

---

[①] Forman C., Zeebroeck N. V., "From Wires to Partners: How the Internet has Fostered R&D Collaborations within Firms", *Management Science*, Vol.58, No.8, 2012.

[②] Paunov C., Rollo V., "Has the Internet Fostered Inclusive Innovation in the Developing World?", *World Development*, No.78, 2016.

[③] 孙耀吾、翟翌、顾荃：《服务主导逻辑下移动互联网创新网络主体耦合共轭与价值创造研究》，《中国工业经济》2013年第10期。

[④] 程立茹：《互联网经济下企业价值网络创新研究》，《中国工业经济》2013年第9期。

[⑤] 王金杰、郭树龙、张龙鹏：《互联网对企业创新绩效的影响及其机制研究——基于开放式创新的解释》，《南开经济研究》2018年第6期。

## 第一章 互联网驱动与区域创新能力研究现状分析

此外,学者们还探讨了互联网环境下企业商业模式创新的运行机制和逻辑。罗珉和李亮宇(2015)从价值创造视角探讨了互联网环境下企业商业模式的概念、要素和机制,认为互联网时代的商业模式逐渐模糊了边界,社群平台成为商业模式的隔离机制,连接红利成为商业模式的追求目标,以需求为导向的商业模式和价值创造成为主流。① 冯华和陈亚琦(2016)提出,在互联网环境下,供求双方借助互联网平台打破了时空约束,可以进行良性互动,在价值创造和价值实现上颠覆了传统企业商业模式,引发了平台商业模式创新内涵、动因与过程的变化。② 戚耀元等(2016)以小米公司为案例探究了"互联网+"环境下企业技术创新与商业模式创新之间的耦合机制和作用机制,认为"互联网+"环境下,创新系统以开放式螺旋模型的耦合机制为企业提供动力,政策、法规、趋势、意愿、战略均是创新系统进行耦合的动因。③ 刘建刚和钱玺娇(2016)仍以小米公司为案例,运用扎根理论探索了"互联网+"战略下技术创新与商业模式创新的互动关系,提出"市场机会识别—价值主张创新—技术创造性模仿创新—商业模式三模块持续创新—技术渐进性自主/合作创新"是技术创新和商业模式创新的协同发展路径。④ 张骁等(2019)分析了互联网时代企业跨界颠覆式创新的逻辑,构建了"知识内化阶段—组织边界跨越—颠覆阶段"三阶段组织跨界颠覆的理论模型,即组织首先通过跨界涉入活动转化边界以外的异质性知识,随后通过识别跨行业机会和本行业威胁开展跨界经营,最后通过创新商业模式颠覆行业传统的运作模式。⑤

---

① 罗珉、李亮宇:《互联网时代的商业模式创新:价值创造视角》,《中国工业经济》2015年第1期。
② 冯华、陈亚琦:《平台商业模式创新研究——基于互联网环境下的时空契合分析》,《中国工业经济》2016年第3期。
③ 戚耀元、戴淑芬、葛泽慧:《"互联网+"环境下企业创新系统耦合研究——技术创新与商业模式创新耦合案例分析》,《科技进步与对策》2016年第23期。
④ 刘建刚、钱玺娇:《"互联网+"战略下企业技术创新与商业模式创新协同发展路径研究——以小米科技有限责任公司为案例》,《科技进步与对策》2016年第1期。
⑤ 张骁、吴琴、余欣:《互联网时代企业跨界颠覆式创新的逻辑》,《中国工业经济》2019年第3期。

## 二、互联网与产业创新

在"互联网+"风潮下,大量实体经济积极引入"互联网+",生产方式、经营方式均发生了巨大转变,推动了传统产业的创新。部分学者从产业创新系统视角研究了互联网创新溢出。卢涛和周寄中(2011)基于产业创新系统多要素联动的概念分析模型指出,物联网产业的技术、产品、服务和政策等多个主体要素借助互联网,通过持续的联系与互动传递知识和资金来进行产业创新活动。[①] 陈彩虹等(2012)基于创新系统功能分析框架,从功能、诱导和障碍机制三个方面分析了移动互联网技术创新系统的动态性,从而为应对移动互联网行业发生的变化提出政策支持。[②] 罗文(2019)从创新资源配置、活动组织、成果扩散和行为主体组织协调等方面阐述了互联网产业创新系统运行机理,指出创新资源的配置机制是互联网产业创新系统运行的动力,创新活动组织机制是互联网产业创新系统运行正常运行的重要保障,行为主体协同机制和创新成果扩散机制是互联网产业创新系统有效运行的重要支撑。[③] 还有少量学者分析了互联网对产业创新的影响机理和效应,郑文范和刘明伟(2015)提出,"互联网+"利用互联网平台,把互联网和各行各业结合起来,创造出一种新生态,有利于促进科技创新、工程创新、产业创新和制度创新。[④] 胡冰(2018)利用2001—2015年的省级数据证实,互联网、研发投入、人力资本、外商直接投资共同提升了产业创新发展,而且互联网发展能够强化外商直接投

---

[①] 卢涛、周寄中:《我国物联网产业的创新系统多要素联动研究》,《中国软科学》2011年第3期。

[②] 陈彩虹、朱桂、龙许治:《中国移动互联网创新系统功能动态性分析》,《西北工业大学学报(社会科学版)》2012年第4期。

[③] 罗文:《互联网产业创新系统及其运行机制》,《北京理工大学学报(社会科学版)》2019年第3期。

[④] 郑文范、刘明伟:《科技价值与"互联网+"行动对创新创业的作用》,《东北大学学报(社会科学版)》2015年第11期。

资带给产业的技术创新溢出效应。①周宇等（2021）基于创新价值链环节阐明了互联网带给高技术产业创新的影响，指出在创新生成阶段，互联网的发展强化了产业创新主体的主观能动性，降低了产业创新要素的获取门槛；在创新转化阶段，互联网发展为互补性资产赋能的同时提升了它的匹配效率；在创新扩散阶段，互联网的发展构筑虚拟产业网络，强化个体创新吸收能力。②

更多学者从信息技术视角考察了互联网带来的产业创新溢出。薛等（Xue等,2012）基于整个行业的面板数据考察了信息技术与行业创新之间的关系，发现当环境的复杂性程度较高时，IT资产的有效组合将对行业创新产生积极影响。③韩先锋等（2014）基于中国工业部门分行业的面板数据实证检验了信息化对工业技术创新效率的影响，发现信息技术能够显著提高中国工业部门的技术创新效率，在技术密度较低、污染程度较小、平均规模较小以及盈利能力较弱的行业，这种促进作用更显著。④许港等（2013）以2001—2010年中国工业37个细分行业的面板数据为样本，借用面板单位根检验、面板协整检验、面板协整估计等方法证实信息化水平对中国工业技术创新能力具有显著的促进作用，且存在明显的时序差异。⑤孙早和徐远华（2018）认为发达的信息基础设施是信息化时代产业创新的重要物质基础，并结合中国高技术产业17个细分行业的面板数据，证明了信息基础设施对高技术产业的创新效率具有显著的积极影响，随着市场化程度的提高，这种效应不断增强。⑥邢娇

---

① 胡冰：《互联网经济下我国产业创新溢出效应的实证研究》，《经济问题》2018年第9期。
② 周宇、惠宁、陈锦强：《互联网促进高技术产业创新效率提升研究》，《北京工业大学学报（社会科学版）》2021年第6期。
③ Xue L., Ray G., Sambamurthy V., "Efficiency or Innovation: How do Industry Environment Moderate the Effects of Firms' IT Asset Portfolios?" *MIS Quarterly*, Vol.36, No.2, 2012.
④ 韩先锋、惠宁、宋文飞：《信息化能提高中国工业部门技术创新效率吗》，《中国工业经济》2014年第12期。
⑤ 许港、杨晓、韩先锋：《信息化水平与技术创新能力的协整关系——基于2005—2010年中国工业行业面板数据的实证分析》，《技术经济》2013年第6期。
⑥ 孙早、徐远华：《信息基础设施建设能提高中国高技术产业的创新效率吗？——基于2002—2013年高技术17个细分行业面板数据的经验分析》，《南开经济研究》2018年第2期。

阳(2015)从农业层面提出信息化是实现农业创新驱动发展的现实选择,认为信息化推动农业生产方式的创新,实现了农业机械设施的自动化;促使传统经营方式与卫星有效对接,实现了农业生产种植的规范化;实施新型农民培育方式,全面提高了农民的素质;倒逼了行政管理方式创新,推动行政管理部门向服务型转化。①

## 三、互联网与区域创新

目前有关互联网与区域创新的研究多集中于区域创业创新方面,"互联网+"创新创业已成为经济发展中的重要战略。卡明和约翰(Cumming 和 Johan,2010)通过对引入互联网的农村社区分析发现,相较于没接入宽带互联网的社区,这些社区的创业活动更加活跃。② 杰尔等(Javalgi 等,2012)以印度为研究对象,分析发现,互联网提高了全球市场竞争度,驱使区域开展创新创业活动,以此实现规模经济和范围经济。③ 基姆和欧泽(Kim 和 Oraze,2017)、莫斯塔法等(Mostafa 等,2005)分别基于美国和加拿大的数据证实,互联网能够推动新企业的建立,越是宽带战略发展较早的地区,新企业建设的数量越多。④⑤ 辜胜阻和李睿(2016)指出,互联网的"去中心化""去中介化"特征使中小城市和乡镇地区更具有创业优势,而且互联网的定制化特征能够产生长尾效应,增加了创业机会。⑥ 刘玉国等(2016)提出,互联网构建了自由交流和

---

① 邢娇阳:《促进我国农业信息化建设研究》,《经济纵横》2015 年第 12 期。
② Cumming D., Johan S., "The Differential Impact of the Internet on Spurring Regional Entrepreneurship", *Entrepreneurship Theory and Practice*, Vol.34, No.5, 2010.
③ Javalgi R. R. G., Johnston W. J., et al., "Entrepreneurship, Muddling through, and Indian Internet-enabled SMEs", *Journal of Business Research*, Vol.65, No.6, 2012.
④ Kim Y., Oraze M. P. F., "Broadband Internet and New Firm Location Decisions in Rural Areas", *American Journal of Agricultural Economic*, Vol.99, No.1, 2017.
⑤ Mostafa R., Wheele R. C., Jones M. V., "Entrepreneurial Orientation, Commitment to the Internet and Export Performance in Small and Medium Sized Exporting Firms", *Journal of International Entrepreneurship*, Vol.3, No.4, 2005.
⑥ 辜胜阻、李睿:《以互联网创业引领新型城镇化》,《中国软科学》2016 年第 1 期。

知识共享的平台,为创业团队提供可供参考的资料、经验、数据等资源,有利于创业者识别市场机会,促使区域形成创新创业的氛围。① 康健和胡祖光(2016)提出,在"互联网+"经济模式下,知识资源获取自由度显著提高,加强了技术创业人员知识创造和创新能力,但在技术创业过程中应注意互联网来源知识与自身需求的匹配程度,合理分配线上获取信息和线下交流知识的时间。② 刘鑫鑫和惠宁(2021)指出,互联网不仅通过增加创业机会、减弱创业风险、降低创业成本推动了企业家创业,而且能够通过培育创新思维、优化创新方式、营造创新环境驱动企业家创新,有效推动了区域创新创业活动的开展。③ 刘斌和辛伟涛(2020)提出互联网能够显著提高区域创业率,同时也能通过促进创新、提升人力资本和社会资本水平、强化创业示范效应间接提高创业率。④

仅有少量的学者从某一视角探究了互联网对区域创新的影响作用。张旭亮等(2017)考察了互联网创新的空间溢出效应,通过构建空间杜宾模型证实互联网既能促进本地区创新能力的提升,而且对相邻地区的创新能力也具有显著的空间溢出效应。⑤ 韩先锋等(2019)考察了互联网对中国区域创新效率的传导机制,得出互联网不仅能够直接促进区域创新效率,而且可以通过加速人力资本积累、金融发展和产业升级间接推动区域创新效率。⑥ 惠宁和刘鑫

---

① 刘玉国、王晓丹、尹苗苗等:《互联网嵌入对创业团队资源获取行为的影响研究——创业学习的中介作用》,《科学学研究》2016年第6期。
② 康健、胡祖光:《创新链资源获取、互联网嵌入与技术创业》,《科技进步与对策》2016年第21期。
③ 刘鑫鑫、惠宁:《互联网对企业家精神的影响——基于"双创"视角的分析》,《经济经纬》2021年第2期。
④ 刘斌、辛伟涛:《互联网是否会激活机会型创业?——基于创业动机视角的实证研究》,《经济评论》2020年第5期。
⑤ 张旭亮、史晋川、李仙德等:《互联网对中国区域创新的作用机理与效应》,《经济地理》2017年第12期。
⑥ 韩先锋、宋文飞、李勃昕:《互联网能成为中国区域创新效率提升的新动能吗》,《中国工业经济》2019年第7期。

鑫(2020)运用门槛回归技术考察了互联网对区域创新的网络效应,证实互联网对区域创新能力的影响呈现边际报酬递增的正向非线性规律,且对企业、科研机构和高校等不同创新主体的创新能力存在异质性双门槛效应。[①]

## 第四节　进一步研究的空间

目前,关于互联网或创新能力的相关研究已有一定积淀,对"互联网驱动区域创新能力提升的效应研究"具有一定参考价值。但就推动互联网和区域创新深度融合而言,现有研究多集中于互联网对经济发展的溢出效应以及互联网对产业、企业层面的创新溢出,将互联网和区域创新能力关联在一起,全面考察互联网对区域创新能力影响效应的研究甚少,对互联网是否影响以及如何影响区域创新能力的认识还不够充分,缺乏统一的分析框架和理论依据。然而新常态下,中国面临着互联网发展水平不高和区域创新能力不足的双重困境,推动互联网与区域创新能力的深度融合成为亟待解决的现实问题。那么互联网是否对区域创新能力产生了影响?在区域之间是否存在差异?是否存在非线性效应?互联网驱动创新能力的最优区间又是什么?互联网发展对区域创新影响的理论机理和动力机制是什么?现有研究对这些问题并没有进行很好的回答,从而为本书研究提供了进一步研究的空间。

第一,构建互联网对区域创新能力影响的理论分析框架。目前有关互联网与创新能力的理论研究主要集中于互联网经济效益、区域创新系统、实体经济创新驱动等方面所做的一般定性讨论。然而很少有学者将互联网放入区域创新系统中理论分析互联网对区域创新能力的动力机制和传导机制。本书将从互联网技术、平台和思维三个不同视阈出发分析互联网驱动区域创新能力提升的动力机制,从人力资本、创业活动和城市化角度探讨互联网驱动区域创

---

① 惠宁、刘鑫鑫:《互联网发展与区域创新能力非线性关系研究》,《科技进步与对策》2020年第12期。

## 第一章 互联网驱动与区域创新能力研究现状分析

新能力提升的传导机制,回答互联网为何以及如何驱动区域创新能力的问题,构建起完善、科学的互联网驱动区域创新能力提升的理论分析框架。

第二,构建互联网和区域创新能力的测度指标体系。目前有关互联网和区域创新能力尚未形成统一的衡量标准,多数学者都是从某一层面反映,使互联网和区域创新能力的真实水平难以全面体现,有待基于互联网和区域创新能力的内涵、特征、逻辑等构建一套完整的指标体系。基于此,本书在以往研究的基础上,结合互联网和区域创新能力的发展实际,分别从互联网基础资源、互联网信息资源、互联网普及规模、互联网应用程度四个维度和创新投入、创新产出、创新环境三个维度设计互联网发展和区域创新能力的指标体系,并运用全局主成分分析法科学评估互联网发展和区域创新能力水平。

第三,深化互联网对中国区域创新能力的影响效应研究。目前有关互联网与创新能力的研究仍停留在定性阶段,实证检验多集中于信息技术的检验;而且研究对象多集中于个别的行业与企业,鲜有文献以整个区域的视角进行研究。基于此,本书将研究视角放在中国区域创新能力层面,采用固定效应模型、系统广义矩估计模型(GMM)、空间杜宾模型(SDM)、中介效应模型、面板门槛回归技术等计量方法验证互联网对中国区域创新能力的线性效应、中介效应、异质效应和门槛效应。明晰互联网是否能够推动区域创新能力提升,解释互联网为什么能提高区域创新能力,探究互联网如何驱动区域创新能力,检验互联网对区域创新能力的网络效应,从而为中国区域创新能力提升开创全景式的研究格局。

第四,拓展互联网与区域创新能力的融合路径和政策建议。习近平总书记在党的十九大上明确提出,要推动互联网、大数据、人工智能和实体经济深度融合。从当前改革的形势来看,迫切需要更进一步的研究成果,那就是如何实现互联网与区域创新能力的深度融合。然而,这方面的已有研究是相对滞后的,鲜有研究探讨具体的融合路径,如何利用互联网力量推动区域创新能力的认识尚不清楚。本书按照围绕产业链部署创新链,围绕创新链部署服务链的总体框架,从"微观—中观—宏观"三个方面设计互联网与区域创新能力的融合路径。同时从重构创新体系、建设网络强国、壮大创新主体、推进产业升级、畅通创新渠道等诸多方面进行政策创新,为互联网创新溢出效应提供政策参考。

# 第二章　互联网驱动区域创新能力提升的理论分析框架

互联网驱动区域创新能力提升的内在机理与规律探寻,一是构建互联网影响区域创新能力研究的理论分析框架;二是基于互联网技术、互联网平台和互联网思维视阈阐释互联网对区域创新能力提升的动力机制;三是分别从人力资本、创业活动和城市化三种渠道展现了互联网对区域创新的提升作用如何在经济中传导;四是从理论层面分析了互联网对区域创新能力提升作用中存在的空间关联性、非线性和异质性规律。

## 第一节　互联网驱动区域创新能力提升的研究框架

互联网驱动区域创新能力提升的效应研究的围绕"理论研究→现实测度→影响效应→融合路径→政策创新"问题展开。一是理论研究,认识互联网驱动区域创新能力的内涵、特征及演化规律,明确互联网提升区域创新能力的动力机制和传导机制。二是现实测度,构建指标体系测度我国区际互联网发展水平和创新能力指数,刻画我国互联网和区域创新能力发展的时间、空间和时空演进轨迹和演化特征。三是影响效应,通过面板回归、中介效应等多种计量实证方法,揭示互联网驱动区域创新能力提升的线性效应、非线性效应、中介效应以及异质性效应,对理论部分所提假设进行证实或证伪。四是融合路径,从微观企业层面、中观产业层面以及宏观区域层面提供路径选择。五是政策创新,梳理已有政策供给,精准把握互联网及创新相关政策存在的供需失衡问题,提出政策优化及创新的方法,为政府部门对症施策提供依据。

第一,互联网对区域创新能力影响的理论机理。一是动力机制研究,从技术、平台和思维视角解释互联网驱动区域创新能力提升的内在过程和关联机制。二是传导机制研究,聚焦于人力资本、创业活动和城市化机制,帮助理解互联网如何通过以上三种渠道对区域创新能力产生影响。三是作用规律研究,动力机制和传导机制肯定了互联网对区域创新有正向作用,作用规律的研究则从理论层面分析这种正向作用释放时可能存在的空间关联性、复杂非线性以及异质性规律,并解释规律的成因与制约因素,为实证研究指明方向。

第二,互联网和区域创新能力发展的测度研究。从互联网基础设施、信息资源、普及规模和应用程度四个维度构建互联网发展水平指数;从创新投入、创新产出和创新环境三个维度出发构建了区域创新能力水平指数,对2006—2020年我国30个省份互联网和区域创新能力发展状况进行测度。在此基础上,探究互联网与区域创新能力的时序、空间和时空特征,总结省际互联网及创新能力发展存在的水平效应、增长效应、空间分异规律及其成因。

第三,互联网对区域创新能力的影响效应研究。一是借助普通最小二乘回归、广义最小二乘回归、两阶段最小二乘回归、空间杜宾模型四种方法验证互联网对区域创新能力影响的线性效应的存在,直接肯定了互联网是驱动区域创新能力提升的重要动能。二是构建中介效应模型从全国和区域两个层面验证理论部分所提出的人力资本、创业活动和城市化进程三种传导机制的正确性。三是使用面板门限回归方法验证了互联网对区域创新能力的提升存在

第二章　互联网驱动区域创新能力提升的理论分析框架

复杂非线性效应以及要素禀赋、产业结构及知识产权保护因素对非线性效应的作用。四是分别基于互联网端的资源量和普及率以及区域创新端的研发和成果转化环节比较了互联网对区域创新作用能力的强弱。

第四,互联网与区域创新融合的有效路径。从微观动力层面出发,回答了企业如何在思维理念、生产经营以及管理系统中借助互联网进行创新,构建企业多元创新能力矩阵。从中观支撑层面出发,指明了互联网与产业融合发展的方向,为融合发展提供了具体实施路径。从宏观保障层面出发,基于创新要素集聚共生体系、政产学研协同创新平台、创新创业云服务平台、分享经济创新平台四个方面维度诠释了如何打造完善的创新创业生态系统。通过微观—中观—宏观三维路径的设计,将理论与实证研究结论付诸行动,疏通互联网与区域创新融合路径。

第五,如何创新互联网与区域创新的政策体系。构建"互联网+区域创新"融合发展的政策治理体系,一是强化顶层设计,构建面向国家重大战略需求的科技创新体系及配套的创新政策体系。二是深化网络应用,统筹推进信息基础设施建设、发展基于互联网的多态经济,提高网络安全和网络治理水平,加快建设网络强国。三是夯实企业创新主体地位,增强财税补贴力度,丰富资金融通渠道,完善知识产权保护制度,提高企业创新能力。四是推进产业结构优化升级,支持产业基础能力建设,保护产业链供应链稳定安全,规划布局有竞争力的产业集群,提高产业整体素质。五是畅通区域创新渠道,培育人力资本优势,支持创新创业活动,推进智慧城市建设,强化区域科技合作并提升对外开放水平,高质量打造区域科创走廊。互联网对区域创新能力影响的理论分析框架见图2-1。

互联网驱动区域创新能力提升的效应研究按照"提出问题—分析问题—研究假设—规律求证—实践应用"的逻辑主线,确保研究内容相互衔接,逐层深入,不断从理论向现实延伸,遵循了理论分析指导实证研究,实证研究验证理论分析,理论和实证共同支撑应用研究的原则。

互联网驱动区域创新能力提升的效应研究

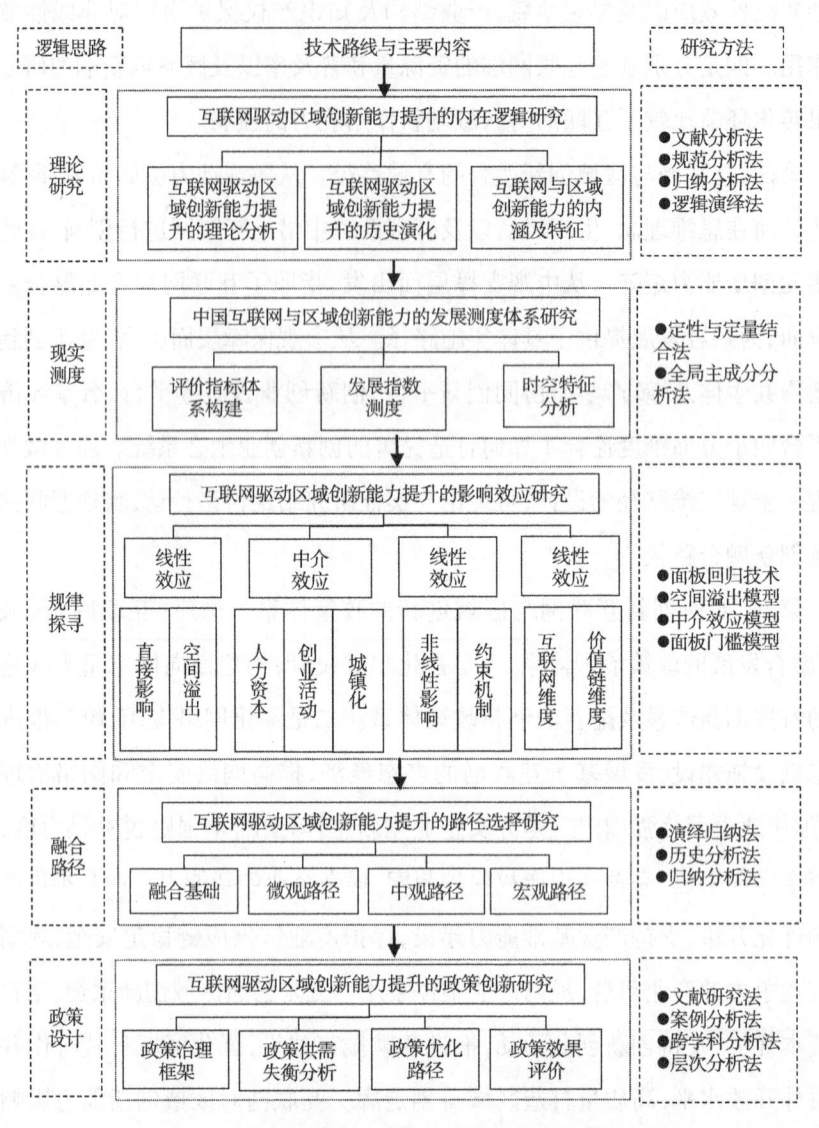

图 2-1 互联网对区域创新能力影响的理论分析框架

第一，理论分析指导实证研究。互联网驱动区域创新能力提升的理论分析是研究的纲领，确立了实证工作开展的方向与步骤：互联网与区域创新的内涵、特征研究铺垫了互联网与区域创新能力测度指标体系研究，是指标筛选的主要依据。互联网与区域创新的历史演化研究与现实测度及时空特征分析达

046

第二章　互联网驱动区域创新能力提升的理论分析框架

成了历史逻辑与现实逻辑的统一,更能清楚地说明研究对象发展的过去、现在与未来。动力机制和传导机制研究共同诠释了互联网激发区域创新能力的内在动力和扩散过程,并预测了作用过程中潜在的线性、空间关联性、复杂非线性、异质性规律及成因,构成了影响效应研究的主体内容。

第二,实证研究验证理论分析。互联网驱动区域创新能力提升的影响效应研究是核心支撑。线性效应以及考虑空间溢出性下的线性效应分析直接肯定了互联网是驱动区域创新能力提升的新动能;中介效应印证了人力资本、创业活动和城市化进程是互联网时代区域创新能力提升的主要渠道。网络效应和异质性效应分析进一步确认了假设的正确性,帮助把握互联网对区域创新的现实作用规律。

第三,理论和实证共同支撑应用研究。互联网与区域创新的融合路径和政策创新是本书的落脚点,需要将理论和实证的成果应用到现实环节。动力机制与线性效应表明了在微观企业、中观产业以及宏观全局层面深化互联网应用路径的正确性;传导机制和中介效应证实了关于人力资本、创业活动以及城市化的政策措施在数字经济时代的突出作用;非线性规律警示无度的资源投入可能会适得其反,阻碍区域创新发展;异质性规律则启示要将有限的资源投入价值更高的创新环节。对以上规律的吸收、运用与拓展是融合路径和政策创新的主要方向。

总而言之,互联网驱动区域创新能力提升的效应研究,按照理论研究、测度体系、影响效应、融合路径、政策创新五块内容构建分析框架,以互联网与区域创新能力关系研究为理论支撑,以实证测度为现实根据,落脚于融合路径和政策创新。理论分析、实证分析与应用分析相辅相成,共同服务于互联网驱动区域创新能力提升的效应与路径这一核心问题,确保了本书的最终成果既有理论高度又能逼近现实,更能为解决实际问题所用。互联网驱动区域创新能力提升的效应与路径研究内容关系见图2-2。

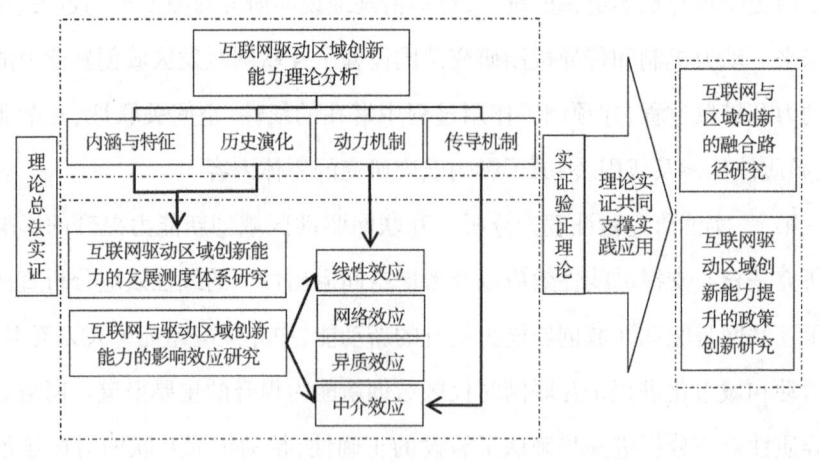

图 2-2 研究内容关系

## 第二节 互联网驱动区域创新能力提升的动力机制

2015年"互联网+"战略提出以来,互联网不断颠覆传统,推动区域新技术、新业态和新模式持续涌现,为产业转型升级、经济高质量发展以及社会变迁作出了显著贡献。一个自然的问题是,互联网提升区域创新能力的内在动力是什么?本书分别从技术视阈、平台视阈和思维视阈入手对此问题进行了解答。

### 一、技术视阈下的动力机制

#### (一)互联网技术促进信息传递

互联网作为一项信息技术可以从三个方面理解:一是硬件层面,主要指网络服务器、网络工作站、网络适配器以及连接线等用于信息存储、处理和传输的设备;二是软件层面,指用于信息检索、搜集、应用、存储、分析、评估的各类

## 第二章 互联网驱动区域创新能力提升的理论分析框架

软件;三是应用层面,指检索、搜集、应用、存储、分析和评估所依赖的信息。软硬件设施及应用共同协作帮助互联网技术实现了不同设备之间的信息传递,见图2-3。信息是区域创新赖以持续的基础资源,互联网技术可以通过对信息传递全过程的优化提升区域创新能力。

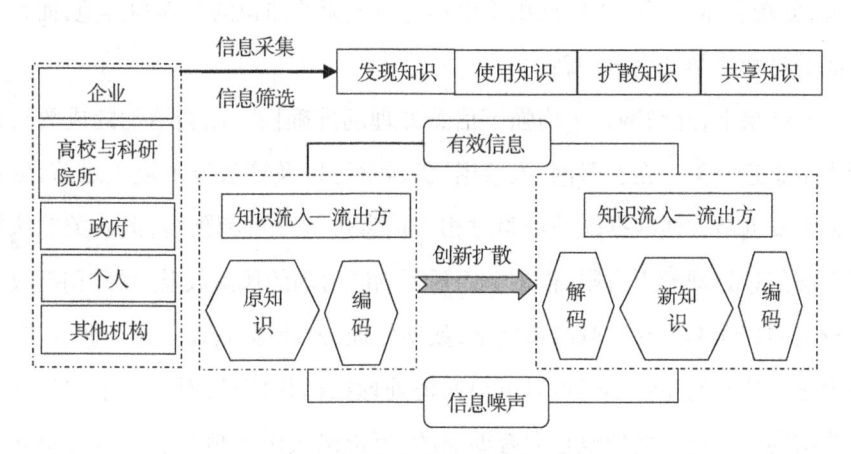

**图2-3 信息传递过程的优化**

从源头上,互联网技术丰富了信息供给。网络媒介时代,信息既可以来自对已有信息的数字化,也可以来自各类网络数据库、电子公告、查询系统等,还可以是网络用户通过微博、微信、维基百科等实时发布的信息等。各类公共信息、技术信息、科学信息、市场信息等来自不同主体的信息不均匀地分布在区域空间中。尽管海量的信息可能会产生更大的信息噪声,但数据分析技术的发展可以为信息降噪、筛选和过滤提供足够的技术支撑,帮助信息充分实现"多对多"传递。信息供给渠道的扩张带来了更大的信息存量,而信息又是知识的前身,因而区域创新的知识存量也随之升级扩容,从源头上使新知识更容易被发现和理解。

从过程上,互联网技术改变了信息传递方式。一方面,互联网破除了信息传递的时空限制,提高了信息传递的时效性。尤其是新一代数字技术及网络基础设施的完善增强了信息收集和传递的能力,即便面对海量信息,只需将其转化为"比特"形式编码处理,传输也能在瞬间完成,并且编码化的信息在传递中可以最大限度地确保信息质量不受损。另一方面,互联网可以帮助信息在传递中增值。网络赋予了创新主体对新知识进行解码调用和再次编码的权利,使原始知识可以在调用中凝聚创新主体的新知新解,实现知识增值。也就是说,创新主体对新知识的使用不仅不会造成原始知识的耗损和排他,而且还可能通过增值孕育更多创新。

从结果上,互联网技术增强了信息处理的准确性。创新活动的成败与创新决策息息相关。在互联网、大数据、机器学习以及算法技术诞生之前,创新决策需要创新主体根据既往经验对相关信息进行分析和预测,但人类的认知能力和信息处理能力有限,很难全面预测创新活动的风险收益,导致创新决策有较高的偏误率。在互联网情境下,数据处理、云计算、自动化资源调取、数据可视化等技术的完善不仅可以更快速地处理结构化信息,对于半结构化甚至是非结构化信息的处理也是大有助益的,可以最大限度地减少信息冗余并增强信息的体系化程度,拓展了人脑处理数据信息能力,使基于信息处理的创新决策更精准。

(二)互联网技术促进创新互联

创新是一种集体性活动,需要区域创新系统内外部所有要素共同连接、彼此互动。世界银行《2030年的中国》报告对我国创新能力提升的主要建议就是强化企业与企业的联系、人才与人才的联系、创新网络与创新网络的联系(世界银行和国务院发展研究中心联合课题组,2013)。[①] 互联网技术的价值之一就是能使区域创新的诸多复杂系统互联互通,为新思想、新技术的产生和转移开辟通道。

一方面,互联网技术增强了区内创新主体联结。借助网络技术,区域内部

---

① 世界银行和国务院发展研究中心联合课题组:《2030年的中国:建设现代、和谐、有创造力的社会》,中国财政经济出版社2013年版,第40—43页。

## 第二章　互联网驱动区域创新能力提升的理论分析框架

高校、企业、政府等创新主体之间"时空错开,同步并联",就创新活动的供需实时沟通,进而能够构建一个以创新为共同目标的协同生态。企业内部"结网"可以使市场、研发、采购、生产与销售环节不再彼此割裂,以数据和信息为轴线串联起不同部门高度统筹协调。企业与企业、研究机构之间结网可以提高人才、资金、管理、知识、技术等资源置换的效率,降低协同成本,加速从实验室创新到技术成果产业化的过程;企业与政府结网可以迅速获取创新利空和利好消息,政府可以躬身入局,了解企业所需,为企业营造更便利的创新环境。企业与创新中介机构的互联可以帮助企业获取要素的速度更快、成本更低,还实现了要素质量筛选环节的外包,降低了信息不对称导致的监督治理成本,降低了创新的不确定性。以上创新主体之间的联结强度越高,互动越频繁,就越能激励更多主体主动接入创新网络中,享受资源集聚、成本分摊、专业化分工带来的好处,促使区域创新系统规模继续扩张。

另一方面,互联网技术增进了区际互联。无论是地理距离还是制度约束等造成的区际分割都是降低区域长期创新活力的重要障碍。首先,互联网技术丰富了各区域之间的连接可以产生创新溢出效应。对溢出区域而言,其进行创新的最终目的是获取社会认可以及财务回报,互联网为其创新成果提供了更广阔的市场,确保了新品销售利润的增加。对扩散区域而言,可以率先接收到先发区域的新技术、新思想等,既能带动本区域的模仿借鉴创新活动,也将通过竞争效应刺激本土企业自主创新。其次,不同区域建立连接可以破除创新的根植性。根据区域创新能力的根植性特征,一个地方的知识总会受一定的地域文化影响而固化,受固化文化影响,创新主体也容易产生路径依赖。而数字经济时代,新技术、新模式层出不穷,不同区域互联可以使创新先发地吸收到不同文化的养分,以多样化的文化孕育多元创新观念。最后,依托互联网,邻近区域还可以组建创新联盟,通过要素市场、产品市场等的一体化发挥创新集聚优势。

## （三）互联网技术提升技术关联

互联网技术对区域创新能力的影响还可以通过部门间的技术关联机制推动技术创新能力提升。根据关联效应发生的方向可以分为自体关联效应、前向关联效应和后向关联效应。

自体关联效应，指互联网技术有其内生的技术改进潜力，可以实现技术的迭代创新。按照长波技术论，一项基础技术会经历介绍期、扩散期、成熟期和衰退期四个时期。介绍期和扩散期分别约为20年。1994年互联网正式引入我国至今不足30年，据此可推算我国互联网技术仍处于扩散期，相关的技术迭代创新仍会持续进行。从模块组件角度看，互联网技术热点经历了网络核心协议（NCP）、传输控制协议/网际协议（TCP/IP）、域名系统（DNS）与路由协议（BGP）、超文本传输协议（HTTP）、网际协议版本4（IPv4）和网际协议版本6（IPv6）等，代际互补性创新使网络功能越来越稳定；从基础设施角度看，通信卫星、海底光缆、陆地基站等基础设施升级让互联网的信息存储与传递功能不断扩容、提质和增速；从网络产品生产角度看，顶级域名、维基百科编辑、网络直播、在线医疗等领域的技术进步不断丰富互联网的应用场景，使其与社会生活的紧密度不断提升（Dutta等，2013）。[①] 可以说，互联网技术迭代创新是区域技术创新的重要组成部分。

前向关联效应，指互联网技术溢出可以带来下游应用产业的原发和继发性创新。一般而言，通用技术产业可以划分为核心产业部门和应用产业部门，核心产业部门是技术的供应者，应用产业部门是技术的吸收者，创新通过产业关联在两个部门间传导。互联网技术有着广泛的社会应用，可以在技术应用部门掀起多项变革：一是可以加速新产业和新业态的诞生。典型的如车联网、物联网、工农业互联网等，都是各行业结合自身特点，借鉴互联网技术内

---

[①] Dutta S., Benavente D., Lanvin B., et al., *The Global Innovation Index* 2013：*Local Dynamics Keep Innovation Strong in the Face of Crisis*，The Global Innovation Index，2013，p.98.

核生产的产物。二是可以带来商业模式革新。互联网技术打破了信息壁垒,允许参与交易各方实时互联,帮助形成了生产者、消费者、供应商等价值共创的模式形态。三是可以推动组织架构创新。传统的垂直化架构在信息传递的速度、质量上都不具备优势,互联网可以赋能组织向扁平化、模块化的形态演化,带动组织效率更高。当然,互联网应用引起的下游产业变革远不止于此,但可以肯定地说,互联网技术正在部分决定着下游区域创新的速度。

后向关联效应,指互联网应用产业部门不断通过下游业务场景的试炼反馈倒逼互联网技术产业部门技术再创新。对于现有网络技术而言,下游的应用试炼可以检测出缺陷,例如对网络进行升级扩容以满足更多用户并发使用需求、及时对应用程序的报错问题进行调试和处理等,确保技术在反复的迭代中日臻成熟。更重要的是,下游应用场景的需求还将为上游技术供给方指明技术创新方向,这将带来完全不同于技术迭代的新技术成果。举例来看,借助互联网交易平台,买卖双方可以远程完成交易,但前提是要解决双方的信任问题。互联网给出的答案是区块链技术,这一技术可以确保交易过程充分透明,全程留痕。除此之外,互联网技术在政府、企业、居民等多个环境中的应用程度越深,网络安全问题就越受到重视,倒逼互联网技术开发者围绕网络安全技术攻坚克难。一系列互联网技术应用部门业务的量变推动了互联网技术的质变。

## 二、平台视阈下的动力机制

### (一)互联网平台优化创新资源配置

资源配置能力及配置效用既取决于可供配置的资源数量的多少,也取决于配置机制是否有效率。互联网平台的资源配置特征呈现在以下两个方面:

互联网平台资源丰裕度更高。根据资源区位理论,只有开放的拓扑结构系统才能最有效率地整合资源,互联网平台正是这样一种系统,再不可能有一种管理机构的资源富集量可以和互联网平台比肩。人员上,凡注册使用网络的用户都可以在平台上发布供需信息,互联网可以及时帮助求职者匹配到最适宜的岗位,岗位搜寻时间更短,成本更低。资本上,网络借贷平台成为商业银行贷款的有力补充,可以弥补商业贷款对中小微企业融资需求的忽视。技术上,网络平台聚集了大量的开源技术社区、技术人才、设计架构、项目代码等创新初期的技术问题都可在其中找到解决方案。此外,互联网还开发出了共享经济模式,个人的闲置资源、技能等都可以在平台上出售(江小涓,2017)。[1] 互联网平台以近乎零的边际成本扩大了创新资源的供给,提高了创新资源配置能力。

互联网平台资源配置效率更高。传统的资源配置方式以市场价格和竞争机制为主,以政府调控为辅助。但是信息不完全对称、交易者的机会主义倾向等市场失灵问题会降低市场配置效率,晋升考核机制不合理、寻租等问题又会导致政府在资源配置决策上的短视性。互联网平台配置资源的优势在于其突破了信息不完全和个人的有限理性,能够在有效需求的基础上使创新资源的总需求和总供给实现总量与结构的一般均衡(何大安和任晓,2018)。[2] 由于创新资源的价格信息基本透明、配置过程透明,配置结果同样较为透明。即便是对于极小部分需要公益配置的资源,互联网也能形成有效的监督机制,确保在满足资源供给的同时使创新资源流向边际效用较高的部门。与传统配置方式比,互联网平台拥有帕累托改进的创新资源配置结果。

### (二)互联网平台扩大创新溢出

创新活动具有溢出效应,区域当期创新产出既会为后期创新能力形成正向积累,也可以对邻近区域创新能力产生正向溢出。互联网平台可以直接作

---

[1] 江小涓:《高度联通社会中的资源重组与服务业增长》,《经济研究》2017年第3期。
[2] 何大安、任晓:《互联网时代资源配置机制演变及展望》,《经济学家》2018年第10期。

## 第二章 互联网驱动区域创新能力提升的理论分析框架

用于新知识、新技术的学习活动,既能扩大创新产出,又能促进创新成果溢出,带来区域创新能力的广化和深化。

互联网平台可以扩大创新产出。一方面,互联网可以为新知识、新创意的获取提供便利。互联网平台通过为每个个体提供海量免费的学习资源、不受时空约束的与知识充分互动的机会、学习的外生环境约束等方式为学习提供了更多可能性。学习过程会带来知识存量的增长,是现代经济发展的动力基础,也是个人挖掘新知识、新技术潜力的关键(伦德瓦尔,2016)。[①] 另一方面,互联网平台还可以加速新知识向生产力的转化。平台本质上是促成交易的媒介,而互联网平台与传统交易介质的区别在于其庞大的资源汇聚能力,它所面向的不是某一类交易,而是整个经济体中所有交易,因此有更强大的创新主体联结功能,可以为企业、高校、政府之间提供更稳定、更充分的联结机制,促使新成果商业化的步伐加快。

互联网平台还可以强化创新溢出效应。这种创新溢出包括直接效应和间接效应两种。直接效应是指互联网可以将创新成果扩散至其他个体、行业乃至区域,刺激基于该创新成果的迭代创新和边缘创新。原始创新具有较高的风险性与不确定性,而迭代创新和边缘创新速度快、质量要求低,市场范围小,大的创新组织往往会忽视该领域,为小微组织留下了空间。尤其是互联网平台总与"长尾经济"密不可分,这些微小创新积累起来或将产生出大于原始创新的效果。间接效应是指互联网平台具有网络正外部性特征,在平台上开展的创新活动越多,越能吸引更多创新主体主动加入创新网络。对先发创新者的经济收益、社会名望等回报的期望将驱动区域创新主体勇于参与创新竞争,形成向好向新的良好氛围。

---

[①] [丹]本特-奥克·伦德瓦尔:《国家创新系统:建构创新和交互学习的理论》,李正风、高璐译,知识产权出版社2016年版,第26页。

### 三、思维视阈下的动力机制

#### (一)互联网思维重塑区域创新环境

费尔普斯(2013)在《大繁荣》一书中提出,"现代经济通过人才和思想参与商业创新活动生产新知识"。① 换言之,带来创新的是经济活动参与者对现行经济运转缺陷的思考能力。由此推断,当互联网上升为一种思维时也必能矫正当前区域创新环境的缺陷,帮助创新活动有序进行。

互联网思维使区域创新环境更包容。创新是对未知领域的探索,充满了不确定性与失败的风险,宽松容错的环境能够最大化激励创新行为,因为对错误的纠正是新知识增长的来源之一(费尔普斯,2013)。② 互联网思维的包容性首先体现在它坚持以人为本的准则,尊重个体的独立性、特殊性和自由,能够孕育出拥有独立的人格和敢于质疑的精神,这是创新型人才的基础。其次,包容性还体现在互联网平等地赋予各群体参与创新的机会,鼓励个体主动彰显自我,发挥创造力。对企业组织而言,"长尾经济"的存在还可以鼓励其从事专门面向低收入市场、小微市场的创新(邢小强等,2015)③,实现创新结果上的普惠包容。

互联网思维使创新系统更平等。一方面,互联网平等、去中心化的思维驱动创新组织结构从层级化、垂直化向扁平化、网络化转变。根据组织管理学上的超 Y 理论,越是有自我约束力的、擅长发挥创造性力的个体更应该被平等宽松地对待(Morse 和 Lorsch,1970)。④ 纵向结构下,创新命令自上而下传递,

---

① [美]埃德蒙·费尔普斯:《大繁荣:大众创新如何带来国家繁荣》,余江译,中信出版社 2013 年版,第 25—26 页。
② [美]埃德蒙·费尔普斯:《大繁荣:大众创新如何带来国家繁荣》,余江译,中信出版社 2013 年版,第 38 页。
③ 邢小强、周江华、仝允桓:《包容性创新:研究综述及政策建议》,《科研管理》2015 年第 9 期。
④ Morse J.J., Lorsch J.W., "Beyond Theory Y", *Harvard Business Review*, Vol.48, No.3, 1970.

底层个体的创造性被抑制。相反,扁平化组织则可以给员工更充分的自主权,创新带来的自我满足感更高,因此创新的内驱力更强。另一方面,组织内部的领导者与员工之间的关系越平等,越可以增强员工的心理安全感(古银华,2016)①,不易离职,从而提升了其在长期稳定的工作中形成创造性贡献的概率。

互联网思维使区域创新频率更高。互联网的内生基因之一是追求快到极致的思维,谁先创新成功谁就可以抢占最大的市场份额,因为消费者对新产品的学习迁移是有成本的,即所谓的"赢家通吃"概念。因此,虽然对创新的容错性更高,迭代的容错机制更合理,但互联网思维总体上高度强化了"时间就是金钱"的价值观,形成了更残酷的淘汰机制,不断加快创新速度以抢占市场先机成为互联网行业的生存法则,推动区域创新活动频率加快。

(二)互联网思维颠覆区域创新模式

创新的本质是新知识的生产活动,受稀缺资源的约束,需要创新主体相互协作,彼此支撑(March,1991)②,各类创新主体之间的关系构成了区域创新模式。互联网思维通过对创新主体关系网络的重构推动了创新模式的以下转变:

首先,互联网思维促成了产品开放式创新。从生产与消费的关系看,互联网强调"需求导向"思维,注重对消费者行为的数字刻画、消费体验反馈的实时收集、消费主张的动态追踪等,掌握了这些"流量密码"后,企业不再将自己新产品理念强加给用户,而是放开创新的过程,根据用户的使用体验和反馈及

---

① 古银华:《包容型领导对员工创新行为的影响——一个被调节的中介模型》,《经济管理》2016年第4期。

② March J.G.,"Exploration and Exploitation in Organizational Learning",*Organization Science*,Vol.2,No.1,1991。

时修正创新,既满足了用户多元化、异质性的需求,又降低了创新的不确定性。消费者通过贡献自己的知识、技能或是使用体验满足了对参与感的需求,增强了对新产品的信赖度。这种生产和消费者同时参与的价值共创模式使区域创新活动价值更高。

互联网思维促成了知识协同化生产。传统的知识生产是从知识供给方到应用方的单向线性关系,互联网思维将所有的线性关系转变为网络化协同关系。在协同系统内,政、产、学、研、用、金等主体既是创新要素的供给者,也是创新成果的享受者,共同致力于新知识的生产。协同的形式包括众包、众筹、联合研发等,人才、技术、资金、信息等要素供应者各司其职,创新分工程度更高。大规模的协作体系充分利用了资源互补优势,有助于降低交易成本、组织成本以及研发成本,打通了创新成果从实验室到市场的"最后一公里",加速了知识向现实生产力的转化。

互联网思维刺激了产业融合创新。传统的区域创新活动范围受产业边界限制,不同产业之间缺乏竞争,不利于新知识、新技术的扩散。互联网思维的重要特征是跨界融合,原因在于互联网改变了传统产业的生产方式、要素配置方式、产品形态、商业模式等,使不同产业的价值创造过程具备了共性。利用互联网赋能,以满足消费者"一站式"需求为导向,多种产业跨链共生,在融合过程中还衍生出新需求、新业态、新模式和新产业,创新竞争的激烈程度和范围都不可同日而语,区域创新模式逐渐向系统性、规模化方向演变。

综上所述,无论是从技术视阈、平台视阈还是从思维视阈出发,都可以论证得到互联网能够成为驱动区域创新能力提升的新动能,具体动力机制见图2-4。据此,本书提出以下假设:

假设1:互联网促进区域创新能力的提升,二者之间呈显著正相关关系。

第二章 互联网驱动区域创新能力提升的理论分析框架

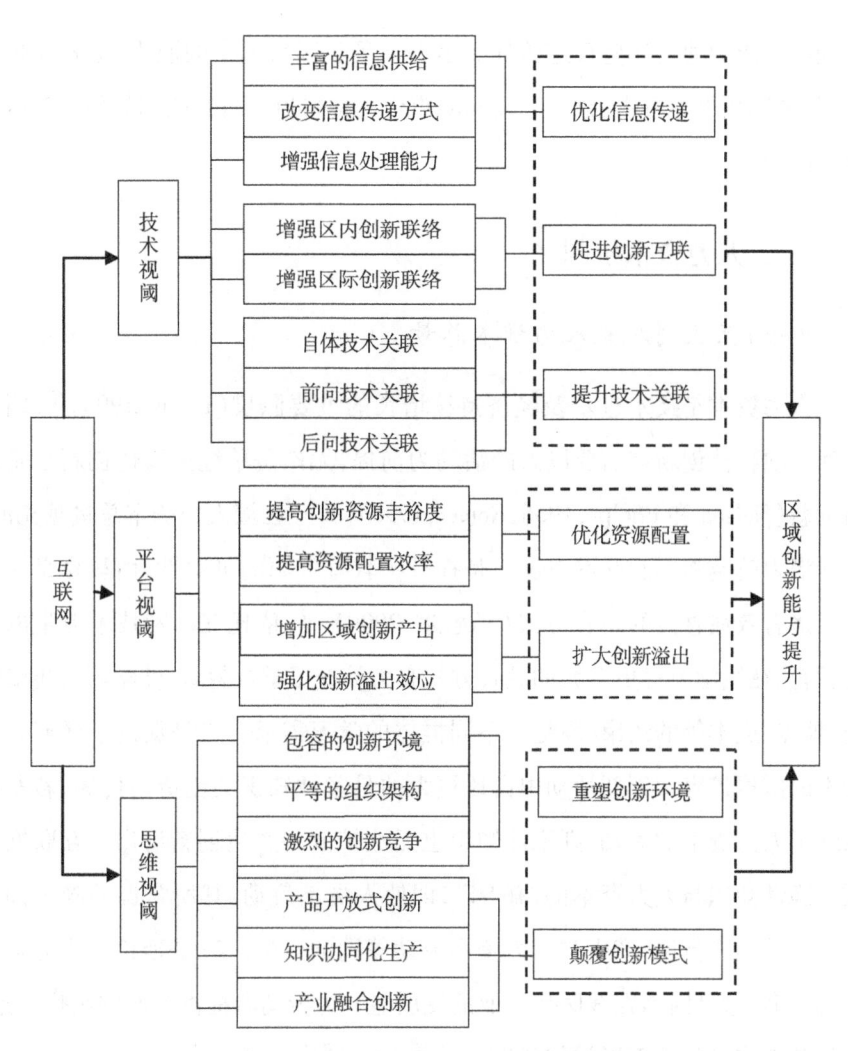

图 2-4 互联网驱动区域创新能力提升的动力机制

## 第三节 互联网驱动区域创新能力
## 提升的传导机制

动力机制刻画的是互联网为何会促进区域创新以及其作用的内在过程。要厘清互联网驱动区域创新能力提升的理论机理，还需深入探析互联网对区

059

域创新的影响通过哪些渠道传导。本书立足于区域创新的源头、形式和扩散过程,分别从人力资本、创业活动和城市化三种渠道剖析互联网如何提升区域创新能力。

## 一、人力资本机制

### (一)互联网扩充人力资本总量

人力资本是技术进步及经济持续增长的重要源泉(Lucas,1998)[1],因为任何一项科技创新都需要以人的活动为前提,无论是单纯的模仿创新还是原始创新(Nelson 和 Phelps,1966;Romer,1990)。[2][3] 区域人力资本总量越充沛,创新潜力就越强。互联网发展一是提升了教育资源的可得性,而教育是人力资本最有效最直接的培育方式(马歇尔,2009)。[4] 依托互联网技术诞生的远程教育、在线学习等更多元的教育方式有力补充了学校教育,使学习不再受时间、地点、成本等的约束,满足了不同群体的学习需求。二是促进了区域人力资本的虚拟扩容。创新活动中占比更大的是隐性知识的创造与传递,若制度束缚了人力资本的流动,则隐性知识也无法扩散并产生创新溢出。互联网实现了隐性知识与人力资本的"解绑",即使人员不流动,其所掌握的隐性知识也能借助网络传递,产生与人力资本流动等同的效果。三是延长了人力资本平均寿命,这是因为在线医疗产业的发展能够为劳动者提供全面的医疗服务,延长其工作时间从而增加创新潜力。

---

[1] Lucas R.E.,"On the Mechanics of Economic Development", *Journal of Monetary Economic*, Vol.22, No.1, 1998.

[2] Nelson R.R., Phelps E.S., "Investment in Humans, Technological Diffusion, and Economic Growth", *Cowles Foundation Discussion Papers*, Vol.56, No.1-2, 1966.

[3] Romer P.M., "Endogenous Technical Change", *Journal of Political Economy*, Vol.98, No.5, 1990.

[4] [美]马歇尔:《经济学原理》,朱志泰、陈良璧译,商务印书馆 2009 年版,第 406 页。

## （二）互联网优化人力资本结构

区域创新能力与人力资本结构间存在正向关系,人才队伍内高端人才占比越高,区域创新活力越充沛。互联网发展可以促进人力资本结构的高级化和多元化。对高级化的影响是通过以下两个方面实现的:一方面,互联网降低了人力资本培育成本,提高了区域平均受教育水平,进而提高了劳动者的劳动生产率。另一方面,互联网强化了劳动力市场导向在人才升级中的作用。互联网是一把"双刃剑",对高素质劳动力而言,它是"劳动增强型"技术进步,可以辅助高层次人才进一步扩充知识储备,提升专业技能;对低技能劳动者而言,它是"劳动替代型"技术进步,会导致这部分群体"工作的终结"(里夫金,1998)。① 因此,这种"适者生存"的选择机制会倒逼劳动者主动向更符合互联网时代要求的技能型、创造型人才的转变。对多元化的作用表现在互联网思维所带来的开放包容的社会氛围提高了对低学历、高创造力人群的社会评价,允许多元创造力的人力资本互补共生。人力资本构成的多元化可以通过社会交往产生倍乘效果(Arbache 和 Sarquis,2002)②,术业有专攻的人才通过与其他领域人才的互动交流提高了他们解决创新相关问题的综合能力(Parrotta 等,2014)。③

## （三）互联网提高人力资本效率

人力资本投入创新活动的效率越高,对现有知识的理解、消化和吸收速度就越快,能够加速新知识的生产。互联网能够提升人力资本使用效率,其背后

---

① [美]杰里米·里夫金:《工作的终结:后市场时代的来临》,王寅通译,上海译文出版社1998年版,第10页。

② Arbache J.S., Sarquis S.J.B., "Human Capital, External Effects and Technical Change", *Social Science Electronic Publishing*, 2002.

③ Parrotta P., Pozzoli D., Pytlikova M., "The Nexus between Labor Diversity and Firm's Innovation", *Norface Discussion Paper Series*, Vol.27, No.2, 2014.

的逻辑之一是互联网加速了人力资本的供需匹配过程。与传统的费时费力的求职过程相比，在线求职、网络面试等可以降低求职者和招聘者双方的时间、金钱成本，使求职过程的机会成本更低。尤其是对占求职者数众的高校毕业生而言，互联网使校企两大创新主体之间的联系更加密切，高校和科研院所能够更加密切地掌握企业需求，培养出来的人才技能与市场需求的适配度更高，提高了这部分群体求职成功的概率。二是互联网激发了与人力资本匹配的要素效率。人才作用于创新的过程还受到制度、资本、管理、硬件设施等多种因素的影响，互联网的应用在政府、金融等领域的应用为要素配置提供了更完善的环境，在企业内部也掀起了人才管理方式的变革，可以充分释放人力资本的产出效率。

## 二、创业活动机制

### （一）互联网增强创业机会感知能力

创业活动是技术发展水平的重要指标，创业活动越频繁越能带动技术创新水平的上升。从源头上看，创业机会的产生是由于经济中产品和服务的供需结构失衡，创业的第一步是要能够敏锐地感知这种失衡并迅速采取行动，这也是熊彼特创新理论中所述企业家精神的重要特征。互联网能够提升创业者的创业机会感知能力。究其原因，一是互联网对信息源的扩充、信息传递方式、信息获取成本的改造促进了商机信息的流动，强化了创业者的创业机会捕捉能力。二是互联网发展对国民经济的改造过程中不断涌现出新产业和新业态，成熟的产业进入门槛较高，因为市场份额已经趋于稳定，而新产业的发展会孕育更多的创新机会，这同样为创业者感知商机贡献了力量。三是互联网还能够赋予创业者创业学习机会，创业者通过在网络上大量学习国内外创业动态、创业者的经验分享、在线创业培训等，其对商机的感知能力也会提升。

## （二）互联网提升创业资源获取能力

互联网嵌入能够带给初创企业更多获取资源的机会,改善初创企业在资源获取方面与在位企业的地位不平等问题。一是互联网降低了创业资金门槛。创业初期,创业者因为急需资本支撑产品或技术的研发、原材料或元件的购买等活动,总是面临较紧的流动性约束。但初创企业,尤其是小微企业面临的风险性和不确定性较高,较难获得足够的信贷支持,甚至还会滋生违法借贷问题。"互联网+"和普惠金融的融合发展恰好解决了这一问题,正规金融机构不断创新互联网金融产品,拓宽金融服务的覆盖面,并且衍生的众筹、众投等新的融资模式已经能够满足不同创业者的融资需求(湛泳和徐乐,2017)[①],既降低了创业活动的融资约束对创业活动的限制,也规避了创业者通过不合法方式融资带来的风险。二是互联网简化了创业准入制度。长久以来,制度壁垒是影响我国创业者的重要"难题"。行政审批程序繁杂、审批效率低下严重影响创业意愿。互联网技术简化了创业过程中的政府审批流程,使创业者可以通过网络实现"一站式"的企业注册,解决了因为浪费时间等待行政审批而延误创业时机的问题,也消除了行政审批环节寻租给创业者带来的额外成本,激发了创业者的积极性。三是互联网允许"大众创业"。互联网是一种能够充分彰显"大众的力量"的新型创造工具(安德森,2015)。[②] 在很多领域,相比那些具有专业文凭的群体,既具备专业技能,又有时间、创意以及热情的人才是推动行业变革的动力源泉。创业者将其创意置于网络空间能得到来自这些极客群体的反馈、建议和帮助,对创意进行改进和完善,直至推动其满足创业条件得到落地,这就是"大众创业"的过程。

---

① 湛泳、徐乐:《"互联网+"下的包容性金融与家庭创业决策》,《财经研究》2017年第9期。

② [美]克里斯·安德森:《创客:新工业革命》,萧潇译,中信出版社2015年版,第10页。

### (三) 互联网创业成本收益

风险和不确定性是创业活动的内生基因,即便是极具企业家精神的人也无法在项目初期就预判最后的结果。互联网发展对创业活动的成本收益起到了很好的平衡作用。从成本角度看,互联网发展一是带来了"免费模式"的兴起,信息、技术等创业要素都可以部分免费获取,为初创企业减轻了部分成本负担。特别是互联网时代的创业活动以技术创业为主(康健和胡祖光,2016)[①],各大互联网巨头平台的开源代码和项目可以为初创企业提供强大的技术支撑。二是互联网技术具有通用性,相关基础设施的资产专用性低,减轻了创业失败的沉没成本负担。三是在互联网的网络外部性特征作用下,创业者接入网络时间越久,网络价值越高,获取新客户的成本越低,对前期投入的成本稀释效应越强。从收益角度看,互联网社交平台的性质不仅使创业者能够跟远距离的投资人建立起联系,更可以拓展创业者的社会关系网络(Mollick,2014)[②],帮助创业者拓展市场范围,进而提高创新潜在收益。

## 三、城市化机制

### (一) 互联网提高城市化参与意向

与农村相比,城市在创新要素禀赋、创新主体、创新环境上都有得天独厚的条件,城市化率越高的区域创新能力也越强。互联网的发展,一是可以增强城市固有的创新要素集聚和扩散能力。从集聚视角看,尽管城市生活对农村劳动力本身就有吸引力,但互联网却让这种吸引力变得更直接,农民

---

① 康健、胡祖光:《创新链资源获取、互联网嵌入与技术创业》,《科技进步与对策》2016 年第 21 期。

② Mollick E., "The Dynamics of Crowdfunding: An Exploratory Study", *Journal of Business Venturing*, Vol.29, No.1, 2014.

第二章　互联网驱动区域创新能力提升的理论分析框架

足不出户就可以感知都市衣食住行的形态,便利的生活基础设施、较高的工资水平、高覆盖率的公共服务等都是吸引其主动迁往城市的"砝码"。从扩散视角看,互联网的应用不仅为城市创新成果转化提供了新平台和新市场,更重要的是能为城市塑造创新形象提供窗口,扩大城市创新影响力。聚集和扩散能力之间还会形成正向促进循环,推动城市成为重要的"创新极"。二是通过将身处城乡两地的家庭成员紧密联系起来降低进城的"情感成本",使进城务工人员的社会融入感更强。一旦家庭中某一成员可以和城市建立起稳定的联系,就会有其他的熟人跟随迁入城市,产生"连锁迁移"效应(Dekker等,2014)。① 三是与"互联网+"城市绿色发展理念不谋而合,互联网技术为城市雾霾、交通拥堵等问题提供了新的解决方案,缩小了农村相对于城市的环境禀赋比较优势,使农村的城市化参与意愿更强烈。

(二)互联网增强城市接纳能力

城市化进程的快慢不仅取决于农村人口的城镇化意愿,还受城市接纳能力的约束。互联网技术,一是改变了传统的城市管理方式,使单个城市的管理和治理能力扩容升级。借助大数据分析技术、可视化技术等,城市布局规划和建设更加科学合理,数字城市和智慧城市建设不断推进,可承载的人口规模边界不断突破,服务供给能力相应上升,应急管理能力更强。二是互联网以"网状"结构取代了传统的点状、带状城市化发展模式,强化了城市的空间联系(徐维祥等,2021)。② 新模式下,城市网在共同的发展目标引领下共担压力、共享发展,城市群的协同治理水平更高,对单个城市的辐射带动作用也更强。

---

① Dekker, Rianne, Engbersen G., "How Social Media Transform Migrant Networks and Facilitate Migration", *Global Networks*, Vol.14, No.1, 2014.
② 徐维祥、周建平、周梦瑶等:《数字经济空间联系演化与赋能城镇化高质量发展》,《经济问题探索》2021年第10期。

三是"互联网+"的新模式、新业态能够产生更大的劳动力需求。这些新行业的共性特征是对教育水平要求不高,恰恰是农民工就业的适宜选择。同时,在线求职平台还为农民工提供了在不同职业之间切换的可能,保障了其在城市生活的稳定性。

（三）互联网缩小城乡收入差距

互联网的普及促进了农民营收方式的多元化,缩小了城乡收入差距:一是传统农业逐渐和现代技术相融合,带动了农业的精细化和可持续发展。并且随着电商模式走进乡村,利用互联网平台就可实现本土特色产品的宣传推广和销售,农村逐渐形成了大企业为龙头的农产品集中销售组织,有专业的人员负责对农民集中培训使其具备电商产业、直播产业的从业能力,诞生了一批"淘宝村"和"电商村",解决了农民的就业问题。二是互联网自媒体的兴起使农民可以通过短视频、直播等方式展示所长,只要有特长、有技术,就可以通过自媒体平台快速变现,帮助他们拓展了流量营收的渠道。三是互联网还可以将农村的自然生态变现:城市繁忙的生活节奏和繁重的工作压力催生出了休闲需求,农村得天独厚的自然资源和绿色生态恰恰可以满足此需求。借助自然禀赋,农民们发展出了自然采摘、旅游康养、休闲度假、农家乐等一系列特色产业,通过网络平台营销推广绿色、健康、慢节奏等概念,切中了城市居民消费痛点,实现了农民增收。农民的非农就业渠道的扩张推动了农村"就近城镇化"和"就地城镇化",加速了城镇化的进程。

结合上述分析,互联网驱动区域创新能力提升的传导机制及过程,见图2-5。据此,本书提出以下假设:

假设2:互联网通过人力资本、创业活动和城市化传导提升区域创新能力。

第二章 互联网驱动区域创新能力提升的理论分析框架

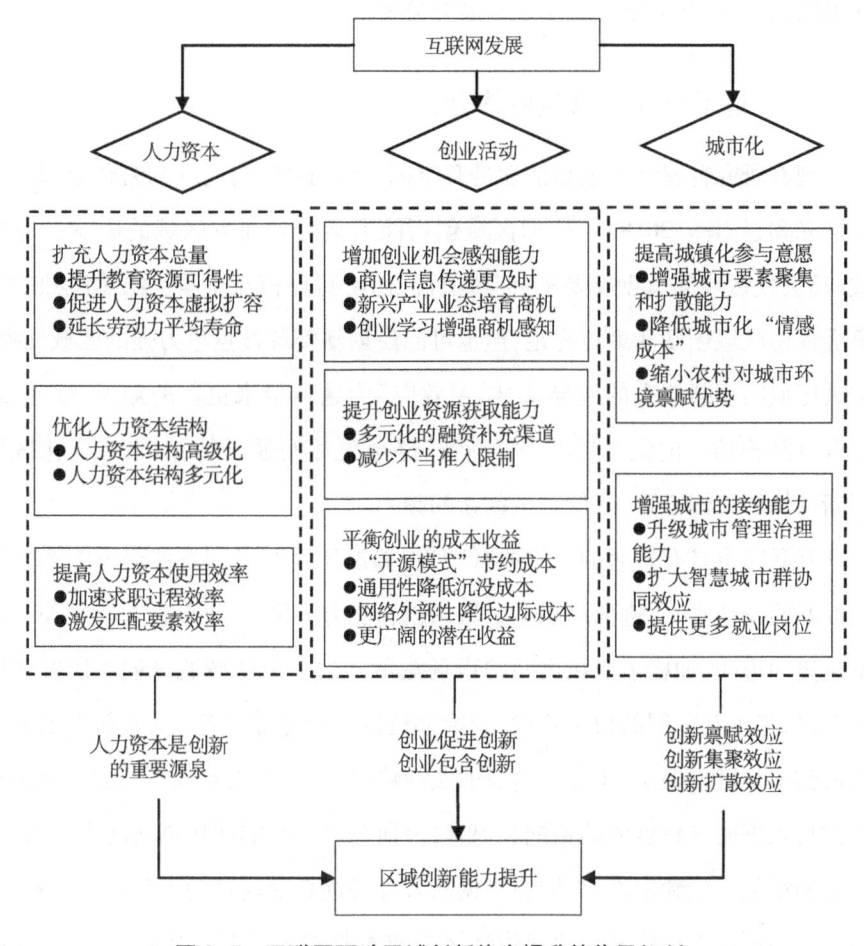

图 2-5 互联网驱动区域创新能力提升的传导机制

## 第四节 基于动力机制和传导机制的
## 拓展分析

互联网驱动区域创新能力提升的动力机制和传导机制已经明确,但其作用效应仍需在理论层面进一步探讨,以便充分掌握互联网驱动区域创新能力提升过程中呈现的可循规律。结合互联网和区域创新能力的特征,重点从空间关联、非线性和异质性三个视角展开分析。

## 一、基于空间关联效应的分析

现有研究普遍认可创新活动是有空间关联性的(白俊红和蒋伏心,2015;宋旭光和赵雨涵,2018)[1][2],即区域创新能力会受到邻近区域的影响:"竞争效应"会使区域间就创新要素、创新项目、创新奖补相互竞争。虽然激烈的竞争会促使区域创新活力更充足,但也可能使创新资源被竞争力强的区域虹吸,扩大区域间创新能力的差异。"学习效应"为区域带来更新的知识、技术、思想等,使"模仿—消化—吸收—再创新"路径更加畅通,但同时也会强化区域创新主体的怠惰心理,降低自主创新的频率。

互联网也具有显著的空间关联特性,邻近地区互联网发展会影响本区域的互联网发展水平,进而影响本区域的创新能力。第一,互联网的出现使经济系统更加透明,加剧了区域之间的市场竞争。当一个区域通过创新研发获取利润时,基于互联网的快速传播,会给邻近区域带来紧迫感,从而邻近地区竞相模仿本地区的做法,不考虑自身的实际情况,盲目加大对技术研发的资金和人力投入进而导致资源的错配和浪费,反而会负面影响区域创新能力。第二,互联网增强了创新惰性,原因在于创新者开展创新活动是为了获取高额利润,但互联网环境下很容易导致邻边地区的成本收益不对等。从收益来看,互联网产生的创新溢出效应会增强本地区的竞争力,对邻边地区的新产品的市场产生挤出效应,邻边地区获取垄断利润的空间缩小。从成本来看,基于互联网开放性、复制性、信息传播成本几乎为零的特征,创新成果很容易被泄露,这时就需要地区投入更大费用保护创新成果的知识产权,从而加大了邻近区域创新成本。在高成本低利润的情况下邻近区域会主动减少创新活动的投入,弱

---

[1] 白俊红、蒋伏心:《协同创新、空间关联与区域创新绩效》,《经济研究》2015年第7期。
[2] 宋旭光、赵雨涵:《中国区域创新空间关联及其影响因素研究》,《数量经济技术经济研究》2018年第7期。

化了邻边地区创新主体的自主创新动力。第三,互联网技术打破了资源要素流动的行政和地理障碍,加快了资源流动速度,促进了资源的跨界配置。当一个地区互联网水平较高时也会带动本地区创新能力的迅速提升,研发资本、高端人力、先进技术等优质要素以更快的速度向本地区流动并产生倍增的要素吸纳能力,区域承接创新资源的基础越来越丰厚,而邻近地区的创新资源存量越来越少,对邻近地区的创新水平产生了负面影响。

据此提出以下假设:

假设3:互联网对区域创新能力的提升作用有空间关联性。邻域创新能力的提升可能对本区域创新产生正向溢出,但邻域互联网发展水平的提升将对本区域创新能力产生负向溢出。

## 二、基于非线性效应的分析

互联网是典型的信息产业产品,具有前期投入成本大、边际成本为零的特征,并且网络价值会随着网络规模扩大而非线性递增(谢伊,2002)。[①] 将此特征带入其对区域创新能力的作用过程,可以得到合理猜想——互联网对区域创新能力的提升效应也是非线性的。在网络接入初期阶段,互联网基础设施的建设需要投入巨大的资本,但由于互联网的公共产品性质,其建设和推广速度比较慢,并且与网络配套的创新生态也尚未形成,互联网在区域创新中所发挥的推动作用相对有限。随着互联网规模的扩展,网络用户体量日渐庞大,信息不对称壁垒被打破,信息传播方式由单向传递变为多项扩散,信息和知识充斥在互联网环境中,各类资源也实现了跨界流动,显著激发了创新主体的研发潜力和活力,创造出"大众创业、万众创新"的创新氛围,这一阶段互联网对区域创新能力的促进作用有所增强。当互联网进入深入应用阶段,接入网络的用户节点数达到一定的规模,网络释放的信息体量更大,聚合的创新资源更多,创

---

① [以]奥兹·谢伊:《网络产业经济学》,张磊译,上海财经大学出版社2002年版,第3—4页。

新主体的研发潜力将全面激发,创新产品推广应用速度加快,定制化创新模式应运而生,创客空间风生水起,互联网带来的创新溢出效应大幅度增强。并且,区域连接成了一个开放式的创新网络,创新主体之间形成稳定的创新协同生态,实现了创新主体共治、成本共担、资源共通、环境共建和利益共享。内部创新系统的畅通循环还将对邻域产生溢出,释放更大的创新激励,产生类似于"核爆效应"作用,在这一阶段互联网对区域创新能力的作用达到了最大。

进一步地,对此非线性规律进行影响因素分析。内生增长理论认为只有新技术适应要素禀赋结构时才能使新技术的成本最小(阿吉翁等,2004)[1],只有区域要素禀赋达到适宜区间时才能充分释放互联网的创新溢出效应。同样地,因为互联网短期主要影响服务业,中长期才会通过科技创新力带动全产业技术升级(史丹和白骏骄,2019)[2],因此区域产业结构合理性也会影响互联网的创新赋能效果。另外,知识产权是区域开展创新活动的制度保护,合理的知识产权保护能够遏制网络中侵权的不良行为,确保创新主体的科技成果不被窃取。但是已有研究表明,过于严格的知识产权制度对我国创新活动会产生不利影响(刘思明等,2015;王华,2011)[3][4],打击了小规模企业开展模仿创新活动,阻碍了区域创新水平的提升。因此,知识产权保护制度是否适宜互联网发展要求也成为其创新力释放的重要因素。综合以上分析提出以下假设:

假设4:互联网对区域创新能力的提升效应呈现正向边际报酬递增的非线性动态规律,并且此规律受区域要素禀赋、产业结构和知识产权保护水平的约束。

---

[1] [美]菲利普·阿吉翁、[美]彼得·霍依特:《内生增长理论》,陶然译,北京大学出版社2004年版,第14—17页。

[2] 史丹、白骏骄:《产业结构早熟对经济增长的影响及其内生性解释——基于互联网式创新力视角》,《中央财经大学学报》2019年第6期。

[3] 刘思明、侯鹏、赵彦云:《知识产权保护与中国工业创新能力——来自省级大中型工业企业面板数据的实证研究》,《数量经济技术经济研究》2015年第3期。

[4] 王华:《更严厉的知识产权保护制度有利于技术创新吗?》,《经济研究》2011年第S2期。

## 三、基于异质性效应的分析

互联网对区域创新能力提升的效应还可能存在异质性,其成因是两个方面的。从互联网维度来看,互联网发展是系统性的,主要包括互联网资源量增加和互联网普及度提高两个方面,互联网资源量带来的创新溢出表现为互联网技术和平台对区域创新发挥的作用,互联网普及度提高带来的创新溢出表现为互联网思维重塑经济活动带来的创新激励,这两个方面带来的创新溢出显然不同。从互联网资源来看,互联网促使创新要素跨区域、跨领域、跨平台的自由配置,人才、技术、物质等创新要素得到充分利用,同时互联网平台加强了产学研之间的联系,推动了创新主体之间的协作创新,共同突破技术创新短板,显著提高了区域创新的效率。从互联网普及来看,互联网将原有单向传递的信息传播方式变为了多向扩散(郭家堂和骆品亮,2016)[①],使信息传递渠道更加通畅,扩散范围更加宽泛,有助于创新主体及时了解市场、政策、技术等信息,为技术创新活动提供了更多有价值的参考;而且随着互联网思维的普及,"自协调、自学习、自进化"的创新文化逐渐形成,突破了传统封闭创新的思维方式和哲学观念,营造出"大众创业、万众创新"的良好氛围。比较两个方面,互联网资源是互联网普及的基础,但后者更能体现互联网的网络效应和扩散效应(惠宁等,2020)[②],可以直接作用于区域知识存量,通过使旧知识在不同产业裂变分化、重组与再生带来新知识,对区域创新能力的提升作用理应高于前者。

从创新价值链维度来看,技术创新是从创新投入到创新产出的一个多阶段、多要素的价值链传递过程,可以分为科技研发和成果转化两个关键环节

---

[①] 郭家堂、骆品亮:《互联网对中国全要素生产率有促进作用吗?》,《管理世界》2016年第10期。

[②] 惠宁、刘鑫鑫、马微:《互联网发展与我国区域创新能力的提升——基于互联网资源量与普及度双重视角的分析》,《陕西师范大学学报(哲学社会科学版)》2020年第6期。

(洪银兴,2017)①,其中科技研发是创新要素变成科技成果的阶段,而成果转化是由科技成果实现经济效益的阶段,这两个阶段对互联网的应用程度不同,因而互联网可以释放的创新动能也存在差异。具体来看,研发创新环节的网络价值主要体现为研发人员潜力的激发,互联网将碎片化的信息、知识、数据等整理以后发布在网络上,科研工作者可以通过搜索引擎获取所需的信息,迅速掌握基础研究的前沿动态,激发创新灵感,企业可以深挖市场信息,找准技术和产品创新的痛点。成果转化环节的网络价值主要体现在新产品的生产和推广,互联网技术的应用实现了生产的全面模拟和虚拟制造,显著提高了创新成果转化效率,同时互联网孕育的"线上+线下+物流"一体化营销模式,拓宽了产品营销的渠道,加快了新产品的推广应用。对比两个阶段产生的创新溢出,研发创新环节是从无到有的创造过程,解决了经济社会中遇到的现实问题,属于创新链上价值增值的最高环节,该阶段对研发人员要求较高,需要科研工作者拥有综合的创新思维和创新能力,使互联网的知识溢出价值释放得更加充分,产生的创新溢出是较高的。而转化创新阶段则借助互联网直接将科技成果转化为创新产品,主要是打通"创新链"的一个过程,对区域创新能力的提高是有限的,故互联网对区域研发创新能力的促进作用要强于区域转化创新能力。据此提出以下假设:

假设 $5_a$:互联网资源和互联网普及度对区域创新能力的影响存在异质性,后者对区域创新能力提升的贡献大于前者。

假设 $5_b$:互联网发展水平对区域创新价值链研发环节和成果转化环节的作用存在异质性,对前者的作用大于后者。

总之,互联网驱动区域创新能力提升的理论分析框架是后续分析的基石,需要厘清互联网影响区域创新能力的所有理论进路。本章按照"提出问题—分析问题—得出假设—规律求证—实践应用"的逻辑脉络构建了理论分析框

---

① 洪银兴:《科技创新阶段及其创新价值链分析》,《经济学家》2017 年第 4 期。

架,并遵循理论框架要求,从动力机制、传导机制和作用规律三个层面剖析了互联网驱动区域创新能力提升的机理:动力机制研究阐述了互联网促进区域创新能力提升的内在过程:从技术视阈,互联网促进信息传递、区域互联和技术关联创新;从平台视阈,互联网优化创新资源配置,扩大创新溢出。从思维视阈,互联网完善区域创新环境,颠覆区域创新模式。传导机制研究明确了互联网创新赋能的三种渠道:一是优化人才总量、结构和利用效率,为区域创新提供充足智力支撑。二是强化创业机会感知能力,提升创业资源获取能力,平衡创业的成本收益,以更高质量的创业活动赋能区域创新。三是提高城市化参与意向并增强城市接纳能力,更好地发挥城市化对创新的集聚和扩散作用。最后,基于动力和传导机制的拓展分析总结了互联网驱动区域创新能力提升过程中存在的空间关联性、非线性和异质性规律及其成因,并提出了相关假设。

# 第三章　互联网驱动区域创新能力提升的作用机理研究

在分析互联网与区域创新能力作用的内涵、特征的基础上,研究互联网对区域创新能力的作用机理。一是从技术、平台和思维三个层面分析了互联网的内涵,概括了互联网的实时性、低成本性、平等性、开放性、包容性和网络外部性的特征。二是界定了区域创新能力的内涵,揭示了区域创新能力构成及区域创新能力的系统性、根植性、动态积累性和空间溢出性的特征。三是论述互联网对区域创新能力的作用机理。互联网提高了知识创造的前瞻性,扩大了知识传播的智力资本载体,营造了便于知识扩散的区域环境,优化了宏观成果转化生态和微观成果转化流程,提升了区域协作创新能力。

## 第一节　互联网的内涵及特征

互联网(Internet)诞生于1969年,是"冷战"时期美国国防部高级研究计划局资助开发的阿帕网(ARPANET)。半导体、软件工程、信号处理和数字分组交换技术的日益成熟是互联网诞生的基础。作为世界上最大的计算机网络,互联网稳定集成了全球各地的服务器、计算机和终端,使其能够凭借一组共享的标准和协议实现互联互通,是信息通信技术史上一项里程碑式产物,完成了信息传播方式从纸质媒体时代向信息时代的飞跃,彻底改变了全球经济对信息的依赖程度(Mowery,2002)①,成为当今世界经济社会发展的重要动能。

## 一、互联网的内涵

从形式上看,互联网从诞生之日起就是以计算机为终端的,依赖一定的通信协议的开放、分散和多平台的网络(Cohen-Almagor 等,2013)。② 从本质上看,互联网是一种信息交流沟通介质。其中,"信息"是指不断被发现、重组与利用的在流通中产生的知识,其功能主要是消除流通中的不确定性(Shannon,2001)。③ 因此,可以将互联网认为是用来传递信息的载体和平台。

第一,互联网是一种技术。互联网是一种信息传递技术,是与其他生产技术相似的工具和载体,需要以路由器、光纤、计算机等设备为基础。互联网的技术属性体现在三个方面:一是信息处理。互联网技术的产生是因为"冷战"期间美国军方创造一种通信方式,使部分通信设备被炸毁后整体军事通信系统依然能够顺畅传递信息。因此,无论是基于个人计算机(Personal Computer,PC)端的传统互联网还是基于移动设备的移动互联网,互联网的根本功能就是通过对二进制数据的处理实现信息的准确高效生产、存储、传递和分析应用,其他的语音、图像、位置等多种模态多信息处理均为衍生功能(王海峰等,2013)。④ 二是连接一切。让信息收发主体产生连接是互联网处理信息的前提。早期互联网从技术层面实现的是不同时空的"人人连接"和"人机

---

① Mowery D.C.,Simcoe T.,"Is the Internet a US Invention? —An Economic and Technological History of Computer Networking",*Research Policy*,Vol.31,No.8-9,2002.

② Cohen-Almagor, Raphael, *Moral, Ethical, and Social Dilemmas in the Age of Technology: Theories and Practice*,IGI Global,2013,p.19.

③ Shannon C.E.,"A Mathematical Theory of Communication",*Acm Sigmonile Mobile Computing and Communications Review*,Vol.5,No.1,2001.

④ 王海峰、吴华、刘占一:《面向互联网的信息处理》,《中国科学:信息科学》2013 年第 12 期。

连接"。用户无论处在世界上任何位置都可以通过至少一条网络线路与另一空间的用户或计算机对话,也能随时通过调取计算机的数据存储与过去"对话"。工业互联网、车联网和物联网等的发展则进一步实现了"人、机、物、系统"的连接,不仅人与人、人与机器可以对话,机器与机器也可以对话。三是允许互动。迄今为止,我们所经历的技术变革中只有少数允许用户之间互动,互联网就是其中之一。它允许海量用户实时互动,并且成本更低。尤其是进入移动互联网时代,"人即传媒"理念的兴起以及各类社交平台的诞生共同促成了实时便捷互动时代的到来。发展到现在,互联网技术已经实现了真实世界和社会关系的延伸,它营造了一种既亲密又维持一定距离感的互动空间,允许用户与陌生人之间建立纽带并在双方都感到舒适的社交距离中互动,这大大颠覆了"熟人社会"的文化传统,帮助用户拓展了社会关系。

第二,互联网是一种平台。根据阿姆斯特朗(Armstrong,2001)的双边市场理论,在经济交易中存在一类市场,这使交易需要依赖平台实现,平台负责连接买卖双方并为其提供服务以促成交易,平台的营收可以来源于向买卖双方收取的费用[1],这样的双边市场可以被定义为平台。显然,传统商业时代平台思维就已经有了广泛应用,但传统平台的发展有其内在矛盾,诸如百货公司、批发市场这样的平台都需要较大的经营场所,经营场所越大意味着较高的营业成本,却并不一定意味着较大的客流量和交易量,因此传统平台的规模和交易的规模是不成正比的。互联网则不同,因为其运行不需要以物理空间为依托,明显节约了交易费用。同时,由于网络正外部性的存在,网络中集聚的用户数量越多,越有利于其释放对交易的协调能力,并且越会吸引更大的用户流量。因此,互联网平台的规模与处理交易的能力、交易量等无疑是成正比的,与交易成本成反比。在实际交易中,互联网平台主要呈现四种类型,分别

---

[1] Armstrong M.,"The Theory of Access Pricing and Interconnection", *MPRA Working Paper*, 2001.

## 第三章 互联网驱动区域创新能力提升的作用机理研究

是单项式平台、互动式平台、自媒体平台和协作式平台(王彬彬和李晓燕，2018)[①]，见图3-1。

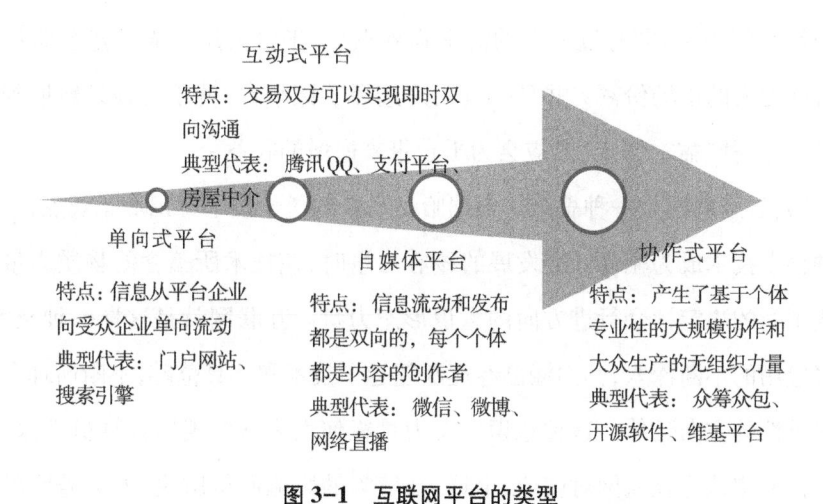

**互动式平台**
特点：交易双方可以实现即时双向沟通
典型代表：腾讯QQ、支付平台、房屋中介

**单向式平台**
特点：信息从平台企业向受众企业单向流动
典型代表：门户网站、搜索引擎

**自媒体平台**
特点：信息流动和发布都是双向的，每个个体都是内容的创作者
典型代表：微信、微博、网络直播

**协作式平台**
特点：产生了基于个体专业性的大规模协作和大众生产的无组织力量
典型代表：众筹众包、开源软件、维基平台

**图 3-1 互联网平台的类型**

互联网平台根据其在交易中所起的作用可以概括为做市商型、受众制造型和需求协调型(Evans，2003)。[②] 一是互联网充当交易双方之间的做市商。来自各行各业的交易主体都汇集于网络平台，在平台上匹配供需双方的时效性更强且成本更低廉。这一类型的典型代表是电商平台，海量的商品，尤其是"长尾"产品的供给足以吸引所有消费者目光，而庞大的消费群体带来的潜在获利空间又将吸引更多网店入驻，形成消费和供给之间的正向促进循环。二是互联网充当信息供给者的受众创造者。这类平台存在目的是要吸引海量的用户将注意力放在平台上。其典型代表是搜索引擎和门户网站。平台通过无偿的信息供给服务形成自己的稳定用户群，为了获得庞大用户群的注意力，广告投放商需要向平台付出一定的广告费用，保证平台的正常营收。三是互联

---

① 王彬彬、李晓燕：《互联网平台组织的源起、本质、缺陷与制度重构》，《马克思主义研究》2018年第12期。

② Evans D.,"The Antitrust Economics of Multi-Sided Platform Markets", *Yale Journal on Regulation*, Vol.20, No.2, 2003.

网充当交易的需求协调者。这类平台存在的主要目的是将买卖双方都聚合为平台的需求者,典型代表是第三方支付平台和软件平台。这类平台会面临"需求起飞"效应,即跨过一定的需求临界点后,平台的用户需求量会激增从而占据庞大的市场份额。并且一旦用户选择了该平台,就不会轻易转换到其他平台,这种"需求锁定"效应会为平台带来递增的收益。

第三,互联网是一种思维。根据哈贝马斯的科学技术意识形态观点,一旦一种科学技术成为驱动社会发展的核心力量时,该技术所蕴含的物质力量就变成了新的决定社会行进方向的意识形态力量。互联网就是这样一种技术,随着应用的不断深入,其内涵已经逐渐超越了技术和工具范畴,不断向理念化和思维性的方向延伸。这种意识形态力量缘何而来呢?美国计算机学家、杰伦·拉尼尔认为互联网对就业、金钱、环境等的影响亟待解决,人类需要思考怎样以数字网络为起点,在技术价值最大化的同时尽可能地降低其负面影响(拉尼尔,2014)[①],这种对问题的思考及其解决形成了互联网思维。仅从经济学角度看,互联网发展突破了工业经济背景下的稀缺性、有限理性等基本假定以及边际收益递减、边际效用递减等原理(赵立斌和张莉莉,2020)[②],大规模生产、大规模销售和大规模传播的思维方式不再适用,市场、用户、产品甚至产业链都被重构,催促社会各界以新的眼光去看待商业世界,总结新经济现象背后的规律,"互联网思维"由此诞生。概括地说,互联网思维就是在新的技术条件下,以具备敏锐观察力和创造力的企业家群体为代表,在观察市场交易实际的前提下对互联网时代社会各领域运行范式和逻辑的认知总结。

我们对互联网内涵的理解从技术、平台和思维三个维度展开,但不同行业对互联网有不同的理解:小米公司雷军将互联网思维概括为"专注、极致、口

---

[①] [美]杰伦·拉尼尔:《互联网冲击:互联网思维与我们的未来》,李龙泉、祝朝伟译,中信出版社2014年版,第15—16页。

[②] 赵立斌、张莉莉:《数字经济价值链重构与产能利用率提升》,北京科学出版社2020年版,第33—45页。

碑和快",陈光锋(2014)以其为精髓并将其细化为"标签思维、简约思维、第一思维;产品思维、痛点思维、尖叫点思维;粉丝思维、爆点思维;迭代思维、流量思维和整合思维"。① 腾讯马化腾总结的"马七条"(连接一切、互联网+传统行业=创新;开放式协作;消费者参与决策;数据成为资源;顺应潮流的勇气;连接一切的风险),和君集团赵大伟(2014)总结的"独孤九剑"(用户思维、简约思维、极致思维、迭代思维、流量思维、社会化思维、大数据思维、平台思维、跨界思维)②,360周鸿祎(2014)总结的"用户至上、颠覆式创新、免费模式和体验为王"的互联网方法论。③ 这些理解都是立足于现象、过程、结果等不同视角对互联网技术和平台运行逻辑的归纳。有学者将互联网寡头们的"互联网"总结为了"效率最优的技术主义、利润最高的资本主义以及规模最大的产业主义"不无道理(黄升民和刘珊,2015)。④ 但需要正视的是,互联网思维并不局限于商业思维,也绝不是依赖于互联网才能存在的,它是对已有社会现象本质特征的深度总结,也是对已经存在的哲学观念的再验证和再利用,具有哲学体系和方法论的意义。这种抽象的互联网思维要想产生颠覆社会的力量还必须被内化到社会各行各业的行为准则中去。

## 二、互联网的特征

第一,实时性。互联网的全球覆盖和连接使用户无论身处何地都能在第一时间浸入海量的信息中。尤其是在移动互联网诞生后,移动终端这类便携性极强的设备的普及使用户可以随时随地地接入互联网享受信息服务。个人用户之间可以通过社交软件及时互换信息;个人和企业用户之间可以通过电

---

① 陈光锋:《互联网思维:商业颠覆与重构》,机械工业出版社2014年版,第82—462页。
② 赵大伟:《互联网思维独孤九剑:移动商业时代的思维革命》,机械工业出版社2014年版,第83—455页。
③ 周鸿祎:《周鸿祎自述:我的互联网方法论》,中信出版社2014年版,第55—179页。
④ 黄升民、刘珊:《"互联网思维"之思维》,《现代传播(中国传媒大学学报)》2015年第2期。

商平台实时就产品和服务交换信息;企业用户之间可以通过供应链信息化平台互换订单信息做到即时生产等。总之,互联网打破了时空约束,保证了接入用户时刻在线互动。

第二,低成本性。一是虽然互联网在初期的建设需要较高的固定成本,但随着网络接入用户数量的增长以及信息的无限可复制性,互联网可以近乎为零的边际成本向更多用户提供内容。由于企业成本结构中固定成本的占比更大,因此其规模经济性更强(许小年,2020)。① 二是互联网作为一种通用资源,不受资产专用性限制,即便转为他用也不会产生较高的沉没成本。三是互联网平台整合分散资源,起到了匹配资源供需方的作用,缩短了交易对象搜寻时间,节约了交易成本。对于用户而言,免费的资源节约了知识获取成本和学习成本,强大的网络资源是知识经济时代最快捷的提升自我价值的途径。

第三,平等性。从产品视角,互联网创造了"长尾"市场,为大多数利基产品提供了等同于热门商品的被关注机会。从个体用户视角,互联网时代每个人都是信息的供给者,同时也都是信息的接受者,所有用户之间的地位是平等的,只需要拥有一台支持网络协议的固定或移动终端就能发表自己的见解。从企业组织视角,企业内部的组织架构已经开始由垂直化向扁平化发展,官僚式的管理层级不复存在,轻松自由的企业文化逐渐占据主流。企业之间也不再是单纯的"大鱼吃小鱼,小鱼吃虾米"的竞争关系,小企业可以与大企业携手共建商业生态(李海舰等,2014)。②

第四,开放性。一方面,开放是互联网的先天基因,"软件开源"的理念又进一步提升了网络开放性(雷蒙,2014)。③ 另一方面,网络的扩张使交易需求

---

① 许小年:《商业的本质和互联网》,机械工业出版社2020年版,第78页。
② 李海舰、田跃新、李文杰:《互联网思维与传统企业再造》,《中国工业经济》2014年第10期。
③ [美]埃里克·斯蒂芬·雷蒙:《大教堂与集市》,卫剑钒译,机械工业出版社2014年版,第48页。

猛增,任何一个孤立的企业都无法拥有足够的资源去满足无穷的需求。因此,企业倾向于通过开放、跨界和大规模协作实现生产的扬长避短,将上下游合作伙伴、产品用户等做成自己的外接资源并通过"众筹""众包"方式实现协作化生产,以更低成本实现更高的经济价值。

第五,包容性。从社会角度看,互联网虽然将每个用户缩小为一个信息元,但用户价值并没有因此隐没。相反,每个个体都是一个价值生产单位,其专长、积淀、经验、知识、资源和关系等都会在信息生产以及价值创造中物尽其用。对企业来说,这种包容"个人主义"的逻辑使其可以利用群体智慧解决生产问题,对个人而言这也是种向上的自我激励,因为参与感和自我价值得到了彰显。从经济角度看,普惠性也是互联网包容性的体现,借助互联网技术和平台,资源配置可以及时向欠发达地区倾斜,让亿万人民在共享互联网发展成果时有更多获得感。

第六,网络外部性。"网络外部性"最早由卡茨和夏皮罗(Katz 和 Shapiro,1985)正式提出,指的是"个体的效用会随着某种商品消费人数的增加而增加"。[①] 这是一种典型的消费网络外部性,其出现的根本原因是消费的产品与网络之间具有互补性,且网络能够很好地兼容相关商品(Economides,1996)。[②] 互联网外部性可以分为直接和间接两种,直接网络外部性是指消费者消费某种商品的效用与该商品的消费人数有关。间接网络外部性则是指由于产品之间存在互补性,某一种产品消费人数的增加会刺激其互补品消费群体的扩张,进而提升该产品本身的价值。

---

[①] Katz M.L., Shapiro C., "Network Externalities, Competition, and Compatibility", *The American Economic Review*, Vol.75, No.3, 1985.

[②] Economides N., "The Economics of Networks", *International Journal of Industrial Organization*, Vol.14, No.6, 1996.

## 第二节 区域创新能力的内涵、构成与特征

### 一、区域创新能力的内涵

(一)区域创新系统

奥地利学者熊彼特(Schumpeter,2019)在其著作《经济发展理论》中提出,创新是将资源和要素以一种前所未有的方式重新组合并取得经济利润的过程。这一"创造性破坏"过程的表现可以是新产品的发明、新工艺的采用、新市场的开拓,甚至是原材料的创新和组织创新等。[①] 可以看出,熊彼特的创新概念侧重对企业这一创新主体的行为分析。但实际上,创新活动具有明显的系统性特征,其与发生地内嵌的不可移动资源、隐默性知识、社会文化、制度等要素均有明显关联,并且创新资源难以被某一企业全部掌握,因此创新活动需要多个主体共同参与。

20世纪80年代初,"创新系统"概念得到了学界的广泛关注。伦德瓦尔(Lundvall,2010)将创新系统定义为"动态的社会系统,由多种要素及其在新知识的生产、扩散和使用过程中的互动关系构成"。[②] 弗里曼(Freeman,2008)提出了"国家创新系统"(National Innovation System,NIS)的概念,认为其是"一种由公共和私人部门共同构建的网络,一切新技术的发起、引进、改良和传播都通过这个网络中的各个组成部分的活动和互动得以实现"。[③] 基于以上研究,库克(Cooke,1996)提出了区域创新系统(Regional

---

[①] [美]约瑟夫·熊彼特:《经济发展理论》,贾拥民译,中国人民大学出版社2019年版,第86页。

[②] Lundvall B.A., *National Systems of Innovation: Toward a Theory of Innovation and Interactive Learning*, London: Anthem Press, 2010, p.2.

[③] [美]克里斯托夫·弗里曼:《技术政策与经济绩效:来自日本的经验》,张宇轩译,东南大学出版社2008年版,第2页。

## 第三章 互联网驱动区域创新能力提升的作用机理研究

Innovation System，RIS）的概念，率先将区域和创新联结了起来，他将区域创新系统定义为"在地理上互相分工与关联的生产企业、研究机构和高等教育机构等构成的区域性组织体系"。[①] 无论是国家还是区域创新系统，学者们的研究都认为政府、企业和大学是创新系统中的核心要素。本书则认为，区域创新系统由创新主体、创新环境和创造资源共同构成。在一定的区域范围内，企业、高校、研究机构等直接创新主体以及政府、中介组织等间接创新主体依靠各种方式互动，并与外部环境交互、反馈和资源置换，实现知识创造、知识获取、协作分工和成果转化的过程构成了区域创新活动的完整循环。

如图 3-2 所示，企业最有动力从事技术创新，也最有能力整合新旧知识并将其转化为新产品、新工艺和新服务，是创新主体的核心，独立形成了企业创新子系统，子系统内的企业之间共享知识和技能，围绕新产品、新技术和新服务开发的共同目标展开竞合。高校和科研机构主要承担大量的基础研究和应用创新任务，向企业输送最新研究成果和创新型人才，是创新成果的重要来源。相比较而言，企业在创新系统中主要承担为新成果开发经济价值的职能，而高校和研究机构则主要向系统输送人才和技术动力，并塑造区域创新氛围。以上两大主体通过委托研究、联合研究、技术转让等方式协同创新，形成了产学研"三螺旋"稳定架构，推动区域创新活动循环进行。

政府和中介机构是创新的间接从事者。其中，政府凭借其特有的宏观调控和政策制定权责对创新主体的行为进行引导和约束，为创新主体提供资金、制度、信息、技术等所需资源，并在创新成果产出后负责协调收益分配，确保区域创新活动有序开展。中介机构是联结创新主体与市场的纽带和桥梁。一方面，区域创新活动高频率的开展会向市场传递出对相关服务的需求信号，刺激

---

[①] Cooke P., Hans Joachim Brazyk H. J., Heidenreich M., *Regional Innovation Systems: The Governance in the Globalized World*, London: UCL Press, 1996, pp.365-382.

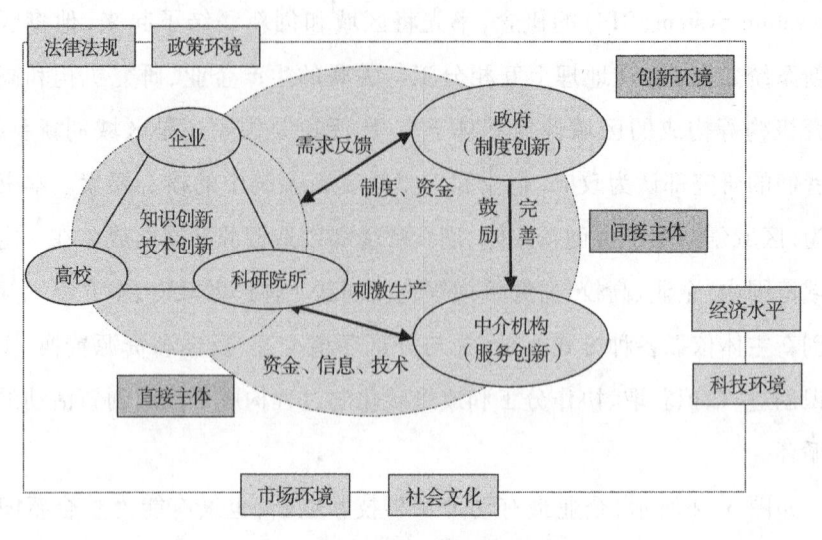

图 3-2　区域创新活动循环过程

信息中介、资金中介、财务咨询、科技成果管理等领域的中介组织的产生;另一方面,中介机构为了更好地服务创新主体也将不断进行自身服务的推陈出新,这也是区域科技创新活动内容的重要构成部分。

创新环境是某一区域内,创新主体共同享有并且共同维护的外部要素,分为硬环境和软环境两大类,各类有形要素的集合构成了区域创新的硬环境,包括交通设施、通信和网络基础设施等;而无形的经济水平、市场环境、社会文化、法律法规、制度建设、科技实力等则共同构成了创新活动的软环境。创新主体与创新环境之间不断进行资源、要素的置换和交互,形成了区域创新系统各组成部分相互支撑、相互制约的稳定外循环过程。

(二)区域创新能力

由于区域创新活动具有明显的复杂性、协同性、网络性和动态性,对区域创新能力概念的界定目前学界尚未形成较为统一的认知。区域创新系统学派主张区域创新能力可以被界定为"创造和提供集体性竞争物品"以及"刺激和稳定区域内部企业、学校、科技中介、研发企业以及政府部门之间的交流与合作"的能力(Heidenreich,2005)。① 国内学者柳卸林和胡志坚(2002)则认同区域创新能力是"一个地区将知识转化为新产品、新工艺和新服务的能力"。② 还有学者从创新具体过程出发将其定义为知识创新能力、技术创新能力、管理和制度创新能力以及宏观经济环境等(甄峰等,2000)。③ 但无论具体定义如何,目前社会各界对区域创新能力的认知呈现以下三点共性:一是区域创新能力是区域创新系统的最终成果,因此对区域创新能力的研究不仅需要包括创新主体自身的投入产出绩效,相互间的互动频率、深度与广度也是关键内容。二是区域创新能力的本质是知识创造与扩散能力。一方面,这是因为区域创新系统提出时正处于"知识经济"时代,知识不仅被视为驱动经济增长的内生动力,"知识分配力",也即各创新主体是否可以随时接触到大量的知识存量决定着创新系统运行结果(经济合作与发展组织,1997)。④ 另一方面,无论是高校与科研机构的基础研究还是产业部门的应用研究与商业性研究,创新成果的最直接形式都表现为新知识。三是区域创新能力的关键能力是新知识向新生产力的转化能力。任何创新活动的最终目标都是完成成果从实验室到市场的"惊险一跃",使创新主体取得商业收入以弥补创新过程中的投入与风险,也为下一轮创新积累充足的资本。未经受住市场考验的创新成果对于提升区域生产力并不产生明显作用。

结合上述共性分析,本书将区域创新能力的内涵界定为在一定的地理区域内,企业、高校和科研机构等创新主体投入创新资源,合作取得创新产出并实现产出成果产业化的过程中所需的能力。

---

① Heidenreich M., "The Renewal of Regional Capabilities: Experimental Regionalism in Germany", *Research Policy*, Vol.34, No.5, 2005.
② 柳卸林、胡志坚:《中国区域创新能力的分布与成因》,《科学学研究》2002年第5期。
③ 甄峰、黄朝永、罗守贵:《区域创新能力评价指标体系研究》,《科学管理研究》2000年第6期。
④ 经济合作与发展组织:《以知识为基础的经济》,机械工业出版社1997年版,第10—11页。

## 二、区域创新能力的构成

第一,知识创造能力。创新的本质是知识创造的过程,即以区域现有知识存量为依托,辅以其他创新要素的投入生产出的关于事实的认知、自然原理和规律的总结、技艺和能力的开发等。区域创新所创造的知识分为显性和隐性两类。显性知识可以编码形式被存储和传递,在不同创新主体的交互过程中产生溢出;隐性知识是指那些难以用语言、文字形式进行表达、传递和理解的知识,表现为创新者的经验、潜意识、直觉等,溢出性相对较低。高校和研究机构是区域主要的知识创造者,其数量通常与知识创造能力正向相关,原因在于知识需要借人力资本载体外化,而高校和研究机构在知识阶层的培育和扩容方面优势突出。企业是新知识的主要接收者和应用者,同时也具备一定的知识创造能力,如开发有价值的新思想和新方案等。新知识创造出来后通过知识体系的外溢方式不断推动区域现有知识存量的增加,区域创新能力也因此提高。

第二,知识获取和接受能力。知识获取和接受能力指的是新知识生产出来后进行流动、传播和扩散的过程。其决定因素一是创新氛围,因为新观念、新思潮的涌现会形成对既有认知和价值观的冲击。创新氛围越活跃的区域,对新事物的包容性越高且愿意为新生事物开辟较大的试验空间。二是信息基础设施能力。知识需要以期刊、图书、报纸、学术会议、电视和网络等具象的媒介设施为载体传递至受众。数字基础设施让知识传播能力指数型激增,为区域创新带来更大潜力。三是创新主体的联结。企业是知识获取的核心主体,掌握更多知识的主体拥有更大的创新主动权,但分散又庞大的知识资源被某一企业掌握的成本过高、难度也更大。通过技术引进、专利许可、企业兼并、校企交流等方式获取来自创新系统的外部知识能够使企业迅速地把握创新方向,摆脱资源约束"瓶颈",孕育更高的创新存活率。

第三,成果转化能力。创新是将经济和技术连接在一起的过程,系统成果转化能力的强弱直接决定着区域创新绩效。企业是成果转化的核心主体。成果转化过程的第一阶段是高校和科研机构的基础创新成果,也就是新知识作为生产力要素向企业转移,企业作为成果的接收方需要同时进行方案论证和样件试错,两方合力完成生产要素的让渡。第二阶段是创新成果的中间试验和工业化试验。企业需要全力对新知识进行二次开发,完成产品雏形向小批量生产的蜕变。第三阶段是创新成果投入大规模生产以满足市场需求的环节,也是科技活动真正实现其商业价值的阶段。如图3-3所示,成果转化能力可以细分为成果供给能力、成果需求能力和科技服务能力。科技成果供给能力主要指高校接受企业委托产出创新成果的能力以及分析市场形势取得适销对路的成果并输送的能力;成果需求能力刻画的是企业自身的技术基础以及分析市场需求的能力。科技服务能力是建立在中介组织和政府主体的职能上的,包括对成果供需方的匹配能力和转化过程的支持能力。

第四,协作创新能力。区域创新系统内各部分的协作会产生"1+1>2"的创新结果。从微观要素视角,创新需要生产要素配合投入。熊彼特将创新定义为"生产要素的全新组合"也说明了生产要素的不同组合方式是实现创新的根本途径。要素协同要求企业具备站在全局视角,统筹技术、信息、人员、资本、管理、文化等要素,突破稀缺要素约束实现创新产出最大化的能力。从子系统视角,创新首先是企业内部各组织的合作过程,组织以创新利润最大化为共同目标和愿景分配创新资源及任务。企业之间则形成围绕产业链和供应链分工的协作创新链,以核心企业的知识、信息、技术共享为纽带,上下游企业协作完成价值共创。从宏观视角,子系统之间的互动是区域创新系统演化的重要力量,并且决定了区域创新能力存在非线性发展可能。当企业与高校和研究机构、政府以及金融等中介组织之间的创新互动与反馈形式越多样、联系越紧密时,系统会自动形成稳定的正向价值促进机制,使系统的功能远大于局部功能之和。

图 3-3 成果转化能力

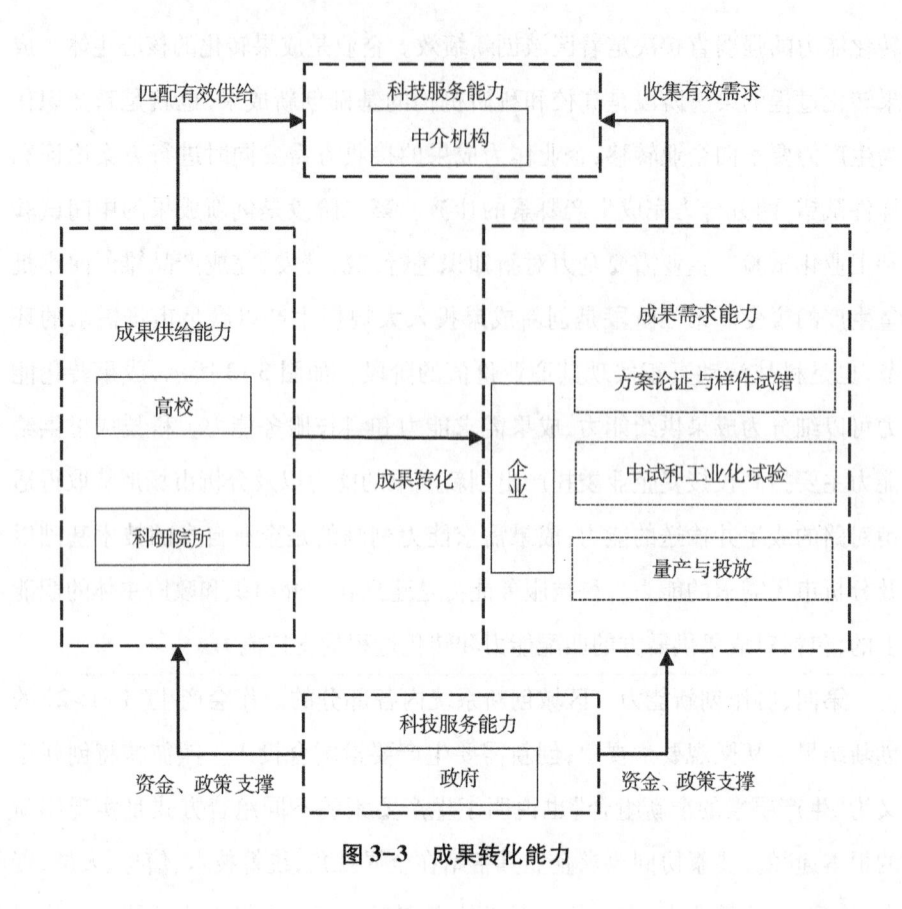

## 三、区域创新能力的特征

第一,系统性。区域创新系统是由基础条件创新系统、过程创新系统、制度创新系统、组织创新系统以及政策创新系统等子系统构成的(黄鲁成,2002)[①],每一个子系统内部又包含了若干要素。各个系统乃至系统内的各要素之间并非独立运作,而是相互依赖、相互作用。因此,区域创新能力也是多种要素构成的综合体,是一个复杂的多元非线性动态系统,它取决于知识生产、扩散、产业化等每一环节的绩效表现,并且也与每一环节创新主体自身的

---

① 黄鲁成:《宏观区域创新体系的理论模式研究》,《中国软科学》2002年第1期。

能力息息相关。因此,单一创新主体或创新环节的能力优化并不等于区域创新能力的优化,后者的提升需要区域内全部创新系统和创新要素的叠加、集成与整合。

第二,根植性。美国加利福尼亚大学伯克利分校(Berkeley)大学教授萨克森宁(1999)在解密硅谷创新能力时提到,硅谷的成功之所以未能被其他地区复制,重要的是硅谷自身根植的有利于创新和人才成长的文化生态。[①] 根植性原指的是企业所在的地区环境决定了企业需要扎根在本地才能汲取竞争力(王缉慈和王可,1999)。[②] 区域创新也同样,创新主体在一定的地理范围内与其他创新主体、内外部环境互动,最终会形成一个地区特有的创新文化氛围。根植性使创新主体可以享受沟通交流成本节约、密集的社会关系网络、其他产业集聚等带来的好处,对于创新绩效提升有重要影响。但值得注意的是,根植性也容易造成区域创新活动的路径依赖,从而对突破性创新产生阻碍。

第三,积累性。创新本质上是新知识的创造过程,既需要对旧有知识量变的积累,又需要对积累进行延伸。创新能力也是一个典型的时间积累变量,是一个存量概念。任何一个区域的创新,必须经历从无到有、由弱至强的过程。当前的区域创新能力既是过去很长时间创新能力积累的最终反馈,也是未来一段时间创新能力再积累的基础。一个区域当前的创新积累可以显著决定创新要素投入产出能力和产出效率,也是差异性创新激励政策实施的理论依据。

第四,溢出性。知识有明显的外部性,新知识的自由流动会带动创新能力在邻近区域产生空间溢出。若生产的是显性知识,可以通过编码方式主动扩散到邻近区域;若生产的是隐性知识,则可以依托人才、设备等传播扩散。新知识流入地可以产生新的创新成果,甚至可以形成对新知识的再创新。区域

---

① [美]安纳利·萨克森宁:《地区优势:硅谷和128公路地区的文化与竞争》,曹蓬译,上海远东出版社1999年版,第63—64页。
② 王缉慈、王可:《区域创新环境和企业根植性——兼论我国高新技术企业开发区的发展》,《地理研究》1999年第4期。

创新能力的溢出性质在一定程度上解释了我国各省区域创新能力差异的成因：一个地区的创新能力越强，它的溢出能力也越高，会产生高水平的创新地理集聚；反之，一个地区创新能力越差，溢出能力也越低，邻域也将陷入创新能力的低洼地，最终使区域创新能力呈现出"强强联合"或者"弱弱联合"的差异性特征（李恒，2012）。①

## 第三节　互联网驱动区域创新能力发展的作用研究

互联网与经济社会的深度融合释放出其大的潜力，特别是广泛推行的"互联网+"战略更是对区域创新产生了颠覆性作用。在区域创新的"新知识生产—试用—转化—商用"过程中，互联网通过压缩创新时间和成本，改变知识的传播扩散渠道，对区域的社会系统和创新系统环境进行重塑等，显著提升了区域的知识创造能力、知识获取和接受能力、成果转化能力以及协作创新能力，成为驱动区域创新能力提升的新动能。

### 一、互联网提升区域知识创造能力

创新的关键是新知识的生产，而创新系统的前瞻性是知识"新"的前提。尤其是步入数字经济时代，我国在新技术、新经济社会形态上已与发达国家处于同一起跑线上，面临的技术封锁更强，跟随创新策略已不再可行，能否敏锐地察觉到关键核心领域的新趋势并率先布局抢滩决定了我国区域创新竞争力的强弱。

第一，增强了区域创新活动的前瞻性。一方面，我国互联网发展漫长的跟随期导致许多标准的制定、产业的发展丧失了先机，因此上至政府顶层设计，

---

① 李恒：《区域创新能力的空间特征及其对经济增长的作用》，《河南大学学报（社会科学版）》2012年第4期。

下至科研和企业部门当前都更重视前瞻性研究的重要性。另一方面,网络拓展了全球创新交往,确保了区域能够快速敏锐地捕获全球创新的新动向。

第二,互联网发展提升了创新主体的知识创造能力。一是互联网提高了生产要素重新组合的效率(韩先锋等,2014)。[①] 对生产要素的不同组合是产生新知识的主要途径,网络平台的发展使产品从研发设计到获取市场的检验与反馈速度更快,创新主体根据市场反馈重新调整生产要素组合方式的效率自然也随之加快。二是互联网提升了知识的关联度。对新知识的发现离不开对已有知识的梳理和学习。互联网及大数据分析的发展为挖掘知识之间的逻辑关系提供了有力工具,结构化、半结构化和非结构化的信息之间的逻辑关联更易于发掘,提高了新知识的发现能力(方刚和常瑞涵,2021)。[②] 三是以互联网为基础的新一代信息技术催生了智能生产设备、数字图书馆、大型数据库等强大的知识储备、学习和管理工具,区域知识存量明显扩容,更多的已有知识将带来更大的新知识创造潜力。

第三,互联网赋予了智能设备知识创造能力。互联网及依托互联网产生的新一代信息技术,特别是人工智能技术的广泛应用提高了创新系统自学习、自决策、自组织和自维护的能力(胡俊和杜传忠,2020)[③],使智能产品和智能设备可以在运作期间不断收集信息与数据,并对运行问题进行自我判断和解决,这成为企业下一轮创新的重要知识来源。联网的智能设备收集的数据体量越大,"干中学"的效果越明显,其作出的创新决策准确率越高。

## 二、互联网提升区域知识获取和接受能力

对知识的获取和接受能力反映了新知识在区域内的传播、扩散和应用水

---

[①] 韩先锋、惠宁、宋文飞:《信息化能提高中国工业部门技术创新效率吗》,《中国工业经济》2014 年第 12 期。

[②] 方刚、常瑞涵:《互联网对企业协同创新中知识增值的影响——软创新资源的作用》,《科技进步与对策》2021 年第 10 期。

[③] 胡俊、杜传忠:《人工智能推动产业转型升级的机制、路径及对策》,《经济纵横》2020 年第 3 期。

平。互联网对区域知识获取和接受能力的作用表现在：

第一，使新知识的传播更快、更精准。一方面，计算机、芯片、集成电路及智能设备等之间形成的实物网络可以实时互相接收和发送新知识，其表现形式仅为"0""1"代码组成的计算机可识别命令的发送。这种以数据处理为本质的知识传递更快捷、渗透能力也更强。另一方面，互联网还最大化拓展了以人为中心的社会网络，任意区域的个体都能实时就各自的观念、技术、经验等进行沟通与交流，知识传递的障碍缩小。同时，传统的知识媒介受众指向性不够明确，互联网平台的有向选择可以将具有相同特长、专业或兴趣的群体聚合在同一虚拟社群中，确保了知识能够流向最具创新价值和潜力的群体。

第二，扩充了知识传播的智力资本载体。信息技术的发展有明显的创新"互补效应"，即其不直接对创新系统的外生作用因素产生影响，却可以在自身发展中提升其互补要素的效率。互联网就是一种典型的技能增强型技术进步，可以在发展中不断提升区域人力资本的创新技能水平，产生与教育同等的提高区域人力资本存量的作用。区域的智力资本存量越丰厚，越能充分汲取其他区域的创新溢出并带来更大的创新贡献。

第三，优化了知识吸收的技术基础。吸收新知识的最终目的是应用于创新，因此吸收能力决定了最终创新成果的质量。互联网是通用目的技术，其对后续的通用技术及专用型技术有出色的吸收能力，实践中也可以观察到互联网发展越早、水平越高的区域在后续的技术融合创新上也更具优势。以新基建为例，其建设不仅增强了企业内部的业务融合，产生了大量新业务和新应用，并且广泛推进了产业融合进程（旷爱萍等，2021）[1]，是传统产业数字化再造的重要技术基础。

第四，塑造了更有助于知识溢出的区域环境。知识创造的目的不仅要在专业领域激发创新力，更要在非专业成员中产生知识溢出，而后者溢出的效果

---

[1] 旷爱萍、蒋晓澜、常青：《"新基建"、创新质量和数字经济：基于中国省级数据实证研究》，《现代管理科学》2021年第5期。

取决于区域长期形成的稳定的价值观、精神、伦理、规范等社会文化内核。互联网的包容性能够充分给予个体释放自身独特性的平台,长期在开放包容文化下的区域会形成崇尚鼓励探索创新、宽容失败、尊重个性的价值导向,区域内的群体对前沿性的想法、技术、知识都有极强的接受能力,也有勇于颠覆和改变的动力及决心,其创新能力远高于长期墨守成规的地区。

### 三、互联网提升区域成果转化能力

互联网在区域创新各个阶段的应用都为最终创新成果的转化提供了便利,帮助突破了"科研生产两张皮"的困境。互联网优化了区域成果转化生态。一是以"互联网+"为起点,以互联网为代表的通用技术不断向传统产业渗透蔓延,以产业数字化和数字产业化为引领,目前产业融合的浪潮已经涌上了巅峰。智能制造、智慧农业等新产业层出不穷,在线医疗、网络直播等新业态方兴未艾。产业融合的推进为创新成果提供了生长的沃土,尤其是产业交叉领域创新成果将拥有更广阔的生存空间。二是互联网的发展使制造商、供应商和生产性服务业企业等可以实现更远距离的"虚拟集聚"和分工协作,产业链、供应链不断延伸。经由密织的产业链和供应链网以及链上的各类服务企业,创新从实验室向产业部门转移的每一环节都有完善的信息和服务介质做支撑,转化的风险降低。三是互联网时代,商业模式从生产导向转变为生产者、消费者以及供应商等主体价值共创的导向。这种新的商业模式使企业更好地掌握市场的偏好,并且消费者也将自愿成为企业的营销渠道,成果转化取得丰厚商业回报的可能性更高。

互联网优化了成果转化流程,在研发设计阶段,互联网及其衍生的新一代数字技术的应用增强了区域研发主体的信息收集、传递、共享和分析能力,同时企业也提高了其商业洞察、风险预见、业务模式等创新能力(陈国青等,2020)。[1]

---

[1] 陈国青、曾大军、卫强等:《大数据环境下的决策范式转变与使能创新》,《管理世界》2020年第2期。

创新主体可以迅速发掘市场商机并掌握创新风向,按照一定的企划标准将创新的范围大幅缩小,将由于信息不充分和创新决策耗时带来的损失降到最低。在试验阶段,互联网作为创新要素的汇聚平台为基础创新成果的二次开发和转化提供所需资源,如帮助企业找到转化经验丰富的操作者,实现成果从基础研究转向企业的平稳过渡;在数字金融服务体系下通过各类创新基金、风险投资向试验输送多渠道、低成本、长期精准的转化资金支撑,并且人工智能技术的应用还能提高资本回报率,也可为多次转化试验积累充足的资本(陈彦斌等,2019)。① 在量产阶段,基于互联网技术的全自动生产系统和流程管理等精细化、智慧化方式赋予了企业低成本规模化生产的能力。市场投放阶段,互联网的需求创造、精准营销等功能将最大化挖掘出新品的市场价值潜力。此外,互联网发展还赋能智慧仓储与物流、客户关系管理等多个环节,起到了成果转化全过程的优化作用。成果转化能力的提高无疑会带来更大的创新物质激励,并为后续创新带来更多资源和经验积累,赋能区域创新实力整体提升。

## 四、互联网提升区域协作创新能力

互联网提升区域协作创新能力,一方面,互联网使区域协作创新形式更多样。互联网及数字经济的发展驱动区域创新竞争从个体创新资源争夺走向了产业生态竞争阶段,不同产业争相构建以自身为核心的数字产业生态。在产业生态内部,一是形成了数据要素与其他要素协同。数据要素的创新赋能性极强,但其发展需要依赖其他有形要素为载体,同时其发展也能赋予有形要素更高的效率。以数据要素为纽带,各类创新要素的创新能力普遍增强。二是围绕产业链和供应链的协同。为了做大所在的产业生态价值,互联网科技企业、智造企业、服务企业、学研部门等创新链上下游的主体都有更强的动力开放自身创新链环,同时互联网还将通过创新的空间溢出吸引其他区域的供应

---

① 陈彦斌、林晨、陈小亮:《人工智能、老龄化与经济增长》,《经济研究》2019年第7期。

## 第三章 互联网驱动区域创新能力提升的作用机理研究

商、配套产业等进入以补齐创新生产链环上的缺失部分,平滑创新过程。三是以"众包""众创"等企业分工为依托的协同,其要旨是借互联网的开放生态使企业可以将专业的事情交给专业的人去完成,剥离那些与创新的核心竞争力无关的环节,提高产业生态的运作效率。另一方面,互联网为区域创新系统协作提供了载体和工具。在产业内部,互联网技术不断发展形成了创新协作的综合性载体——工业互联网平台。平台上聚合了关键技术、知识、人才等,既可以强化创新系统对创新失败的预警,实现创新资源的实时补给及高速融通等功能,又能将产业内部可共享知识进行标准化封装,方便上下游企业调取复用,使创新系统协作的效率大大提高。同时,平台与区块链技术的结合还能确保参与协作创新的主体其数据、资源、资产等的安全性。在企业内部,以钉钉、飞书、腾讯会议等为代表的依托互联网平台的多人协作工具使企业各部门可以围绕创新项目实时沟通交流、共享内部资料、同步操作文档等,内部的协作能力也有了大幅提升。互联网应用不仅直接促进了创新各个环节的人力、物力、技术、信息、知识等要素数量的增加,更间接提高了要素之间的协同互补能力,放大了创新投入对产出的正向作用效果,使创新资源的配置效率和商业收益更高。每一次创新都可以视为一次经验积累,后续创新在此基础上循环积累进行,驱动着区域创新能力螺旋上升。

总之,互联网对区域创新能力的作用机理研究包括以下三个方面:一是明确互联网的内涵与特征。互联网的内涵主要包括互联网技术(具有信息处理,连接一切和允许互动的基础功能)、互联网平台(在交易中承担"做市商"、受众制造者和需求调节者三种功能)、互联网思维(用户互联网时代社会各领域运行范式和逻辑的认知总结)。互联网的特征包括实时性、低成本性、平等性、开放性、包容性和网络外部性。二是诠释区域创新能力的内涵、构成及特征。区域创新能力是区域创新系统运行的产物,是在一定的地理区域内,企业、高校和科研机构等创新主体投入创新资源,合作取得创新产出并实现产出成果产业化的过程中所需的能力,由知识创造能力、知识获取和接受能力、成果转化能力和协作创新能力四项能力构成,呈现复杂性、根植性、积累性和溢出性特征。三是论述互联网对区域创新能力的作用。互联网提高了知识创造的前瞻性,提升了区域知识创造力并将知识创造主体向智能设备拓展。互联网使知识传播更快速精准,扩大了知识传播的智力资本载体,营造了便于知识扩散的区域环境。互联网优化了宏观成果转化生态和微观成果转化流程。互联网不仅使区域创新协作形式多样化,也为创新协作提供了充分的载体和工具。

# 第四章 互联网与区域创新能力发展的历史演化研究

互联网的发展以信息化为基础,经历了萌芽、形成、壮大、移植和融合五个阶段。以"互联网技术与线性创新—互联网平台与网络化创新—互联网思维与生态化创新"为脉络,论述互联网对区域创新能力提升的逻辑基础。互联网不仅逐步实现了自身的商业价值和社会价值,也驱动着区域创新能力不断向更高层次演进,从孕育新产业到颠覆传统产业,从依赖单体创新到构建起区域创新网络和创新生态,互联网发展已经成为区域创新发展的新动能。

## 第一节 信息化是互联网发展的基础

我国著名信息经济学家乌家培(1995)曾言"信息化是推动世界经济和社会发展的关键因素,也是人类进步的新标志"。[①] 作为信息技术发展的新产物,互联网将信息化从数字化带入了网络化发展阶段,为社会信息化大发展提供了技术支撑。但本质上,互联网发展离不开信息化,信息化是互联网发展的基础。

---

① 乌家培:《中国信息化道路探索》,《经济研究》1995年第6期。

## 一、信息化的核心是信息技术的诞生及发展

信息化（Informatization）概念最早出现于1967年的日本,反映的是信息取代物质生产要素成为经济社会中主导生产要素的现象。但事实上,信息化趋势早在20世纪40年代就已经出现,其核心动力是信息技术的诞生及发展。随着计算机问世,微电子技术、计算机软硬件技术、光纤和卫星通信技术、信息压缩和系统集成技术等新信息技术飞速发展,信息技术革命浪潮迅速席卷全球。各类信息技术传入我国,拉开了信息化的第一阶段——数字化的序幕。我国第一台电子计算机就诞生于这一时期。

计算机等信息技术的出现提升了国内对信息要素的生产、传递、分析和利用能力,于是诸多行业在生产、分配、交换和消费者更加重视信息要素的投入,信息生产力成为国民经济发展的重要动力,信息产业在国民经济中的地位越来越重要。从结构上看,信息产业主要包括信息技术产业和信息服务业两大类,前者代指电子信息设备制造、软件和信息媒介产业,例如计算机等通信设备制造业、集成电路、信息处理行业等;后者代指使用信息设备来提供信息或信息服务的产业,例如印刷出版、新闻报道、广播电视、图书情报业等。实际中,20世纪80年代我国信息技术产业,尤其是信息和电子设备制造业增速高达普通工业的两倍多（乌家培,1993）[①],传统的信息服务业也不断和计算机等新兴通信技术融合,无论是效率、规模还是服务质量都已不可同日而语。

信息技术、信息产业的发展壮大及其在国民经济中释放的动能使信息化备受国家重视并上升至战略高度。当1993年美国开始实行"国家信息基础设施萌芽计划",带领全球围绕信息化展开激烈竞争时,我国也紧跟这一趋势实施了以"金桥""金关"和"金卡"为代表的系列重大电子信息工程,并于1997

---

① 乌家培:《正确处理信息化与工业化的关系》,《经济研究》1993年第12期。

年召开了首届全国信息化会议,会议正式将信息化定义为"培育、发展以智能化工具为代表的新的生产力并使之造福社会的历史过程"(王洛忠等,2019)[①],并在《中华人民共和国国民经济和社会发展"九五"计划和2010年远景目标纲要》中提出要"进行现代化信息基础设施建设,推动国民经济信息化"。我国正式进入了初步信息化阶段。

到2002年,信息产业对产业发展质量的影响更加明朗。为促进产业升级换代,党的十六大明确提出要"坚持以信息化带动工业化,以工业化促进信息化"的"两化融合"战略,并一直延续至今。国务院还出台了《2006—2020年国家信息化发展战略》,将信息化定义为"充分利用信息技术,开发利用信息资源,促进信息交流和知识共享,提高经济增长质量,推动经济社会发展转型的历史进程",这一定义与1997年相比突出强调了信息要素的经济层面效益。2016年,在系统总结我国"两化"发展成果,分析信息化发展新形势的基础上,国务院又出台了《国家信息化发展战略纲要》,除了增强信息化发展能力、提高经济社会信息化之外,还重点强调了信息化发展环境的塑造。至此,国家对信息化发展的战略规划已臻全面。

## 二、信息化发展对互联网的影响

梳理信息化发展过程可以发现,我国的信息化之路可以概括为"3×3"模式:内容上重点关注信息设备制造、信息网络建设和信息资源开发三项任务,次序上依次为信息化发展能力增强阶段—信息化应用水平提升阶段—信息化发展环境建设及完善阶段。不难看出,建设并发展互联网是信息化的重点任务,也是信息化在经济社会发展新阶段的创新成果。可以说,信息化之路为互联网普及和规模化发展奠定了坚实基础。

第一,信息化基础设施建设架起了互联网原始骨架。互联网是信息化在

---

① 王洛忠、陈宇、都梦蝶:《中央政府对信息化的注意力研究——基于1997—2019年国务院〈政府工作报告〉内容分析》,《理论探讨》2019年第5期。

网络经济时代的延伸,但并未脱离信息技术的本质,即仍是对不可触摸的信息要素进行生产、传递、处理和利用的技术,因此需要一定的物质载体。信息化初期,国家重点实施的系列重大信息基础设施建设工程正是互联网的基本骨架。以"金桥工程"为例,从1993年3月提出到1995年8月初步建成,此项工程历时2年实现了全国24个省份的卫星互联及与国际网络的连接,将互联网从小范围、专用性阶段带入了区域互联时代。到1997年,金桥信息网与当时中国科技网、中国教育和科研计算机网、中国公用计算机网互联互通,我国早期互联网基本成型。

第二,企业和政府信息化为互联网应用积累了人才、技术和管理经验。互联网规模化发展需要企业和政府部门的普及,从20世纪七八十年代开始的企业和政府信息化行动构成了互联网发展的微观基础。政府信息化过程中,国家大力推行政府管理中计算机的应用,并且着重建设了一批信息系统和信息中心,加之联合国对我国的信息技术转让,到80年代末期政府在信息系统、政府管理方面已经积累了丰富的技术和人力资本(乌家培,1999)[①],为90年代末"政府上网"工程推进提供了智力和技术支撑。企业信息化开端略早于政府信息化,主要内容为管理信息化和业务信息化,借此企业建立起了从采购、仓储、生产、金融结算等一体化的信息管理系统。内部业务流程的数字化为后续企业内部和外部结网,借助网络熟练开展业务打下了基础。

第三,信息化的产业融合创新为互联网发展提供了可行路径。信息科学技术的通用性决定了信息产业需要与其他产业交叉融合发展(李国杰,2010)[②]。从20世纪70年代开始,信息通信技术将多个产业卷进了融合的大潮。一是信息通信产业内部的融合。例如电信和邮政的融合,电信和信息处理业的融合使多个行业都开发了信息管理系统,通过内部业务流程的数字化

---

① 乌家培:《我国政府信息化的过去、现在与未来》,《中国信息导报》1999年第9期。
② 李国杰:《信息科学技术的长期发展趋势和我国的战略取向》,《中国科学:信息科学》2010年第1期。

实现对信息的实时监督和管理(植草益,2001)。① 电信和广播、出版等传媒行业的融合打破了传媒业的垄断格局。二是工业化与信息化的融合。我国工业经济效益不高并且技术、人才和装备等均有短缺,信息化的引入降低了其物质资源消耗,工业行业效率、效益以及创新能力优化效果明显,帮助工业行业在有限的资源下创造出了几倍于当时的GDP(乌家培和秦海菁,1995)。② 三是信息化与高新技术产业的融合。信息经济学家们将信息化对其他产业的作用与机械制造业对其他制造行业的作用相比,认为海洋、航天等高技术产业在原理、机理、控制以及产业规模化发展上都在依赖信息化(乌家培和王建新,1991)。③ 既然信息化需要与其他产业融合并且在融合中能释放出更高的经济社会价值,互联网作为信息技术的一种,其发展自然可以把产业融合作为主要方向和路径,在融合中带动新产业、新业态的兴起。实践中互联网在我国的扩散也遵循了该路径,如火如荼的"互联网+"运动在产业结构优化、产业创新上取得了惊人成就。

显然,信息化发展对互联网的影响远不止于此。例如早期发展信息化的东部地区其"先行先试"策略在一定程度上造就了互联网"东高西低"的分布格局,也带来了"数字鸿沟"问题等。总的来看,互联网能够在我国成功引入并蓬勃发展离不开早期信息化战略的铺垫,互联网的基础设施,人才、管理和技术等要素以及发展路径等都从信息化中吸取了大量经验和支持。

## 第二节 我国互联网发展历史的梳理

从1994年我国正式接入世界互联网至今已经过了近三十年时间。截至2022年6月,我国网民数已从1997年的62万人指数式增长到了10.51亿人,

---

① 植草益:《信息通讯业的产业融合》,《中国工业经济》2001年第2期。
② 乌家培、秦海菁:《信息产业化和工业信息化》,《中国工业经济》1995年第1期。
③ 乌家培、王建新:《试论信息产业》,《中国工业经济研究》1991年第6期。

互联网普及率也上升到了 74.4%。30 年的发展历程使我国从最初的互联网信息技术应用的"落伍者"跃升为新一代信息技术的"排头兵"。了解互联网扩散史既有助于了解当下时代,也能加深对互联网发展趋势的理解和预测。本书以时间为轴线,结合互联网规模、应用、舆论热点、国家对其的监管等因素,将其划分为萌芽、形成、壮大、移植与融合五个阶段。

## 一、萌芽:全球连接(1993 年之前)

20 世纪 80 年代互联网进入我国,此时距离在美国诞生已过去了近二十年时间。这一时期,趁着改革开放的热潮,跨国学术与科研交流需求日益扩张,中国成为美国规模最大、发展最快的学术交流对象。以 1986 年中科院高能物理研究所的吴为民发往日内瓦的邮件为序曲,次年王运丰教授和李澄炯博士等在北京计算机应用技术研究所建立了我国第一个电子邮件节点,并且成功向德国发送了一封内容为"越过长城,走向世界"(Across the Great Wall We can Reach Every Corner in the World)的电子邮件,正式拉开了互联网在我国应用的序幕。1988 年,我国正式启动了"中国计算机科技网"(CANET)项目,旨在组织国内大学、研究机构与世界互联。项目支持清华大学、复旦大学、上海交通大学、北京电子部第 15 研究所等高校和科研单位实现了依靠电子邮件与世界互联网的互通。可以说,电子邮件是网络早期生成与发展的动力(杨吉,2016)。[①]

在与加拿大、德国、美国等地高校与研究机构的电子邮件交往中,国内学者们逐渐意识到了互联网技术以及信息技术基础设施建设的重要性。1989年,在中国科学院的主持下,清华大学、北京大学开始联合构建"中关村地区教育与科研示范网络"(NCFC),并于 1993 年年底完成了主干网的建设和三所院校的互联互通。同年朱镕基同志在国务院会议上作出了建设国家公用经

---

① 杨吉:《互联网:一部概念史》,清华大学出版社 2016 年版,第 34 页。

济信息网("金桥"工程)的部署,我国还正式确定了自己的域名体系,互联网技术叩开了我国的大门。

互联网应用的萌芽也催化了管理的萌芽,这是因为互联网的诞生与军方需求密切相关,因此网络的安全性是其发展的重要前提。1983年,国家信息管理办公室成立,负责国家信息系统的规划与建设,并负责制定相关的法律法规、规范标准等。这一时期的信息化管理工作主要集中在计算机、集成电路领域。3年后,国务院正式批准成立了国家经济信息中心,专门负责经济预测和信息化建设。可以看出,这一时期互联网还未成立专业的管理机构,但信息化管理的发展已经形成了对互联网管理的启蒙。

## 二、形成:完善基础设施(1994—1997年)

1994年4月,我国借由美国斯普林特(Sprint)公司一条64K国际专线实现了与世界互联网的互通,正式成为第77个拥有全功能互联网的国家。基础设施的建设与完善是这一时期互联网发展的突出特征。如前所述,1993年开始的"金桥"工程建立起了覆盖全国的国家公用经济信息通信网——中国金桥信息网(CHINAGBN),"金关"工程实现了国家外贸企业信息系统的互联,"金卡"工程实现了跨行联网及货币电子化。1995年,中国教育和科研计算机网(CERNET)建设完成,该网络的铺设不仅实现了国内校园间的计算机互联和信息资源共享,也便利了国际间的学术交往互通。同年,中科院发起的"百所联网"工程建立了中国科技网(CSTNET),连接了全国24个城市的科研院所和科技单位。这就将网络的应用范围从单一的学术机构和科研人员拓展到了科技相关的管理部门,网络应用的覆盖面得以加深。1996年,中国公用计算机互联网(CHINANET)建成并开通,这是第一个我国自主建设、运营及管理的公用计算机互联网骨干网。到1997年,上述四大主干网络基本建成并实现了互联互通,我国互联网基础建设取得了显著成效。另外,1990年美国出现了世界上第一个浏览器Archie,随后的几年中,IE、Opera、Firefox、Safari等主流浏览器相继诞生并进入国内。浏览器的大范围推广和应用使互联网信息搜索能力不断提升,为下一阶段门户网站的崛起奠定了技术基础。

  互联网基础设施建设的完善加速了网络管理的发展。1996年,国家成立了国务院信息化工作领导小组及其办公室,其职责之一就是组织协调计算机网络方面的重大问题。1997年,中科院还组建了中国互联网络信息中心(CNNIC),负责行使与网络相关的多项职能。自成立之时起,中心每半年发布一次《中国互联网络发展状况统计报告》,翔实记录了我国互联网由诞生到蓬勃的发展历程,至今仍是我国最权威的互联网报告之一。1994年2月出台的《中华人民共和国计算机信息系统安全保护条例》是我国第一部涉及互联网管理的行政法规,它拉开了互联网监管相关的法律法规的大幕。1996年和1997年,国务院和公安部分别出台了《中华人民共和国计算机信息网络国际联网管理暂行规定》和《计算机信息网络国际联网安全保护管理办法》,维持了国际联网的安全有序开展,并且许多奠基性制度已沿用至今。

## 三、壮大:初显商业价值(1998—2007年)

  1995年,美国网景公司(Netscape)成功上市且取得了不俗业绩,引发了互联网企业上市热潮,国内商业嗅觉敏锐的企业家们纷纷试水这一行业,互联网商业价值开始凸显。虽然受2000年前后美国互联网行业泡沫的影响,我国互联网产业也经历了"寒潮期"。在"寒潮期",大量顶着互联网名义却没有科技含量的企业被淘汰,从而为真正的互联网企业发展肃清了发展环境,生存下来的企业最终找到了三种适应发展要求的盈利模式:一是电子商务。1999年,招商银行率先开设了包括电子支付、企业和个人网银业务等在内的网络银行服务体系,为电子商务的快速发展提供了金融支持。我国自主研发的电子商务CA安全认证系统也同时推出,为电商交易安全保驾护航。2000年,中国电子商务协会成立,该协会致力于电商业务推广普及、电商网络平台建设、电商人才培养等,是产业快速发展的助推器。除了技术和行业组织的发展,电子商务"领头羊"阿里巴巴集团也诞生于这一时期。借助互联网技术从事企业对企业(Business-to-Business,B2B)、企业对个人(Business-to-Customer,B2C)和个人对个人(Customer-to-Customer,C2C)等形式的电商业务,到2007年上市时,阿里已经成为我国互联网对接资本进程中首家市值过200亿美元的公司,对行业发展起到了极强的示范和引领作用。电子商务开启了通过网络进行购物、消费的全新体验,颠覆了支付、销售、物流、存储、客服、渠道等多个传统商务环节(杨吉,2016)。① 二是门户网站。一方面,人民网、凤凰网、新华网等一系列国家重点新闻门户网站获批成立,互联网新媒体成为重要的传媒形态;另一方面,百度、搜狐和网易三大门户网站在纳斯达克(NASDAQ)的成功上市掀起了我国投资互联网的热潮,百度成为全球最大的中文搜索引擎,新浪、搜狐则将商业新闻做到了极致。新闻和搜索引擎是该阶段网络的核心用途,网络广告则是这些互联网企业营收的重要来源。三是网络游戏。Web 2.0时代的一大特征是互联网娱乐化。2000年《万王之王》游戏的诞生是我国网游市场启动的标志性事件。据统计,2003—2007年,网游市场规模以每年50%左右的速率增长,市场份额超越其他盈利模式。

网络商业化的发展加速了互联网监管迈入体系化阶段,标志是《互联网信息服务管理办法》的出台。这一时期监管的主要特征包括以下几个方面:一是电子政务应用水平逐步提高。1999年,国家正式启动"政府上网工程",要求实现80%的中国各级政府部门建立正式网络站点,主要面向全社会提供信息服务以及便民服务,大力提高政府的互联网应用水平。次年,"电子政务"被正式写入了《中华人民共和国国民经济和社会发展第十个五年计划纲要》,拉开了我国电子政务的大幕(王伟玲,2019)。② 2006年,中华人民共和国中央人民政府门户网站正式建立。2007年9月,我国统一的国家电子政务网络框架——国家电子政务网络中央级传输骨干网络正式形成。二是监管机

---

① 杨吉:《互联网:一部概念史》,清华大学出版社2016年版,第126页。
② 王伟玲:《从起跑到加速:我国电子政务的四次嬗变》,《中国工业和信息化》2019年第5期。

构完善,彼此分工协调水平提高。2001年,原有的"国家信息化领导小组"正式提升至中央,并且正式成立了"国务院信息化工作办公室",为了应对网络安全威胁,还成立了"国家网络与信息安全协调小组"。中宣部、信息产业部、公安部等监管部门合理分工,各司其职。三是互联网监管的范围和力度上升。在北大法宝中检索这一时期的政策发文量,结果显示有363条,涉及邮政电信、知识产权、网络犯罪、电子商务、税收、银行等领域,互联网内容监管范围逐渐拓宽。

## 四、移植:进入互联网时代(2008—2014年)

2007年,美国苹果公司推出的iPhone智能手机开启了移动互联网时代。可以说,移动智能技术对互联网乃至整个国民经济的作用不亚于电力之于工业经济,它使互联网企业的服务提供成本更低廉且内容形式更丰富,使用户上网更方便快捷,使网络连接泛在化,最终全面变革了社会生活方式。经过漫长的网络发展跟随期,到2008年年底,我国网民数达到2.98亿人次,规模位居世界第一。广阔的移动应用市场以及成熟的第四代移动通信技术标准加速了网络应用逐渐从个人计算机端向移动端移植。我国移动网民数已经从2008年的1.17亿人爆炸式增长到了2022年6月的10.51亿人,智能手机几乎成为用户上网的唯一工具。手机网民规模扩张的趋势见图4-1。

如表4-1所示,以即时通信、网络视频等应用为代表,我国步入了多元化的移动应用阶段。

表4-1 2021年6月我国各类网络应用用户规模及使用频率

| 应用 | 用户规模/万人 | 网民使用率/% |
| --- | --- | --- |
| 即时通信 | 98330 | 97.30 |
| 网络视频(含短视频) | 94384 | 93.40 |
| 网络支付 | 87221 | 86.30 |
| 网络购物 | 81206 | 80.30 |

续表

| 应用 | 用户规模/万人 | 网民使用率/% |
| --- | --- | --- |
| 搜索引擎 | 79544 | 78.70 |
| 网络新闻 | 75987 | 75.20 |
| 网络音乐 | 68098 | 67.40 |
| 网络直播 | 63769 | 63.10 |
| 网络游戏 | 50925 | 50.40 |
| 网上外卖 | 46859 | 46.40 |

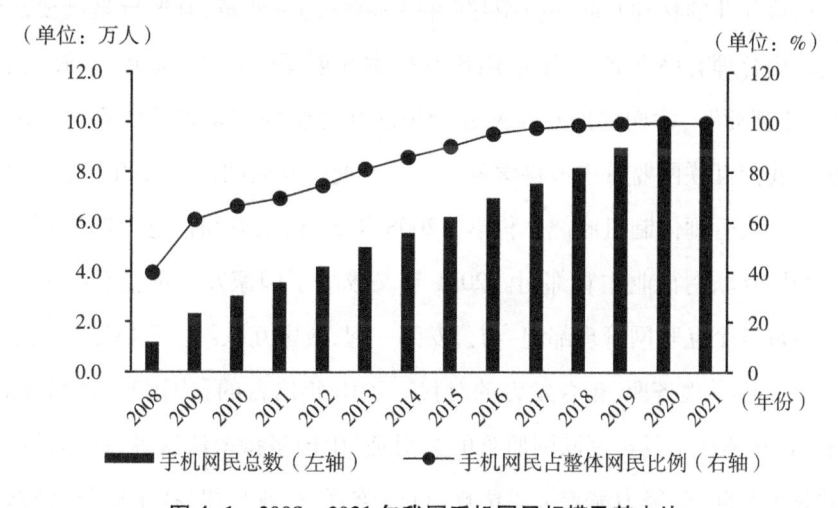

图 4-1 2008—2021 年我国手机网民规模及其占比

2009年,工业和信息化部正式给三大电信运营商颁发了第三代移动通信技术(3G)业务牌照,第三代移动通信技术和无线网络通信技术(WiFi)的高密度覆盖促进了我国移动互联网的快速发展。这期间,互联网的社交化、即时性特征突出。据中国互联网络信息中心报告显示,2014年我国迈入第四代移动通信技术时代后,即时通信的使用率高达91.2%,取代了上一阶段的网络新闻和搜索引擎地位,高居互联网应用频率榜首。代表性软件——微信,诞生一年时间便网罗了过亿用户,成为增速最快的社交应用。2009年诞生的微博拉开了我国"人即传媒"时代的大幕,新浪、搜狐、网易、腾讯等微博应用层出不穷。微博允许移动网民随时随地获取舆情热点并进行观点的生产、传递与互动；政务微博的开通、网络问政等的推进使网民在政治生活中的力量凸显，互联网的社会价值得到了充分释放。虽然与推特、Facebook 相比，微博的诞生略晚甚至有"山寨推特"之说，但新浪微博的用户活跃度后来居上，成功在全球社交平台中取得了一席之地，全球最大的 15 个社交网络有 6 个属于中国，世界互联网大会也永久落址乌镇，我国移动互联网发展"并跑"阶段已经到来。

遍地开花的移动互联网应用呼吁网络监管的新变革，其要旨是既要确保各类应用合理有序发展，又不能阻碍其探索和创新的热情，避免"一放就乱"和"一管就死"。幸而前期互联网监管理念和经验的积累以及体系化发展顺利引导我国互联网监管进入科学发展阶段。此时互联网监管有两个方面的特征：一方面，管理体制机制健全科学。2008 年 3 月，工业和信息化部成立并且成为我国互联网行业主管部门。2011 年又成立了国家互联网信息办公室总领和协调各个互联网管理部门，与公安部一起，我国互联网管理体制正式迈入"三驾马车"并驾齐驱、聚合发力的时代。2010 年出台的《中国互联网状况白皮书》正式阐述了我国互联网监管的原则是"中国坚持依法管理、科学管理和有效管理互联网，努力完善法律法规，行政监管、行业自律、技术保障、公众监督和社会教育相结合的互联网管理体系"。2014 年，我国成立了中央网络安全和信息化领导小组，由习近平总书记出任组长，互联网进入规范化、高速化发展阶段。另一方面，互联网监管不再只局限于对信息内容的管理，而是顺应互联网商业应用需求进行了拓展：一是关注网络经济时代行业竞争秩序的规范，典型的如奇虎 360 和腾讯的 3Q 大战促使国家工业和信息化部出台了《规范互联网信息服务市场秩序的若干规定》；二是电商、网络支付、税收、网络金融等成为监管的新议题；三是开始重视个人隐私的保护，探索个人信息保护的监管机制；四是重视网络舆论的力量，开始了网络空间治理征程。

## 五、融合:智能时代(2015年至今)

从2015年时任总理的李克强同志首次在政府工作报告中提出"互联网+"概念,到2020年数据作为新生产要素正式写入国家文件,互联网的发展已经上升到了国家战略高度。正如信息化发展到一定阶段衍生出了互联网这一新生事物,互联网发展中新技术、新经济形态也层出不穷,并且一改互联网引进阶段对发达国家的追随态势,在新技术上、新经济形态上能够与发达国家并驾齐驱甚至部分领先。

智能时代,互联网呈现出了从消费端向生产端迁移的趋势,工业互联网、物联网、车联网等新的应用领域层出不穷,人、机、物的"三元融合"成为网络发展主流趋势(李国杰,2015)。[①] 对于我国这样的工业大国,发展工业互联网能够构建起覆盖全产业链、价值链的制造和服务体系,是工业行业重塑全球竞争力的重要动能。2017年出台的《国务院关于深化"互联网+先进制造业"发展工业互联网的指导意见》中就明确提出了"打造与我国经济发展相适应的工业互联网生态体系,使我国工业互联网发展水平走在国际前列,争取实现并跑乃至领跑"的要求。顺应要求,工业和信息化部及时出台了《工业互联网发展行动计划(2018—2020年)》,使工业互联网在起步发展期打好扎实的根基,而后又出台了《工业互联网创新发展行动计划(2021—2023年)》,为抢滩工业互联网快速成长制订了科学方案。目前我国工业互联网的网络体系、平台体系、数据体系和安全体系均在有序快速发展,与美国、德国、日本一道进入了一线行列(李晓华,2020)。[②] 第五代移动通信技术也是同样,2019年6月,工业和信息化部向三大运营商颁发了第五代移动通信技术商用牌照,华为作为第五代移动通信技术标准的制定者之一开启了全球布局模式,深圳也率先实现了第五代移动通信

---

[①] 李国杰:《新一代信息技术发展新趋势》,《中国电子报》2015年8月2日。
[②] 李晓华:《全球工业互联网发展比较》,《甘肃社会科学》2020年第6期。

技术独立网组全覆盖等。目前我国第五代移动通信技术已经实现了"从0到1"的突破,并进入了规模化发展阶段,技术产业化能力强,应用场景丰富。

不仅如此,人工智能技术和数字经济形态更是我国互联网在智能时代发展的突出成果。2017年,国务院印发了《新一代人工智能发展规划》,提出"到2020年人工智能总体技术和应用与世界先进水平同步,2030年人工智能理论、技术与应用总体达到世界领先水平"的战略目标。目前,我国人工智能发明专利授权总量已居世界第一,图像识别、语音识别、智能算法等技术方面已居世界前列(李紫娟,2021)。① 发展面临的主要困境是软件芯片、元器件、新型显示器件等核心关键技术攻关,这也是"十四五"时期我国人工智能发展的核心方向。党的十九届六中全会公报指出,在经济建设上,我国经济发展平衡性、协调性、可持续性明显增强,国家经济实力、科技实力、综合国力跃上新台阶,我国经济迈上更高质量、更有效率、更加公平、更可持续、更为安全的发展之路。以大数据、互联网、第五代移动通信技术、人工智能、云计算等为代表的新一代信息技术正在深刻影响着人类生产与生活方式。2020年11月20日,习近平主席出席亚太经合组织第二十七次领导人非正式会议,指出数字经济是全球未来的发展方向,创新是亚太经济腾飞的翅膀。释放数字经济潜力,为亚太经济复苏注入新动力。《中华人民共和国国民经济和社会发展第十四个五年规划和二〇三五年远景目标纲要》中提出要"加快数字发展、建设数字中国",强调"打造数字经济新优势"。2021年10月18日,中共中央政治局就推动我国数字经济健康发展进行第三十四次集体学习,习近平总书记主持学习,强调数字经济健康发展有利于推动构建新发展格局、有利于推动建设现代化经济体系、有利于推动构筑国家竞争新优势(史丹和孙光林,2022)。② 截至

---

① 李紫娟:《加快推动人工智能产业高质量发展》,《红旗文稿》2021年第2期。
② 史丹、孙光林:《数字经济、金融效率与我国经济高质量发展》,《企业经济》2022年第1期。

2020年,我国数字经济规模居世界前列,增速居9.7%的高位水平,无疑是拉动经济增长的新动能。与实体经济的融合赋能成果丰硕,其中工业数字经济在全行业增加值中比重达到了21%。① 数字化政府建设、在线医疗、在线办公等新业态不断壮大,新冠疫情正是验证我国数字经济发展的"试金石",基于大数据、人脸识别、卫星定位等技术相继推出的健康码、乘车码、复学码等工具加速了复工复产进程②,数字经济助力我国成为2020年新冠疫情危机下唯一正增长的国家。

智能时代是互联网监管和治理的重构升级阶段。我国已经形成了以"建设好""利用好""管理好"为核心的具有中国特色的互联网治理基本路径(彭波,2019)。③ 在这一背景下,网络安全、平台垄断、个人信息保护、网络内容管理等领域对网络空间治理的需求也越来越高,营造"风清气正的网络空间"刻不容缓。对内,仅2015年,我国就密集出台了12份与互联网治理相关的文件。次年又成立了中国网络空间安全协会,专司组织和动员社会各方力量参与网络空间安全建设。2020年11月,第六届中国互联网法治大会在北京召开,本次会议主题为"数字化转型与依法治网",旨在联合社会各界共同推进新时代互联网法治化进程。2021年8月,我国还出台了《中华人民共和国个人信息保护法》。结合图4-2,"网络空间安全"和"互联网+"立法成为这一时期网络治理政策的关键词。

对外,我国还积极探索"尊重网络空间主权平等"为原则的全球网络空间治理理念,倡导构建"网络空间命运共同体",为全球网络空间治理贡献了中国智慧,实现了网络治理从"跟跑"到"领跑"的角色转变。

---

① 中国信息通信研究院:《中国数字经济发展白皮书》,中国信息通信研究院2021年版,第5—7页。
② 中国互联网络信息中心:《第46次中国互联网络发展状况统计报告》,中国互联网络信息中心2020年版,第53页。
③ 彭波:《互联网治理的"中国经验"》,《人民论坛》2019年第34期。

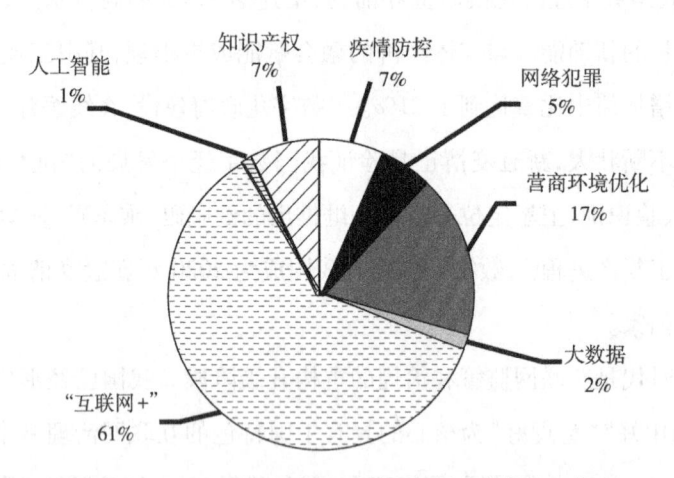

图 4-2　2018—2020 年我国互联网治理政策关键词频率

## 第三节　互联网对区域创新能力提升的演化逻辑

20 世纪七八十年代,"创新"这个外来词汇进入了中国。与互联网的发展经历了 Web 1.0 至 Web 3.0 的变迁一样,创新范式至今也经过了三次形态革新:从 1.0 的线性范式,到 2.0 的网络范式,最终演化至 3.0 的生态系统范式(李万等,2014)。[①] 互联网发展与区域创新能力之间相互作用、共同演进,构成了互联网驱动区域创新能力提升的演化逻辑,见图 4-3。

互联网对与区域创新活动的范式、内容以及动力的转变均有显著影响,形成了各个阶段的差异性特征。因此,本节以创新范式、创新内容和创新动力的转变为分界线,对不同时期两者协同演进过程的逻辑和特征进行了梳理和比较。当然,这种划分不能做到完全准确,这是因为不同阶段的创新内容总是互

---

① 李万、常静、王敏杰等:《创新 3.0 与创新生态系统》,《科学学研究》2014 年第 12 期。

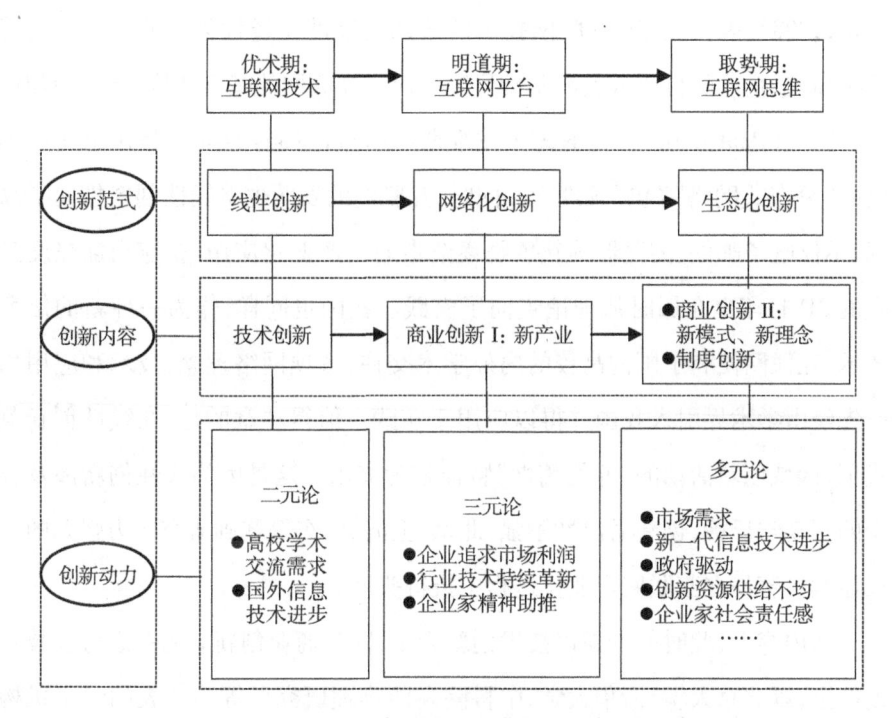

第四章 互联网与区域创新能力发展的历史演化研究

图 4-3 互联网驱动区域创新能力提升的演化逻辑

有交叉,只是地位轻重不同(方兴东等,2019)。[1]

## 一、优术期:互联网技术与线性创新

根据"技术推动论",基础研究是一切创新的源头:新知识孕育新技术,新技术创造新产品,新产品最终决定市场表现。任何国家,即便是应用研究能力很强的国家,如果基础研究依赖于别人最终也会缺乏全球竞争力(Bush,1945)。[2] 这种从基础研究到应用研究的单向创新被称为"线性创新范式"。该范式被发达国家率先采用,并成为应用最广泛的创新范式之一(吴晓波和

---

[1] 方兴东、钟祥铭、彭筱军:《全球互联网50年:发展阶段与演进逻辑》,《新闻记者》2019年第7期。
[2] Bush V., *Science, the Endless Frontier: A Report to the President*, Washington: U.S. Government Printing Office, 1945, p.17.

113

吴东,2008)。① 一方面,互联网技术的早期发展就是线性创新的结果。美英顶尖高校、企业的科研人员的基础研究形成了互联网的基本架构,典型的如保罗·巴兰(Paul Baran)、唐纳德·戴维斯(Donald Watts Dvies)等在论文中提出的"分布式网络""包"等理念。同时,互联网的发明也将线性创新推向了高潮,不仅电子邮件、浏览器等新事物逐渐走向了产业化应用,就连当前热度正高的3D打印也在那时从理论走向了实践。我国也同样,作为一种新的信息技术,互联网便利了国内高校的内外学术交往,各项网络理念、技术和应用均率先经由学术界引入我国并得以应用于实践。值得注意的是,在线性创新范式下,区域创新活动的"非均衡性"特征较为突出。这是因为线性创新涉及较少的互动与反馈,创新溢出性不强,北京、上海、广东等基础研究实力强劲的区域显然更容易在互联网产业化进程中拔得头筹。

从内容上,此时的创新以技术创新为主,同时商业创新有萌芽态势。技术创新上,以北京大学、清华大学、中科院高能物理研究所等为代表的学术机构是此时区域创新的核心主体,研究者们在物理、计算机领域取得的多项基础研究进展扩充了互联网及其他通信技术领域的知识池。除电子邮件外,我国还于1994年开通了大陆第一个电子公告站(BBS)——曙光,次年深圳、广州、珠海、北京等地陆续架起了电子公告站区。1996年诞生了新浪网的前身——四通利方论坛,到1998年以后,天涯、猫扑、西祠胡同等论坛纷纷涌现。尽管彼时电子公告站仅处于聊天室时代,界面单一、操作步骤烦琐。但单从网民可以自由发布帖子并与其他网民交互这一点看,电子公告站绝对是我国通信技术的里程碑式产物,它将网络从单向信息输送带入了信息互动时代。新技术的应用为企业创造了低成本、高速度的新宽带、长途通话、码多分址、通用无线分组业务等通信行业的新业务、新产品和新技术,中国电信的横纵向拆解重组,

---

① 吴晓波、吴东:《论创新链的系统演化及其政策含义》,《自然辩证法研究》2008年第12期。

## 第四章 互联网与区域创新能力发展的历史演化研究

中国移动、联通、铁通、吉通、卫通等新企业出现,并在互联网业务板块彼此竞争,颠覆了电信行业整体格局,互联网技术的商业应用前景整体向好。商业创新上,受美国互联网创新浪潮的影响,我国出现了第一次互联网创业潮。从1997年开始,我国陆续出现了人民网、新华通讯社网站等中央与地方级新闻门户,中华网、新浪、搜狐、网易等先后在美国上市,我国互联网企业一跃成为美国资本市场的"宠儿"。但由于该时期科研部门尚未形成对企业创新的有力支撑,企业自身也缺乏自主创新意识和能力,没有开辟出适宜的商业模式,发展基本依靠对美国互联网企业的模仿。因此,此时的商业创新处于与美国"一荣俱荣,一损俱损"的窘境。

从动力上,此时区域创新的主要动力为"二元论",即市场拉动力和技术推动力。一方面,高校和科研机构学术交流需求催化了互联网的引进和本土化:高校和研究机构的科研人员具有较高的创新使命感和责任感,对新事物的理解和接受能力强,也具备新知识创造的能力,加之来自社会各界对其较高的学术期望和赋予其的创新自主权,创新之火率先在高校中燃起。在国内外学者的学术观点碰撞过程中,学者们在物理和计算机领域的基础研究不断取得创新成果,新知识的产生推动了互联网技术功能的不断完善,国内陆续建立了首个电子邮件节点、首个"X.25"分组交换网,注册了顶级域名".CN"等。另一方面,国外互联网信息技术进步对我国的技术溢出成果明显:在美国的留学生们受到互联网在美国发展的启示,希望通过将这项先进技术带回国内,与国内广阔的市场空间对接来攫取他们的"第一桶金"。本土企业家如马云等则是通过为美国的互联网服务提供商(Internet Service Provider, ISP)企业承接国内公司的广告黄页不断积攒着互联网发展的原生力量(林军,2009)。[①] 基于对美国互联网技术以及衍生的浏览器技术、数字分组交换及网络通信协议等的模仿和借鉴,互联网在国内从一个新奇的概念走向了产业化阶段。可以说,20

---

① 林军:《沸腾十五年:中国互联网1995—2009》,中信出版社2009年版,第26—27页。

世纪的后 10 年,我国互联网技术在模仿创新中蹒跚前进。

## 二、明道期:互联网平台与网络化创新

21 世纪开始的 10 年是互联网的平台化发展初始阶段,也是创新走向网络化范式的阶段。所谓网络化创新是指区域创新主体从单一转变为了"政产学"的三螺旋网络结构,企业和政府作为新的创新主体登上了舞台,其他创新辅助主体也陆续产生。更重要的是,不同主体之间形成了紧密的多重创新互动,区域创新的循环系统初具雏形。一是科研院校与企业的互动增强,科研单位除从事基础研究外开始具备了向企业输送创新人才的职能,瀛海威、新浪、搜狐等第一批互联网公司的创始人大多来自以北京高校为主的互联网学术团体。企业家创业成功后又反哺学校,传授互联网创业经验并带去行业最新动向,使高校在人才培养上更贴近社会需求。二是企业和政府的互动增强。针对互联网行业创新发展的阶段需求,我国成立了多个监管部门,陆续出台了《互联网上网服务营业场所管理条例》《中国互联网络域名管理办法》《电子认证服务管理办法》《互联网新闻信息服务管理规定》《2006—2020 年国家信息化发展战略》《国家电子政务总体框架》等政策。一系列的制度、政策创新使我国顺利跨过了网络不设防的时代,为网络有序发展奠定了基础。三是互联网商业创新诱使其他产业集聚,区域创新中间环节更完善。以融资服务为例,互联网创新性强,高风险、高收益的特性恰好契合了风险资本的投机需求,以风险资本机构为纽带,人才、资金、技术及管理支持等要素源源不断地流向了互联网创新活动。

这一阶段,区域创新活动内容以商业创新为主,其模式可以概括为"产业+互联网=新产业"。由于 20 世纪末诞生的互联网企业业务内容单一,并未围绕本土消费者需求开发新的服务形式。更重要的是,其几乎都未寻找到适宜自身的商业模式,盲目地模仿美国企业大行免费之道。当免费模式进行不下去的时候,再想尝试收费模式自然会被竞争者取而代之。21 世纪初的全球

## 第四章 互联网与区域创新能力发展的历史演化研究

互联网泡沫破灭给我国互联网企业上了真实的一课：互联网行业瞬息万变，要想走长久存续的道路就必须以创新为宗旨，开发独有的业务与商业模式。2000年前后，中国移动推出了"移动梦网计划"，通过梦网平台向移动用户提供信息和应用服务以获取信息增值服务利润。移动此项业务的成功为我国互联网企业探索适宜的盈利模式争取了时间，帮助这些企业顺利渡过了泡沫期。此后，互联网企业深耕本土广阔市场的消费需求，陆续推出了网络游戏、网络广告、电子商务、社交网站、门户网站等新型增值产品和服务，互联网明确作为平台而盈利的商业时代来临，新产业、新业态成为提升区域创新实力的重要一极。以8848、阿里巴巴为代表的电子商务产业、以世纪佳缘为代表的在线婚恋产业、以前程无忧为代表的网络招聘产业、以携程为代表的在线票务服务产业、以盛大为代表的网络游戏和网络文学产业等消费者以前闻所未闻的产业日渐占据消费市场，区域产业门类逐渐丰富起来，盈利模式也逐渐趋于稳定。

多元创新活动主体和丰富创新内容背景下，区域创新动力也向"三元论"转变：一是市场主体逐利性的驱使。企业追求在激烈的市场竞争下生存并攫取利润以补偿前期创新投入。以阿里、亚信为代表的民企，以中国移动、中国电信等为代表的国企纷纷试水互联网行业并相互竞争，吸引了更多企业进入商业创新浪潮之中，特别是北京、上海、深圳、杭州等地，互联网企业扎堆诞生，围绕网络游戏、电子商务等业务相互竞争，积极创新，市场对区域创新结果的选择最终塑造了当前国内的互联网行业格局。二是互联网持续技术革新的催化。随着互联网在美国的持续扩散，20世纪80年代传输控制协议、互联网协议以及域名系统等核心技术日益成熟，行业技术迈向了开放源代码的时代；到90年代，超链接传输协议、边界路由协议、超文本传输协议等技术的标准化为互联网的商业化提供了保障。三是互联网企业家精神的影响。任何组织的创新绩效都会受到其组织领导者个人行为的影响，企业家自身的创新能力、创新思维、风险偏好、创新目标等都是创新活动绩效的重要影响因素。以马云、马化腾、田溯宁、丁磊、刘强东等为代表的企业家们有着敏锐的商业感知能力，较早地布局了商业创新,成为行业的巨头,也为互联网行业持续创新提供了经验借鉴。

### 三、取势期:互联网思维与生态化创新

尽管上一阶段平台型企业成为互联网企业的主要类型,但从其提供的服务本质上看这些企业不过是充当了交易中间商的角色。一个成功的平台企业绝非仅仅提供中介服务,其商业模式精髓在于打造一个完善的、成长潜能强大的生态圈,以独树一帜的精密规范和机制系统激励各方参与者密切互动,达成自己的愿景(杨吉,2016)。① 互联网思维的兴起顺应了区域创新发展需求,它改变了对商业世界的看法,颠覆了生产生活的各个环节,诱使区域创新范式向生态化创新系统迈进(李万等,2014)②,共生竞合、动态开放、生态友好是这一创新范式的主要特征。在互联网思维的影响下,创新资源配置能力有富余的节点企业主动与产业链上下游的竞合关系方展开合作,围绕同一产品或技术的开发共享资源、共担风险,形成了围绕节点企业协同创新的产业生态。随着互联网通用性对各个行业的渗透,产业融合的基础更扎实,跨界融合将不同产业原有的创新价值链拆分重构以形成跨度更长、价值更高、分配方式更合理的新价值链。在新价值链上,消费者也是重要的价值创造者之一,通过参与产品研发设计、提供产品使用反馈、成为产品的营销渠道等方式发挥自己的社会价值和情感价值以及取得经济回报。区域创新系统的所有参与者角色均向多元化转变,基于资源和能力形成了稳定的互惠互利关系,见图4-4。

进入生态化创新阶段,区域创新的重点是商业创新。只是在上一阶段,互联网商业创新的目标是创造新产业并探索合适的盈利模式,此时商业创新的重心则是商业模式、经营理念的更新换代。"互联网+"时代的商业模式一是更注重互联网与传统产业的融合与聚变。典型的"互联网+产业链"模式,通

---

① 杨吉:《互联网:一部概念史》,清华大学出版社2016年版,第197页。
② 李万、常静、王敏杰等:《创新3.0与创新生态系统》,《科学学研究》2014年第12期。

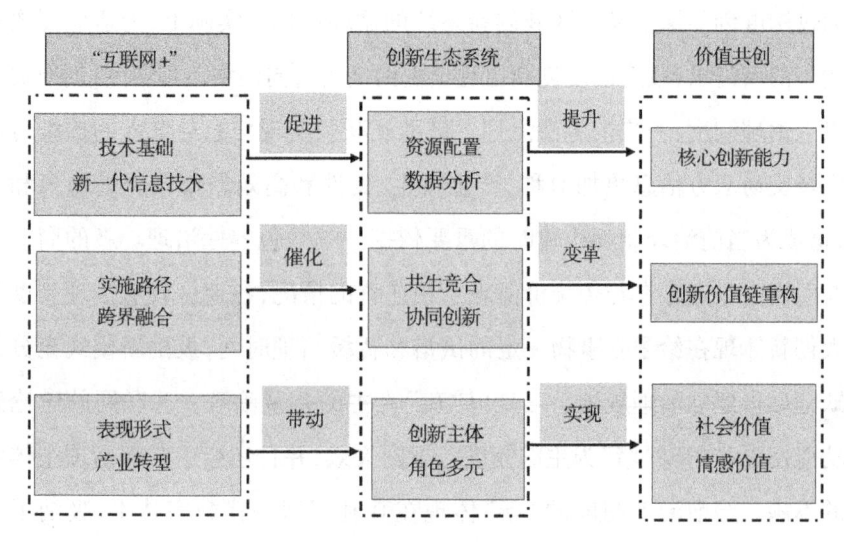

**图 4-4　互联网思维与生态化创新的逻辑**

过向用户提供更好的产品和服务创造传统产业线上线下双盈利的模式。二是致力于塑造更开放的商业氛围。"开放""协作"思维让企业意识到了独占创新资源不切实际,"跨界"思维又倡导企业踏足未知领域,因此开放企业边界,通过跨领域的合作共同"做大蛋糕"成为主流的商业理念。三是集成众智以创业促进商业持续创新。一方面,互联网思维下的"用户创新"思维大大拓展了创新主体的定义,诞生了极客、产消者等个体创新者,弥补了仅依赖富有企业家精神的精英阶层创新导致的区域创新活动不充分的缺陷。另一方面,区域创新的载体——众创空间使大批具有创客精神、角色多元化的创业者在地理空间上集聚,他们普遍富有敏锐的商业感知力,能够提供源源不断的商业创意,是孵化新商业模式和新技术的主力军(陈凤等,2015)。①

区域创新的重点还有制度创新,并且制度创新是这一时期创新的突出焦点。这是因为生态化创新阶段,政府不再只是创新环境的塑造者和监管者,而

---

① 陈凤、项丽瑶:《众创空间创业生态系统:特征、结构、机制与策略——以杭州梦想小镇为例》,《商业经济与管理》2015 年第 11 期。

是通过制度创新深度参与区域创新系统的循环运作。实际上，为适应开放社会治理的新需求，政府制度创新已逐渐由网络监管向网络治理转变，创新提出了以下治理制度：一是内生性治理。借助互联网实现信息与个人的捆绑可以让市场交易双方信息更加对称，产生内生、良性和高效的市场交易约束和规制，这成为当前治理制度构建时的重要依据。二是包容性治理。新的商业模式在发展中一定存在与传统价值理念相违背的情况，各地区政府治理制度的一大创新体现在给予新事物一定的试错和暂缓治理时间，鼓励新模式充分暴露缺陷后再建立治理规则。三是以"疏"为主的智慧治理。互联网的舆论发酵功能使以往的以"堵"为主的制度与规则失效，并且还会引起被治理主体强烈的不满。当前治理制度的"新"体现在其利用新一代数字技术，吸纳了企业、科研机构、中介组织、社会组织等多元创新主体共同参与治理，并且借助微信公众号、政务微博等平台可以及时获取社会公众对事前、事中和事后治理全过程的反馈，疏解了治理与被治理主体间的矛盾。

　　从创新动力看，此时区域创新已经转入复杂的"多元论"驱动阶段。一是市场需求的拉动。随着互联网在衣食住行各领域的渗透，市场的共性需求已经得到了满足，共性需求领域市场空间已经所剩无几。企业开始垂直细分共性需求市场，锚定特定消费群体和下沉市场潜力推陈出新，衍生出了母婴帮、作业帮、UU跑腿等新业务内容，需求导向型生产正如火如荼地进行。二是技术进步的影响。对生产者而言，一方面，大数据算法、人工智能、区块链技术使商家能够掌握消费者偏好、需求弹性乃至消费者的需求曲线等，真正做到了切中"消费痛点"进行精准营销。另一方面，数字技术在制造业的渗透赋能创造出了"智能制造""增量制造"等技术含量更高的制造形式，帮助制造业突破了转型升级的困境。对政府而言，进入新时期以来，我国高度重视网络空间治理，利用新一代信息技术可以实现对网络治理的预警，提高网络空间治理的超前性和针对性，为互联网治理创新提供了新方法。三是政府驱力的引导。在互联网引入期，政府网络政策的制定主要是为了学习追赶欧美国家，确保国内充分吸收其技术创新溢出。而步入数字经济时代,我国在技术上、经济形态上均已与发达国家处于同一起跑线,需要在面临更严重的技术封锁的情境下与全球各国就核心技术和关键资源展开争夺,因此政府在驱动工业互联网、第五代移动通信技术、人工智能、数字经济等的发展上更加不遗余力。除了以上主要动力外,还有校企合作创新、企业家社会责任感、创新中介组织的逐利性等因素也在驱动区域创新活动的开展。

总之,互联网在我国的应用和扩散过程具有强烈的创新示范性和带动性,并且与区域创新能力之间始终存在正向反馈。从技术创新到商业创新再到制度创新,从孕育新产业到颠覆传统产业,从依赖单体创新到构建起区域创新网络和创新生态,互联网不仅逐步实现了自身的商业价值和社会价值,也驱动区域创新能力不断向更高层次演进,已经成为区域创新发展当之无愧的新动能。我国互联网的发展以信息化为基础,经历了萌芽、形成、壮大、移植和融合五个阶段:(1)萌芽期,在学术需求的催化下以电子邮件为主要连接方式的技术探索;(2)形成期,政府主导下大规模的网络基础设施建设;(3)壮大期,网络的商业价值显现,最早一批互联网企业诞生;(4)移植期,从个人计算机互联网向移动互联网时代迈进,网络规模和应用能力世界领先;(5)融合期,各国抢滩智能新兴技术,我国部分走在了世界前沿。

互联网驱动区域创新能力提升的演化逻辑,从区域创新范式、创新内容和创新动力三个维度诠释。(1)从创新范式上看,互联网从技术到平台再到思维的发展过程分别对应了区域创新的线性创新范式、网络化创新范式以及生态化创新范式,创新主体从单一化向多主体协同演变,并且创新主体自身的角色定位也呈现多重性。(2)从创新内容上看,技术创新、商业创新与制度创新始终是区域创新的主要构成元素,但在不同时期主导地位略有不同。(3)从创新动力上看,互联网的发展越趋深入,区域创新的动力就越多元,除了市场拉动和技术推动外,校企合作、企业家精神、市场主体逐利性等都逐渐成为驱动区域创新的重要动力。

# 第五章　互联网和区域创新能力的发展测度体系研究

科学测度互联网和区域创新能力发展水平是客观把握互联网和区域创新现实情况的基础前提，有助于深度剖析互联网激励区域创新能力的特点和困境，进而形成创新发展的新动能。本章基于互联网和区域创新能力的内涵外延和本质特征，在科学性、全面性、代表性、实操性和动态性的原则下构建了互联网和区域创新能力的评价指标体系，采用全局主成分分析法测度出2006—2020年中国省际互联网和区域创新能力的综合水平，并分析其时空特征和演变规律，为下文考察互联网对区域创新能力的影响效应提供数据支撑。

## 第一节　评价指标体系的构建

### 一、指标体系构建原则

科学性。互联网和区域创新能力的发展遵循经济规律、科学规律、技术规律等，指标的选取要符合规律要求，具有层次清晰、结构合理的特点，能够体现其基本特征，凸显内涵和外延，以科学的方法和理论为指导，真实反映中国互联网发展和区域创新能力的实际水平。

全面性。互联网发展涉及很多方面,包括互联网基础设施、互联网信息供给、互联网普及情况、互联网应用效果等内容;区域创新能力是由创新投入、创新产出、创新环境等多个要素共同作用的结果。应基于不同维度对互联网发展水平和区域创新能力进行综合评价,避免缺失某方面给测度带来偏差,造成测度结果与现实情况的不符。

代表性。评价指标体系包含多个细分维度,对于每个维度都有多个可选指标,这样很容易造成指标多余、重复的问题。因此,在选择细分指标时要认真甄别,针对同一特征要识别出具有典型性、代表性的指标来衡量,保证测量结果的准确性。

实操性。构建评价指标体系的目的在于准确测度互联网和创新能力的实际水平和发展态势,为此,选择的指标定义要明确,并且能够量化,对于不能量化的指标不列入指标体系,同时指标的数据要容易获取,要有可靠的数据来源,这样才能真实可靠地测度互联网和区域创新能力的综合发展水平。

动态性。互联网发展和区域创新能力受到多种外部环境因素的影响,处于持续变化的动态当中,需要跟随环境的变化不断更新完善,所以构建的指标体系既要能满足当前经济社会发展的需要,又要与时俱进,以便为政府进行管理决策提供最新的、最可靠的信息。

## 二、互联网发展水平指标体系的构建

目前,学术界对互联网发展水平的测度一般采用单指标和多指标两类。在单指标方面,常用的衡量指标有互联网普及率、网民比例、网站数量、CN域名数、移动电话用户数、宽带接入数等(惠宁和刘鑫鑫,2020;张旭亮等,2017;郭家堂和骆品亮,2016)。[1][2][3] 有些学者还从微观视角选择企业双向网址链

---

[1] 惠宁、刘鑫鑫:《互联网发展与区域创新能力的非线性关系研究》,《科技进步与对策》2020年第12期。
[2] 张旭亮、史晋川、李仙德等:《互联网对中国区域创新的作用机理与效应》,《经济地理》2017年第12期。
[3] 郭家堂、骆品亮:《互联网对中国全要素生产率有促进作用吗?》,《管理世界》2016年第10期。

接数、上市年报中报告"互联网+"关键词的次数以及是否使用邮箱或网址等指标反映企业互联网发展水平(施炳展,2016;王可和李连燕,2018)。①② 在多指标方面,俞立平(2005)从互联网基础设施、互联网普及、互联网初级应用、互联网高级应用构建互联网指标体系。③ 王子敏和潘丹丹(2018)从互联网产业发展情况、信息资源丰富程度、用户普及范围、基础设施建设等测度互联网发展水平。④ 李佳钰和周宇(2018)基于互联网基础资源、互联网使用情况和互联网应用环境三个维度选择网站数量、网民数量、移动电话普及率等10个指标构成互联网发展指数。⑤ 韩先锋等(2019)选择互联网普及、互联网基础设施、互联网信息资源、互联网商务应用和互联网发展环境作为一级指标构建互联网水平测度体系。⑥

上述研究为构建互联网发展指标体系提供了很好的参考价值,但是也存在明显的不足:首先,随着"互联网+"研究的高潮,互联网外延得到不断的完善和拓展,互联网被赋予了更为丰富的经济含义,它不仅具有"渗透性、连接性、公共性、技术性"等属性,还能通过平台、技术、思维发挥经济效应,很明显,互联网已经形成了一个完整的体系,单一指标已经不能满足研究需求,它只是简单地描述了互联网的某一方面或者局部特征,无法精准地、全面地反映出中国互联网发展的综合水平。另外,虽然有些学者构建了指标体系,但多数仅限于将指标体系构建起来,由于数据的限制并未进一步测度,从而丧失了构

---

① 施炳展:《互联网与国际贸易——基于双边双向网址链接数据的经验分析》,《经济研究》2016年第5期。
② 王可、李连燕:《"互联网+"对中国制造业发展影响的实证研究》,《数量经济技术经济研究》2018年第6期。
③ 俞立平:《中国互联网发展水平测度指标体系研究》,《中国流通经济》2005年第12期。
④ 王子敏、潘丹丹:《中国区域互联网发展水平测度与收敛性分析》,《统计与决策》2018年第8期。
⑤ 李佳钰、周宇:《互联网对中国工业技术创新效率的影响:基于阶段异质效应的分析》,《人文杂志》2018年第7期。
⑥ 韩先锋、宋文飞、李勃昕:《互联网能成为中国区域创新效率提升的新动能吗》,《中国工业经济》2019年第7期。

建指标体系的意义和目的。因此,基于已有研究成果,遵循科学性、全面性、代表性、实操性和动态性的原则,本书将从互联网基础设施、互联网信息资源、互联网普及规模和互联网应用程度四个方面构建互联网发展水平评价指标体系,以期全面客观地测度中国各个地区的互联网发展水平。具体的细分指标见表5-1。

表5-1 互联网发展水平评价指标体系

| 一级指标 | 二级指标 | 编号 |
| --- | --- | --- |
| 互联网基础设施 | IPv4地址占比(%) | $X_1$ |
| | CN域名数(个) | $X_2$ |
| | 长途光缆线路长度(公里) | $X_3$ |
| | 互联网宽带接入端口数(万个) | $X_4$ |
| 互联网信息资源 | 网站数(个) | $X_5$ |
| | 网页数(万个) | $X_6$ |
| | 网页平均字节数(KB) | $X_7$ |
| 互联网普及规模 | 互联网普及率(%) | $X_8$ |
| | 网民数(万人) | $X_9$ |
| 互联网应用程度 | 快递业务量(亿元) | $X_{10}$ |
| | 电信业务量(万件) | $X_{11}$ |

互联网基础设施。互联网基础设施是互联网发挥经济效应的基本条件,它指互联网应用所需的硬件和软件集合。IP地址是计算机网络之间实现通信的协议,目前主流的IP协议类型是IPv4,IPv6还处于发展壮大过程中,其数据统计没有完整的分省数据,故采用IPv4地址数占比来反映区域IP地址资源的分配情况。域名是互联网上某一台计算机或计算机组的名称,用于在数据传输时对计算机的定位标识,具有唯一性,由于本书对象是中国,故采用CN域名数来反映。宽带接入端口和长途光缆是信息传播的主要设备工具,它的建设水平决定了信息传播的质量和水平,其数值越高,

硬件设备水平就越高,分别选择长途光缆线路长度和互联网接入端口数来衡量。

互联网信息资源。网站和网页是网络信息的重要载体,它们可以储存电子数据、展现电子信息,是承载各类网站内容的平台,一定程度上体现了信息资源供给能力,这里分别选择网站数和网页数来反映这一供给能力。同时,网页平均字节数是每个网页能够记载的字节数量,反映了互联网承载信息容量的能力,表现了互联网信息资源的丰富度。

互联网普及规模。互联网普及规模是衡量国家或地区互联网普及推广效果的重要指标,它展现了未来互联网发展的潜力,其中互联网普及率刻画了互联网的接受程度,网民数凸显了互联网的需求程度。根据中国互联网络信息中心发布的《中国互联网络发展状况统计报告》,将过去半年内使用过互联网的6周岁及以上中国居民人数归纳为网民数,网民数与区域年末总人口数的比例定义为互联网普及率。

互联网应用程度。互联网技术、平台的发展最终要落实在互联网应用上,互联网渗透到了经济社会的各个领域,与农业、工业、服务业深度融合,推动了产业结构的优化和变革,但由于互联网是新时代的潮流,对其研究较晚,有关的许多数据尚未形成,故本书在数据可得性的原则下,选择快递业务量和人均电信业务量来反映互联网应用于网购服务和通信服务的情况。

## 三、区域创新能力水平指标体系的构建

区域创新能力是学者们经常探讨的一个热点问题,对其衡量多采用专利数、新产品销售收入、科学研究与试验发展(Research and Experimental Development,R&D)经费内部支出等单一指标去反映,但创新能力是综合能力的体现,单一指标无法准确反映一个地区的创新能力水平,因此许多学者基于不同角度构建了区域创新能力的综合指标体系。关和马(Guan 和 Ma,2003)认为创新能力是由学习、研发、制造、营销、组织、资源配置和战略规划七个维

度共同作用的,并从这七个维度评价了企业的创新能力。① 虞震(2011)将区域科技创新能力归纳为科技创新投入、科技创新产出、科技创新绩效与科技创新环境四个方面。② 黄亮等(2017)从科技创新投入、科技创新产出、科技创新载体和科技创新绩效四个方面测度了城市科技创新能力。③ 巴吾尔江等(2012)基于科技创新投入、科技创新环境、科技创新产出和企业创新能力四个维度构建了区域科技创新能力的测度指标体系。④ 总结已有的文献研究,本书拟设创新投入、创新产出和创新环境三个一级指标,选择十个细分指标构建出一套区域创新能力综合评价指标体系,具体指标见表5-2。

表 5-2 区域创新能力水平评价指标体系

| 一级指标 | 二级指标 | 编号 |
| --- | --- | --- |
| 创新投入 | R&D 经费内部支出(万元) | $H_1$ |
| | R&D 人员全时当量(人/年) | $H_2$ |
| | 人均教育经费支出额(千元) | $H_3$ |
| 创新产出 | 专利申请数(件) | $H_4$ |
| | 规模以上工业企业新产品销售收入(万元) | $H_5$ |
| | 高技术产业新产品销售收入(万元) | $H_6$ |
| 创新环境 | 人均受教育年限(年/人) | $H_7$ |
| | 技术市场成交额(万元) | $H_8$ |
| | 规模以上工业企业中有研发机构的企业数量(个) | $H_9$ |
| | 人均 GDP(元/人) | $H_{10}$ |

---

① Guan J., Ma N., "Innovative Capability and Export Performance of Chinese Firms", *Technovation*, Vol.23, No.9, 2003.
② 虞震:《泛长三角区域科技创新能力评价与比较研究》,《社会科学》2011年第11期。
③ 黄亮、王振、范斐:《基于突变级数模型的长江经济带50座城市科技创新能力测度与分析》,《统计与信息论坛》2017年第4期。
④ 巴吾尔江、董彦斌、孙慧等:《基于主成分分析的区域科技创新能力评价》,《科技进步与对策》2012年第12期。

创新投入。创新投入是为了推动区域不断投入财力、人力、物力等创新资源,它是创新活动的基本物质保障,属于区域创新能力的必要要素。丰富的创新资源能够为区域创新提供助力,同时一个地区创新资源的匮乏也有可能成为区域创新发展的阻碍。这里选择科学研究与试验发展经费内部支出、科学研究与试验发展人员全时当量和人均教育经费支出额三个指标来反映,其中科学研究与试验发展经费内部支出是区域用于基础研究、应用研究和试验发展的费用支出,反映了对研发活动的资金支持力度;科学研究与试验发展人员全时当量是指工作量折合计算的科学研究与试验发展人员,反映了参与创新活动的创新人力资本投入规模和强度。人均教育经费支出额是区域在培养人才方面的费用支出,用各类各级教育机构教育经费支出与年末人数比值来衡量。

创新产出。创新产出是区域创新活动的成果体现,是最能直观体现区域创新能力的主要衡量指标。这里选择专利申请数、规模以上工业企业新产品销售收入和高技术产业新产品销售收入三个指标来反映,其中专利申请数是创新活动的中间产品,反映了创新要素投入转化到科研成果的能力;新产品销售收入是创新活动的最终产品,反映了科研成果到经济效益的能力,工业企业尤其是高技术企业是最能体现创新特点的,故采用规模以上工业企业和高技术产业的新产品销售收入来刻画。

创新环境。创造一个良好的创新环境,是区域创新能力提升的外部保障。本书选择人均受教育年限、技术市场成交额、规模以上工业企业中有研发机构的企业数量和人均国内生产总值(GDP)四个方面来反映。人们的素质高低对区域创新能力的提升具有重要的影响,人们素质的普遍提高有利于培育出更多的高端人才,激发知识溢出效应,推动新产品的需求升级,这里将选择人均受教育年限来衡量;技术市场是实现技术转让、应用和扩散的交易场所,其成交额反映了区域技术市场中的活跃程度,故选择技术市场成交额来体现创新的市场环境;研发机构是开展创新活动、提升创新能力的主要载体,选择规模以上工业企业中有研发机构的企业数量来体现区域创新载体的构建情况；人均国内生产总值是一个区域经济发展水平的最优指标，国内生产总值越高越能够为创新活动提供必要的资金支持，以此反映提升创新能力的经济环境。

## 第二节 发展指数的测度

### 一、评价方法的选择

选择科学有效的评价方法是评估互联网和区域创新能力综合水平的重要环节。目前，常用指标评价方法主要有以下几种：

熵值法。熵值法是一种客观赋权法，它是根据各项指标观测值所提供的信息大小计算熵值，判断每个指标的变异程度，利用信息熵这个工具计算每个指标的权重，得到多指标评价的综合分数。这种方法避免了主观因素带来的偏差，但忽略了指标本身，并且不能够降低评价指标维数。

专家评价方法。包括德尔菲法、头脑风暴法等，这是一种定性描述的定量化方法，能够在缺乏足够的统计数据和原始资料的情况下作出定量估计，需要若干代表性专家凭借自己经验按照固定的评价标准进行评分。这种方法过于主观化，对于专家的权威性和专家小组组成合理性要求较高。

模糊综合评价法。模糊综合评价法是基于模糊数学的综合评价方法，根据模糊数学的隶属度理论把定性评价转化为定量评价，即采用模糊学思想对受到多种因素制约的对象作出一个总体的评价，它能较好地解决模糊的、难以量化的问题，适合各种非确定性问题的解决。

数理统计分析法。包括主成分分析法、聚类分析法、因子分析法、层次分析法等，这是目前应用最为广泛的分析方法。主成分分析法是利用降维的思想，在损失很少信息的前提下将原来众多具有一定相关性的指标重新组合成一组互不相关的综合指标，从而达到简化系统结构的目的。聚类分析法是根据研究对象的多个观测指标找出一些能够度量样本或指标之间相似程度的统计量,以这些统计量将研究对象进行分类,此种分析主要应用于数据挖掘。因子分析法是从原始变量的内部依赖关系出发,将错综复杂关系的变量表示成少数的公共因子,不仅可减少变量的数目,还可以检验变量间关系的假设。层次分析法,指将与决策有关的元素分解成目标、准则、方案等层次,在此基础之上进行定性分析和定量分析的决策方法。

具体选择哪种方法测度互联网发展水平和区域创新能力,应综合考虑评价对象的特征和评价任务的目的,在所构建的指标体系和数据可得性的约束下合理有效地选择最合适的评价方法。首先,本书构建的分类指标体系是基于数据可得性选择的,每个具体指标都有相关的数据支撑,都能够量化分析,为了更加客观、准确地分析互联网发展和区域创新能力综合水平,排除了专家评价法和模糊综合评价法。另外,上文已经从不同维度选择多个细分指标构建了互联网发展水平和区域创新能力的综合评价指标体系,每个指标均包含了大量的有关信息,从不同角度反映了互联网发展和区域创新能力情况,在测度过程中会面临大量指标数据整理的问题,然而各个指标之间存在一定的相关性,可利用指标之间的相关性特征对数据进行简化,尽量用较少的细分指标全面反映原来变量所涵盖的互联网相关信息,以达到降维的目的,主成分分析法在这一方面的优越性得到了众多学者的证实,而熵值法、层次分析法、聚类分析法、因子分析法等无法实现这一功能。综上,本书将采用主成分分析法测度中国互联网发展水平和区域创新能力,由于本书选择省级面板数据作为研究样本,而传统的主成分分析法只针对不具有时间序列特征的平面数据表进行处理,无法对同一样本不同时点的评价结果进行对比,为了保证系统分析统一性、整体性和对比性,本书将采用全局主成分分析法将时间序列思想融入传统主成分分析法中,从纵向、横向两方面评价中国各地区的互联网发展水平。

全局主成分分析法首先按照时间顺序将不同时点的平面数据表整合成统一的立体时序数据表,其次采用经典主成分分析法进行研究。其研究步骤

如下:

第一步,构建立体时序数据表。设 $X$ 是一组按时序排列的平面数据表,即 $X^t = (x_{ij})_{mn}, t = 1,2,3,\cdots,T$。其中总共有 $T$ 张数据表,每个数据表都具有完全相同的 $m$ 个指标变量 $x_{ij}$ 和 $n$ 个样本点。将 $T$ 张时间数据表根据时间顺序纵向重新排列在一起,构成一个 $nT \times m$ 大矩阵,即为全局数据表。

第二步,原始数据标准化处理。为了消除各项指标之间在量纲化和数量级上的差别,对指标数据进行标准化处理。即:

$$z_{ij} = \frac{x_{ij} - \bar{x}_j}{s_j}, i = 1,2,3,\cdots,n; j = 1,2,3,\cdots,p \tag{5-1}$$

其中,

$$\bar{x}_j = \frac{\sum_{i=1}^{n} x_{ij}}{n}, s_j^2 = \frac{\sum_{i=1}^{n} (x_{ij} - \bar{x}_j)^2}{n-1} \tag{5-2}$$

第三步,计算协方差矩阵 $R$。$R$ 反映了标准化后的数据之间相关关系密切程度,$R$ 值越大,越有必要对数据进行主成分分析。即:

$$R_{ij} = \frac{\sum z_{ij} \cdot z_{ij}}{n-1}, i,j = 1,2,\cdots,p \tag{5-3}$$

第四步,根据 $R$ 值计算特征值、主成分贡献率和累计方差贡献率,确定主成分分数和个数。其中特征值是通过解 $|\lambda E - R| = 0$ 特征方程得出 $\lambda_i (i = 1, 2,3,\cdots,p)$,其中 $\lambda_i (i = 1,2,3,\cdots,p)$ 均大于0,它的大小反映了各个主成分的影响力。主成分的贡献率和累计方差贡献率分别如式(5-4)和式(5-5)所示。根据一般规则,选择特征值大于1或者累计贡献率达70%—80%的因子作为主成分 $F_i (i = 1,2,3,\cdots,p)$。

$$w_i = \lambda_j \Big/ \sum_{j=1}^{p} \lambda_j \tag{5-4}$$

$$w_1 + w_2 + \cdots + w_m = \sum_{j=1}^{m} \lambda_j \Big/ \sum_{j=1}^{p} \lambda_j \tag{5-5}$$

第五步,建立初始因子载荷矩阵。即主成分 $F_i(i=1,2,3,\cdots,p)$ 与原始指标 $X_j(j=1,2,3,\cdots,m)$ 的相关系数 $r_{ij}$,利用此指标可以很好地解释主成分 $F_i$ 主要包含的变量信息。

第六步,计算因子得分函数,得出每个样本在选取的 $m$ 个公因子上的得分。即:

$$F_i = \alpha_{i1}X_1 + \alpha_{i2}X_2 + \alpha_{i3}X_3 + \cdots + \alpha_{ip}X_p, i=1,2,3,\cdots,m \quad (5-6)$$

第七步,计算综合得分函数,得出各样本相应的综合得分。即:

$$F = w_1F_1 + w_2F_2 + w_3F_3 + \cdots + w_mF_m \quad (5-7)$$

## 二、中国互联网发展水平的测度

这里将选择 2006—2020 年 30 个省份的面板数据作为样本,这样选择原因:第一,11 个具体指标的大部分数据来源于《中国互联网络发展状况统计报告》,这一报告虽然从 1997 年开始发布,但是 2006 年以后此报告才开始全面地公布互联网相关数据,所以选择 2006—2020 年这一阶段作为研究期间。第二,西藏、港澳台地区的数据严重缺失,无法进行数据统计,所以这里将这四个地区的数据删除,不予考虑,故使用 30 个省份作为研究对象。这里涉及的原始数据均来源于《中国统计年鉴》《中国互联网络发展状况统计报告》。其测度步骤如下所示:

第一步,判定主成分分析法适用性。在做主成分分析之前,要对数据进行统计检验,以确定该数据是否适合于主成分分析法。因此,这里采用 KMO 检验和 Bartlett 球形检验来判定互联网数据是否适用主成分分析法,其中 KMO 检验统计量是以观测变量之间的简单相关系数和偏相关系数的相对大小为出发点来反映变量之间的相关性,取值范围为 0—1 之间,KMO 统计值越大,变量间的相关性越强,越适合做主成分分析,门槛条件是 KMO 统计值大于 0.5。Bartlett 球性检验用于检验相关阵中各变量间的相关性,当显著性水平低于 0.01 时拒绝原假设,表明可以做主成分分析,若不拒绝原假设,说明这些变量之间各自独立,不适合做因子分析。本书的检验结果见表5-3,可以发现,KMO统计值为0.815,明显高于0.5门槛值,表明所选的这些指标变量之间存在较强的相关性。Bartlett球形检验统计量为4266.200,通过1%的检验水平,显著拒绝原假设,说明相关矩阵中各变量间存在较强的相关性。从KMO检验和Bartlett球形检验结果可以判定数据适合做主成分分析。

**表5-3　KMO检验和Bartlett球形检验结果**

| 取样足够度的Kaiser-Meyer-Olkin度量 | | 0.815 |
|---|---|---|
| Bartlett球形检验 | 近似卡方 | 4266.200 |
| | 自由度 | 55.000 |
| | 显著性 | 0.000 |

第二步,提取主成分因子。主成分分析可以按照特征值大于1的标准或者累计贡献率达70%—80%的方法提取因子,这里选择特征值大于1的因子作为主成分。为了增加因子载荷的差异性,提高了因子的可解释性,使各主因子的典型代表变量更加突出以及因子的意义更加明确,这里进行公因子旋转处理,最后得到主成分特征值、累计方差贡献率和碎石图,见表5-4和图5-1。

**表5-4　主成分特征值及方差贡献率**

| 成分 | 初始特征值 | | | 提出平方和载入 | | | 旋转平方和载入 | | |
|---|---|---|---|---|---|---|---|---|---|
| | 特征值 | 方差(%) | 积累(%) | 特征值 | 方差(%) | 积累(%) | 特征值 | 方差(%) | 积累(%) |
| 1 | 5.633 | 51.211 | 51.211 | 5.633 | 51.211 | 51.211 | 3.402 | 30.931 | 30.931 |
| 2 | 1.924 | 17.494 | 68.705 | 1.924 | 17.494 | 68.705 | 3.247 | 29.515 | 60.446 |
| 3 | 1.018 | 9.253 | 77.959 | 1.018 | 9.253 | 77.959 | 1.926 | 17.513 | 77.959 |
| 4 | 0.706 | 6.416 | 84.374 | | | | | | |
| 5 | 0.565 | 5.135 | 89.509 | | | | | | |
| 6 | 0.390 | 3.543 | 93.052 | | | | | | |
| 7 | 0.244 | 2.220 | 95.273 | | | | | | |
| 8 | 0.222 | 2.022 | 97.295 | | | | | | |

续表

| 成分 | 初始特征值 |  |  | 提出平方和载入 |  |  | 旋转平方和载入 |  |  |
|---|---|---|---|---|---|---|---|---|---|
|  | 特征值 | 方差(%) | 积累(%) | 特征值 | 方差(%) | 积累(%) | 特征值 | 方差(%) | 积累(%) |
| 9 | 0.154 | 1.401 | 98.695 |  |  |  |  |  |  |
| 10 | 0.092 | 0.838 | 99.533 |  |  |  |  |  |  |
| 11 | 0.051 | 0.467 | 100.000 |  |  |  |  |  |  |

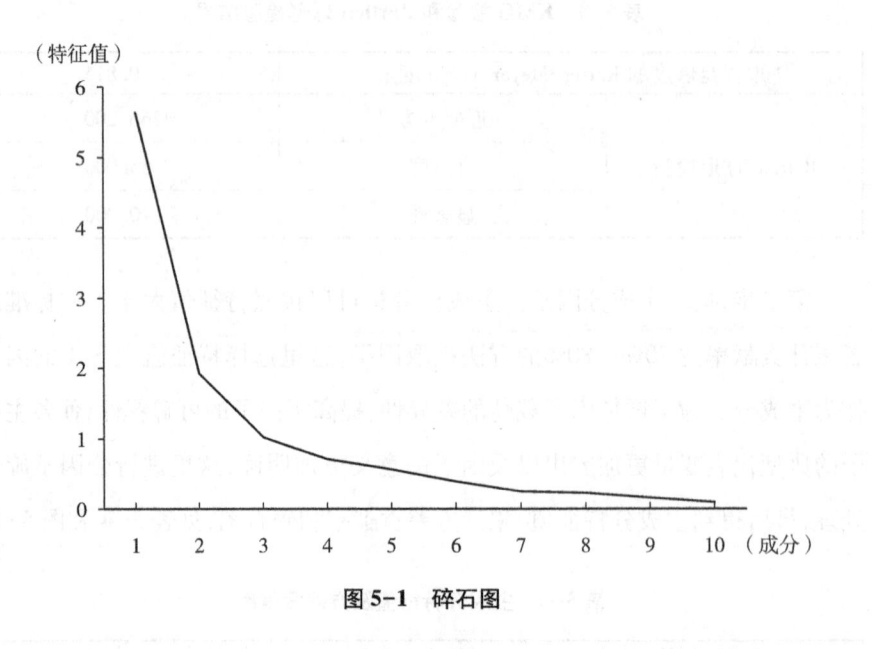

图 5-1 碎石图

从解释的总方差中可以看出特征值大于1的因子有3个,第一个主因子在旋转前提取的信息是51.211%,旋转后提取的信息是30.931%;第二个主因子在旋转前提取的信息是17.494%,旋转后提取的信息是29.515%;第三个主因子在旋转前提取的信息是9.253%,旋转后提取的信息是17.513%。前四个因子的方差贡献率为77.959%。从碎石图可以看出,该特征值曲线中前三个因子的特征值大于1,其中因子1与因子2之间的差最大,之后的相邻因子之间的差值逐渐变小,前三个因子很好地保留了原始变量的大部分数据,因此应提取三个主成分因子来代替11个具体指标。

第三步,得出主成分载荷矩阵。通过对互联网数据进行主成分分析可以得到因子载荷矩阵,结果见表 5-5。

表 5-5　成分矩阵

| 变量 | 初始的成分矩阵 | | | 旋转后的成分矩阵 | | |
| --- | --- | --- | --- | --- | --- | --- |
| $X_1$ | 0.557 | -0.666 | -0.257 | -0.026 | 0.904 | 0.033 |
| $X_2$ | 0.662 | -0.292 | -0.141 | 0.268 | 0.664 | 0.175 |
| $X_3$ | 0.192 | 0.707 | -0.216 | 0.684 | -0.316 | -0.126 |
| $X_4$ | 0.860 | 0.381 | 0.008 | 0.822 | 0.257 | 0.379 |
| $X_5$ | 0.907 | -0.285 | -0.183 | 0.444 | 0.824 | 0.246 |
| $X_6$ | 0.695 | -0.561 | -0.056 | 0.076 | 0.849 | 0.273 |
| $X_7$ | 0.566 | 0.000 | 0.726 | 0.148 | 0.113 | 0.901 |
| $X_8$ | 0.731 | -0.053 | 0.517 | 0.281 | 0.321 | 0.789 |
| $X_9$ | 0.848 | 0.399 | -0.090 | 0.856 | 0.269 | 0.285 |
| $X_{10}$ | 0.772 | 0.405 | -0.133 | 0.824 | 0.231 | 0.214 |
| $X_{11}$ | 0.796 | 0.171 | -0.169 | 0.687 | 0.426 | 0.198 |

为了简化,将 11 个指标变量依次标记为 $X_1$、$X_2$、$X_3$、$X_4$、$X_5$、$X_6$、$X_7$、$X_8$、$X_9$、$X_{10}$、$X_{11}$,将这 11 个指标变量进行标准化处理,随后根据主成分得分系数计算三个主成分值 $F_1$、$F_2$、$F_3$:

$$F_1 = -0.026 \times X_1 + 0.268 \times X_2 + 0.684 \times X_3 + 0.822 \times X_4 + 0.444 \times X_5 \\ + 0.076 \times X_6 + 0.148 \times X_7 + 0.281 \times X_8 + 0.856 \times X_9 + 0.824 \times X_{10} \\ + 0.687 \times X_{11} \tag{5-8}$$

$$F_2 = 0.904 \times X_1 + 0.664 \times X_2 - 0.316 \times X_3 + 0.257 \times X_4 \\ + 0.824 \times X_5 + 0.849 \times X_6 + 0.113 \times X_7 + 0.321 \times X_8 \\ + 0.269 \times X_9 + 0.231 \times X_{10} + 0.426 \times X_{11} \tag{5-9}$$

$$F_3 = 0.033 \times X_1 + 0.175 \times X_2 - 0.126 \times X_3 + 0.379 \times X_4 \\ + 0.246 \times X_5 + 0.273 \times X_6 + 0.901 \times X_7 + 0.789 \times X_8 \\ + 0.285 \times X_9 + 0.214 \times X_{10} + 0.198 \times X_{11} \tag{5-10}$$

第四步,计算综合主成分得分。以旋转之后三个主成分的方差贡献率作为加总权数建立综合主成分模型,见式(5-11)。由此公式计算出2006—2020年30个省份的互联网发展水平,为了方便后续分析,借鉴韩先锋的做法,利用式(5-12)($F_i$是30个省份的综合主成分得分)将所有值转换到[0,1]之间,最后互联网发展水平测度结果见表5-6。

$$F = 30.931\% \times F_1 + 29.515\% \times F_2 + 17.513\% \times F_3 \quad (5-11)$$

$$inter_{it} = \frac{F_i}{\max(F_i) - \min(F_i)} \times 0.4 + 0.6 \quad (5-12)$$

表5-6 2006—2020年中国互联网发展水平指数测度结果

| 年份 省份 | 2006 | 2007 | 2008 | 2009 | 2010 | 2011 | 2012 | 2013 | 2014 | 2015 | 2016 | 2017 | 2018 | 2019 | 2020 |
|---|---|---|---|---|---|---|---|---|---|---|---|---|---|---|---|
| 北京 | 0.584 | 0.615 | 0.647 | 0.644 | 0.630 | 0.650 | 0.659 | 0.673 | 0.687 | 0.728 | 0.735 | 0.768 | 0.754 | 0.770 | 0.784 |
| 天津 | 0.553 | 0.553 | 0.562 | 0.566 | 0.568 | 0.570 | 0.572 | 0.577 | 0.580 | 0.584 | 0.584 | 0.591 | 0.590 | 0.598 | 0.606 |
| 河北 | 0.556 | 0.557 | 0.569 | 0.578 | 0.582 | 0.585 | 0.596 | 0.605 | 0.607 | 0.624 | 0.630 | 0.646 | 0.655 | 0.679 | 0.699 |
| 山西 | 0.549 | 0.552 | 0.559 | 0.564 | 0.567 | 0.568 | 0.579 | 0.588 | 0.583 | 0.590 | 0.603 | 0.610 | 0.623 | 0.632 | 0.645 |
| 内蒙古 | 0.546 | 0.550 | 0.554 | 0.558 | 0.563 | 0.567 | 0.567 | 0.575 | 0.602 | 0.584 | 0.586 | 0.589 | 0.588 | 0.598 | 0.612 |
| 辽宁 | 0.555 | 0.561 | 0.572 | 0.576 | 0.582 | 0.584 | 0.591 | 0.609 | 0.600 | 0.615 | 0.614 | 0.620 | 0.623 | 0.638 | 0.646 |
| 吉林 | 0.549 | 0.551 | 0.554 | 0.559 | 0.563 | 0.565 | 0.566 | 0.566 | 0.571 | 0.577 | 0.583 | 0.590 | 0.594 | 0.598 | 0.605 |
| 黑龙江 | 0.552 | 0.554 | 0.559 | 0.567 | 0.571 | 0.569 | 0.571 | 0.576 | 0.589 | 0.596 | 0.593 | 0.596 | 0.601 | 0.609 | 0.620 |
| 上海 | 0.568 | 0.598 | 0.596 | 0.602 | 0.598 | 0.601 | 0.614 | 0.618 | 0.625 | 0.635 | 0.645 | 0.662 | 0.655 | 0.667 | 0.684 |
| 江苏 | 0.570 | 0.583 | 0.589 | 0.599 | 0.609 | 0.608 | 0.621 | 0.629 | 0.637 | 0.655 | 0.663 | 0.686 | 0.700 | 0.729 | 0.754 |
| 浙江 | 0.574 | 0.591 | 0.603 | 0.618 | 0.612 | 0.616 | 0.644 | 0.633 | 0.644 | 0.677 | 0.691 | 0.716 | 0.729 | 0.764 | 0.799 |
| 安徽 | 0.549 | 0.552 | 0.556 | 0.561 | 0.567 | 0.568 | 0.575 | 0.586 | 0.580 | 0.594 | 0.597 | 0.606 | 0.617 | 0.638 | 0.660 |
| 福建 | 0.557 | 0.567 | 0.579 | 0.586 | 0.586 | 0.591 | 0.601 | 0.606 | 0.610 | 0.629 | 0.645 | 0.701 | 0.680 | 0.690 | 0.680 |
| 江西 | 0.547 | 0.551 | 0.554 | 0.558 | 0.560 | 0.562 | 0.565 | 0.570 | 0.570 | 0.580 | 0.587 | 0.592 | 0.603 | 0.619 | 0.630 |
| 山东 | 0.565 | 0.571 | 0.598 | 0.598 | 0.599 | 0.602 | 0.610 | 0.647 | 0.642 | 0.650 | 0.650 | 0.668 | 0.686 | 0.714 | 0.738 |
| 河南 | 0.555 | 0.561 | 0.569 | 0.575 | 0.580 | 0.582 | 0.590 | 0.597 | 0.603 | 0.625 | 0.632 | 0.650 | 0.671 | 0.693 | 0.724 |
| 湖北 | 0.554 | 0.557 | 0.566 | 0.571 | 0.575 | 0.577 | 0.584 | 0.587 | 0.590 | 0.607 | 0.608 | 0.618 | 0.628 | 0.643 | 0.660 |

续表

| 年份<br>省份 | 2006 | 2007 | 2008 | 2009 | 2010 | 2011 | 2012 | 2013 | 2014 | 2015 | 2016 | 2017 | 2018 | 2019 | 2020 |
|---|---|---|---|---|---|---|---|---|---|---|---|---|---|---|---|
| 湖南 | 0.551 | 0.556 | 0.569 | 0.573 | 0.576 | 0.574 | 0.579 | 0.586 | 0.588 | 0.601 | 0.604 | 0.612 | 0.624 | 0.643 | 0.665 |
| 广东 | 0.596 | 0.621 | 0.653 | 0.655 | 0.652 | 0.661 | 0.687 | 0.709 | 0.720 | 0.751 | 0.766 | 0.806 | 0.835 | 0.887 | 0.939 |
| 广西 | 0.551 | 0.555 | 0.560 | 0.564 | 0.566 | 0.570 | 0.573 | 0.573 | 0.589 | 0.589 | 0.595 | 0.605 | 0.610 | 0.625 | 0.643 |
| 海南 | 0.542 | 0.546 | 0.551 | 0.553 | 0.556 | 0.558 | 0.559 | 0.562 | 0.559 | 0.566 | 0.566 | 0.572 | 0.574 | 0.580 | 0.580 |
| 重庆 | 0.546 | 0.549 | 0.556 | 0.561 | 0.564 | 0.565 | 0.569 | 0.570 | 0.574 | 0.589 | 0.590 | 0.599 | 0.606 | 0.615 | 0.626 |
| 四川 | 0.556 | 0.563 | 0.569 | 0.577 | 0.578 | 0.581 | 0.589 | 0.599 | 0.606 | 0.620 | 0.624 | 0.646 | 0.658 | 0.689 | 0.717 |
| 贵州 | 0.542 | 0.547 | 0.551 | 0.552 | 0.555 | 0.559 | 0.562 | 0.562 | 0.566 | 0.577 | 0.573 | 0.590 | 0.597 | 0.613 | 0.624 |
| 云南 | 0.547 | 0.549 | 0.554 | 0.558 | 0.561 | 0.563 | 0.570 | 0.578 | 0.578 | 0.587 | 0.587 | 0.596 | 0.602 | 0.617 | 0.632 |
| 陕西 | 0.551 | 0.555 | 0.563 | 0.569 | 0.569 | 0.572 | 0.575 | 0.581 | 0.582 | 0.586 | 0.588 | 0.595 | 0.604 | 0.619 | 0.634 |
| 甘肃 | 0.545 | 0.547 | 0.548 | 0.553 | 0.556 | 0.558 | 0.560 | 0.562 | 0.568 | 0.568 | 0.570 | 0.575 | 0.582 | 0.593 | 0.609 |
| 青海 | 0.539 | 0.543 | 0.549 | 0.552 | 0.556 | 0.557 | 0.563 | 0.585 | 0.565 | 0.586 | 0.566 | 0.568 | 0.568 | 0.574 | 0.593 |
| 宁夏 | 0.543 | 0.542 | 0.546 | 0.549 | 0.551 | 0.555 | 0.557 | 0.559 | 0.560 | 0.560 | 0.561 | 0.567 | 0.566 | 0.570 | 0.576 |
| 新疆 | 0.545 | 0.550 | 0.558 | 0.558 | 0.563 | 0.564 | 0.567 | 0.569 | 0.570 | 0.578 | 0.581 | 0.581 | 0.588 | 0.597 | 0.609 |

资料来源:笔者整理所得。

## 三、中国区域创新能力水平的测度

这里将采用全局主成分分析法,以2006—2020年30个省份的面板数据为基础测度中国区域创新能力。原始数据来源于《中国统计年鉴》《中国科技年鉴》《中国教育经费统计年鉴》和《中国高技术产业统计年鉴》。其测度步骤如下:

第一步,判定主成分分析法适用性。首先对数据进行了KMO检验和Bartlett球形检验,结果见表5-7。结果显示,KMO统计值为0.815,明显高于0.7,Bartlett球形检验统计量为6097.457,显著拒绝了原假设,说明目前所选的指标之间存在较强的相关性,此数据适合做主成分分析。

表 5-7　KMO 检验和 Bartlett 球形检验结果

| 取样足够度的 Kaiser-Meyer-Olkin 度量 | | 0.815 |
|---|---|---|
| Bartlett 球形检验 | 近似卡方 | 6097.457 |
| | 自由度 | 45.000 |
| | 显著性 | 0.000 |

第二步,提取主成分因子。这里按照特征值大于1的标准提取因子,并进行了公因子旋转处理,得到表 5-8 的主成分特征值、累计方差贡献率和图 5-2 的碎石图。可以看出,特征值大于1的因子有2个,第一个主因子在旋转前提取的信息是 67.490%,旋转后提取的信息是 58.017%;第二个主因子在旋转前提取的信息是 17.562%,旋转后提取的信息是 27.036%;前两个因子的方差贡献率为 85.052%。

表 5-8　主成分特征值及方差贡献率

| 成分 | 初始特征值 | | | 提出平方和载入 | | | 旋转平方和载入 | | |
|---|---|---|---|---|---|---|---|---|---|
| | 特征值 | 方差(%) | 积累(%) | 特征值 | 方差(%) | 积累(%) | 特征值 | 方差(%) | 积累(%) |
| 1 | 6.749 | 67.490 | 67.490 | 6.749 | 67.490 | 67.490 | 5.802 | 58.017 | 58.017 |
| 2 | 1.756 | 17.562 | 85.052 | 1.756 | 17.562 | 85.052 | 2.704 | 27.036 | 85.052 |
| 3 | 0.440 | 4.397 | 89.449 | | | | | | |
| 4 | 0.301 | 3.009 | 92.459 | | | | | | |
| 5 | 0.252 | 2.519 | 94.978 | | | | | | |
| 6 | 0.204 | 2.036 | 97.014 | | | | | | |
| 7 | 0.127 | 1.274 | 98.288 | | | | | | |
| 8 | 0.108 | 1.076 | 99.364 | | | | | | |
| 9 | 0.032 | 0.321 | 99.686 | | | | | | |
| 10 | 0.031 | 0.314 | 100.000 | | | | | | |

从碎石图 5-2 可以看出,该特征值曲线中前两个因子的特征值大于1,相邻因子之间的差值逐渐变小,前两个因子很好地保留了原始变量的大部分数

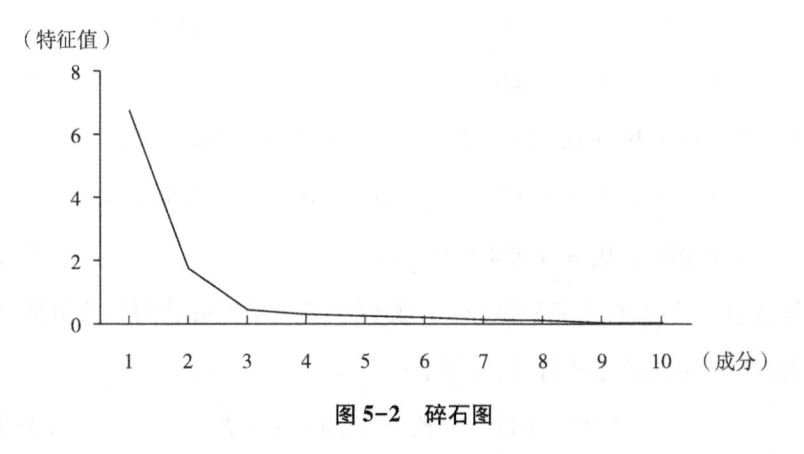

据,因此这里将提取两个主成分因子。

图 5-2 碎石图

第三步,得出主成分载荷矩阵。通过对区域创新能力数据进行主成分分析可以得到因子载荷矩阵,结果见表 5-9。

表 5-9 成分矩阵

| 变量 | 初始的成分矩阵 | | 旋转后的成分矩阵 | |
|---|---|---|---|---|
| $H_1$ | 0.968 | -0.044 | 0.890 | 0.382 |
| $H_2$ | 0.945 | -0.206 | 0.940 | 0.226 |
| $H_3$ | 0.898 | -0.022 | 0.818 | 0.371 |
| $H_4$ | 0.853 | -0.251 | 0.877 | 0.145 |
| $H_5$ | 0.952 | -0.204 | 0.946 | 0.231 |
| $H_6$ | 0.880 | -0.234 | 0.893 | 0.173 |
| $H_7$ | 0.471 | 0.795 | 0.078 | 0.920 |
| $H_8$ | 0.540 | 0.657 | 0.200 | 0.826 |
| $H_9$ | 0.852 | -0.328 | 0.910 | 0.076 |
| $H_{10}$ | 0.683 | 0.618 | 0.346 | 0.854 |

将 10 个指标变量依次标记为 $H_1$、$H_2$、$H_3$、$H_4$、$H_5$、$H_6$、$H_7$、$H_8$、$H_9$、$H_{10}$,并进行标准化处理,随后根据主成分得分系数计算两个主成分值 $F_1$、$F_2$:

$$F_1 = 0.890 \times H_1 + 0.940 \times H_2 + 0.818 \times H_3 + 0.877 \times H_4$$
$$+ 0.946 \times H_5 + 0.893 \times H_6 + 0.078 \times H_7 + 0.200 \times H_8$$
$$+ 0.910 \times H_9 + 0.346 \times H_{10} \quad (5-13)$$

$$F_2 = 0.382 \times H_1 + 0.226 \times H_2 + 0.371 \times H_3 + 0.145 \times H_4$$
$$+ 0.231 \times H_5 + 0.173 \times H_6 + 0.920 \times H_7 + 0.826 \times H_8$$
$$+ 0.076 \times H_9 + 0.854 \times H_{10} \quad (5-14)$$

第四步,计算综合主成分得分。以旋转之后三个主成分的方差贡献率作为加总权数建立综合主成分模型,如下:

$$F = 58.017\% \times F_1 + 27.036\% \times F_2 \quad (5-15)$$

由此公式计算出 2006—2020 年 30 个省份的区域创新能力水平,同样采用式(5-12)将所有值转换到[0,1]之间,最后区域创新能力水平的测度结果见表 5-10。

表 5-10  2006—2020 年中国区域创新能力水平指数测度结果

| 年份\省份 | 2006 | 2007 | 2008 | 2009 | 2010 | 2011 | 2012 | 2013 | 2014 | 2015 | 2016 | 2017 | 2018 | 2019 | 2020 |
|---|---|---|---|---|---|---|---|---|---|---|---|---|---|---|---|
| 北京 | 0.603 | 0.615 | 0.620 | 0.626 | 0.634 | 0.651 | 0.661 | 0.675 | 0.683 | 0.690 | 0.704 | 0.715 | 0.659 | 0.672 | 0.680 |
| 天津 | 0.574 | 0.577 | 0.582 | 0.585 | 0.589 | 0.600 | 0.608 | 0.617 | 0.622 | 0.625 | 0.630 | 0.625 | 0.611 | 0.606 | 0.610 |
| 河北 | 0.561 | 0.563 | 0.567 | 0.570 | 0.571 | 0.579 | 0.585 | 0.588 | 0.591 | 0.597 | 0.602 | 0.608 | 0.602 | 0.610 | 0.618 |
| 山西 | 0.559 | 0.561 | 0.564 | 0.565 | 0.566 | 0.571 | 0.574 | 0.576 | 0.575 | 0.577 | 0.578 | 0.583 | 0.581 | 0.583 | 0.586 |
| 内蒙古 | 0.555 | 0.558 | 0.561 | 0.563 | 0.567 | 0.573 | 0.576 | 0.577 | 0.578 | 0.581 | 0.584 | 0.582 | 0.580 | 0.581 | 0.584 |
| 辽宁 | 0.569 | 0.573 | 0.577 | 0.582 | 0.585 | 0.593 | 0.600 | 0.604 | 0.603 | 0.600 | 0.600 | 0.603 | 0.597 | 0.597 | 0.601 |
| 吉林 | 0.559 | 0.561 | 0.563 | 0.568 | 0.568 | 0.573 | 0.576 | 0.576 | 0.578 | 0.579 | 0.583 | 0.584 | 0.577 | 0.578 | 0.579 |
| 黑龙江 | 0.560 | 0.563 | 0.565 | 0.566 | 0.569 | 0.574 | 0.578 | 0.579 | 0.579 | 0.580 | 0.580 | 0.580 | 0.574 | 0.574 | 0.577 |
| 上海 | 0.596 | 0.601 | 0.607 | 0.613 | 0.616 | 0.626 | 0.630 | 0.635 | 0.641 | 0.646 | 0.658 | 0.668 | 0.642 | 0.651 | 0.655 |
| 江苏 | 0.589 | 0.604 | 0.624 | 0.640 | 0.655 | 0.697 | 0.743 | 0.764 | 0.775 | 0.789 | 0.817 | 0.825 | 0.787 | 0.807 | 0.848 |
| 浙江 | 0.582 | 0.591 | 0.607 | 0.613 | 0.617 | 0.645 | 0.662 | 0.680 | 0.686 | 0.701 | 0.721 | 0.730 | 0.712 | 0.737 | 0.759 |
| 安徽 | 0.554 | 0.556 | 0.561 | 0.566 | 0.571 | 0.582 | 0.593 | 0.600 | 0.606 | 0.614 | 0.622 | 0.631 | 0.622 | 0.630 | 0.645 |
| 福建 | 0.561 | 0.565 | 0.569 | 0.573 | 0.577 | 0.588 | 0.594 | 0.598 | 0.603 | 0.608 | 0.616 | 0.623 | 0.616 | 0.624 | 0.630 |

续表

| 年份省份 | 2006 | 2007 | 2008 | 2009 | 2010 | 2011 | 2012 | 2013 | 2014 | 2015 | 2016 | 2017 | 2018 | 2019 | 2020 |
|---|---|---|---|---|---|---|---|---|---|---|---|---|---|---|---|
| 江西 | 0.554 | 0.557 | 0.559 | 0.562 | 0.561 | 0.568 | 0.573 | 0.578 | 0.579 | 0.582 | 0.589 | 0.596 | 0.598 | 0.610 | 0.620 |
| 山东 | 0.578 | 0.587 | 0.599 | 0.606 | 0.615 | 0.636 | 0.650 | 0.663 | 0.669 | 0.681 | 0.691 | 0.703 | 0.673 | 0.667 | 0.689 |
| 河南 | 0.562 | 0.566 | 0.571 | 0.576 | 0.577 | 0.589 | 0.595 | 0.608 | 0.614 | 0.619 | 0.625 | 0.635 | 0.627 | 0.641 | 0.652 |
| 湖北 | 0.563 | 0.567 | 0.572 | 0.577 | 0.580 | 0.590 | 0.598 | 0.604 | 0.610 | 0.618 | 0.625 | 0.633 | 0.625 | 0.635 | 0.642 |
| 湖南 | 0.559 | 0.563 | 0.568 | 0.572 | 0.574 | 0.584 | 0.591 | 0.598 | 0.602 | 0.609 | 0.616 | 0.623 | 0.614 | 0.622 | 0.631 |
| 广东 | 0.599 | 0.611 | 0.626 | 0.638 | 0.660 | 0.688 | 0.709 | 0.727 | 0.740 | 0.768 | 0.818 | 0.876 | 0.862 | 0.897 | 0.946 |
| 广西 | 0.554 | 0.555 | 0.557 | 0.559 | 0.560 | 0.567 | 0.569 | 0.573 | 0.575 | 0.578 | 0.582 | 0.583 | 0.577 | 0.581 | 0.584 |
| 海南 | 0.551 | 0.552 | 0.553 | 0.554 | 0.554 | 0.559 | 0.561 | 0.562 | 0.563 | 0.564 | 0.565 | 0.567 | 0.568 | 0.569 | 0.570 |
| 重庆 | 0.555 | 0.557 | 0.561 | 0.563 | 0.567 | 0.576 | 0.578 | 0.582 | 0.588 | 0.596 | 0.599 | 0.606 | 0.597 | 0.601 | 0.608 |
| 四川 | 0.560 | 0.566 | 0.571 | 0.576 | 0.577 | 0.584 | 0.594 | 0.599 | 0.604 | 0.610 | 0.617 | 0.628 | 0.609 | 0.618 | 0.625 |
| 贵州 | 0.546 | 0.548 | 0.550 | 0.551 | 0.551 | 0.557 | 0.559 | 0.564 | 0.566 | 0.567 | 0.570 | 0.577 | 0.575 | 0.577 | 0.580 |
| 云南 | 0.548 | 0.550 | 0.552 | 0.553 | 0.555 | 0.561 | 0.565 | 0.567 | 0.567 | 0.572 | 0.575 | 0.580 | 0.576 | 0.581 | 0.584 |
| 陕西 | 0.561 | 0.564 | 0.567 | 0.571 | 0.574 | 0.581 | 0.588 | 0.594 | 0.596 | 0.601 | 0.602 | 0.609 | 0.595 | 0.602 | 0.606 |
| 甘肃 | 0.548 | 0.550 | 0.552 | 0.553 | 0.555 | 0.559 | 0.562 | 0.564 | 0.565 | 0.567 | 0.568 | 0.570 | 0.566 | 0.567 | 0.570 |
| 青海 | 0.546 | 0.548 | 0.549 | 0.550 | 0.550 | 0.554 | 0.555 | 0.557 | 0.558 | 0.557 | 0.558 | 0.560 | 0.561 | 0.561 | 0.562 |
| 宁夏 | 0.549 | 0.551 | 0.553 | 0.554 | 0.553 | 0.558 | 0.559 | 0.561 | 0.561 | 0.563 | 0.565 | 0.567 | 0.565 | 0.567 | 0.568 |
| 新疆 | 0.554 | 0.556 | 0.557 | 0.559 | 0.559 | 0.565 | 0.567 | 0.568 | 0.571 | 0.572 | 0.573 | 0.576 | 0.573 | 0.575 | 0.576 |

资料来源：笔者整理所得。

## 第三节 时空特征的分析

在测度中国互联网发展和区域创新能力综合水平的基础上需要对其进行特征分析，以便明确目前中国互联网和区域创新发展动态和变化趋势。这里将从时间、空间和时空三个维度分析，时序特征分析是基于时间维度分析中国2006—2020年近15年来互联网和区域创新能力发展水平的变化趋势和增长态势，空间差异特征分析是基于空间维度分析中国30个省份互联网和区域创新能力发展水平的区域差异和空间布局，时空特征分析是将时间和空间维度相结合,探讨中国各省在2006—2020年互联网和区域创新能力发展的格局变动和演变特征。

## 一、时序特征分析

图5-3显示了2006—2020年中国互联网平均水平和区域创新能力平均水平的发展趋势。从互联网演变轨迹来看,中国互联网发展水平整体上呈现上升态势,从2006年的0.555增长到了2020年的0.666,提升了0.111个百分点,这是因为中国政府长期实施信息化战略、推动互联网广泛应用、完善互联网基础设施的成果。然而,互联网增长速度不理想,2006—2020年互联网发展水平的年均增长率仅为1.223%,每年的增长幅度始终低于0.2。可见中国互联网发展水平虽然逐年提升,但增长速度堪忧,未来一段时间仍需要继续加强互联网建设,加强互联网投资力度,鼓励各行业积极拥抱互联网,努力构建普惠互联网,提升中国互联网综合水平。从区域创新能力变化态势来看,2017年之前中国区域创新能力逐年稳步提升,但2018年突然下降,这可能是国际金融危机造成的,但整体来看,中国区域创新能力在近十五年内是有所提升的,2020年区域创新能力达到了0.633,高于2006年0.070个百分点,年增长率为0.784%。但与发达国家相比,中国的自主创新能力存在巨大的提升空间,虽然中国投入了大量的创新资源,但创新产出仍不足,目前全国的区域创新能力平均值仅为0.600,其综合水平仍具有较大的发展空间。因此,未来中国要紧抓"自主创新"战略任务,积极培育高端创新人才,推动自主创新逐渐取代模式创新,促使要素驱动向创新驱动转变,积极构建创新型国家,以创新实现经济的高质量发展。

为了更加明晰互联网和区域创新能力的发展走向,进一步从细分指标具体分析。互联网发展方面从互联网基础设施、互联网信息资源、互联网普及规模和互联网应用程度四个维度分别选取互联网宽带接入端口($X_4$)、网页数($X_6$)、互联网普及率($X_8$)和快递业务量($X_{11}$)代表性指标分析,图5-4罗

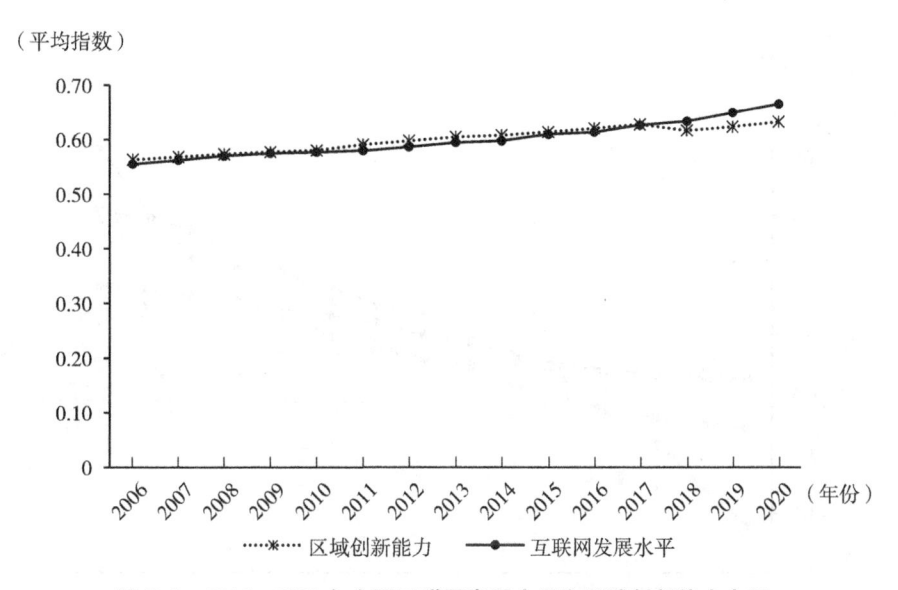

图 5-3　2006—2020 年中国互联网发展水平和区域创新能力水平

列了 2006—2020 年细分指标的标准化数据。整体来看,这些二级细分指标均呈现上升的趋势,证明互联网发展在基础设施、信息资源、普及扩展和推广应用方面均不断增强。具体来看,互联网宽带接入数量稳步上升,2020 年较 2006 年增加了 1.834,从 2014 年开始增长速度加快,说明互联网基础设施处于持续完善状态,且改进速度越来越快,这可能是因为近几年中国技术突飞猛进,加快了互联网软硬件的改进;网页数量整体增加,信息供给能力不断增强,2020 年较 2006 年增加了 0.772,2011 年之前增长速度极慢,仅仅增长了 0.204,随后增长速度加快,然而 2014 年以后速度又有所放缓,这可能是因为互联网信息资源过多导致网络信息质量下降,削弱了信息供给能力;互联网普及快速扩大,网民规模跨越式增加,2020 年的互联网普及率较 2006 年增加了 3.167,但近年来普及速度放缓,这可能是普及空间缩小的原因;快递业务持续扩大,互联网商业化现象加深,2020 年较 2006 年增加了 1.311,2011 年之前业务量几乎没有增加,在 2011 年之后快递业务量大幅度增加,这是因为互联网广泛应用到了生产生活当中,提高了商家和消费者对互联网的需求。

(标准化指数)

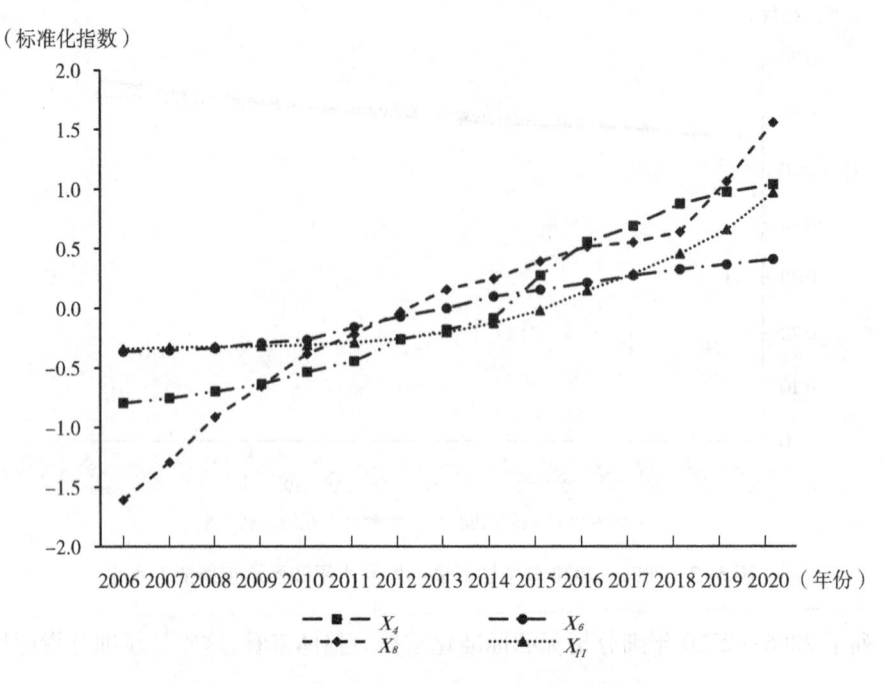

图 5-4 2006—2020 年中国互联网细分指标发展水平

在区域创新能力方面，二级指标选取科学研究与试验发展经费内部支出（$H_1$）、专利申请数（$H_4$）和技术市场成交额（$H_8$）作为创新投入、创新产出和创新环境的代表性指标，图 5-5 描绘了 2006—2020 年这些细分指标的标准化数据。具体来看，科学研究与试验发展经费内部支出在 2017 年之前逐年增加，与 2006 年相比，2017 年增加了 1.066，但 2018 年却发生了锐减，从 2017 年的 0.518 降低到了 0.178，随后逐渐回升，可见中国一直以来以持续增加投入的方式来提升区域创新能力，但这种方式很容易受到经济危机的影响。从专利申请数来看，2013 年之前申请数量不断增多，其增长速度与研发投入几乎持平，但 2013—2014 年之间创新产出略微下降，其后缓慢上升，但受 2018 年国际金融危机的冲击，专利申请数量大幅度降低，其后虽然有所回升，但是数量却始终较低，说明专利申请数受到多种因素的影响,导致专利申请数处于波动当中。从创新环境来看,技术市场活跃度稳步提升,技术市场规模持续扩大,技术交易额数量不断增多,2020年较2006年提高了1.222,可见中国政府已经意识到创新的重要性,需要持续不断优化区域、产业和企业的创新环境,以此为创新活动营造良好的环境。

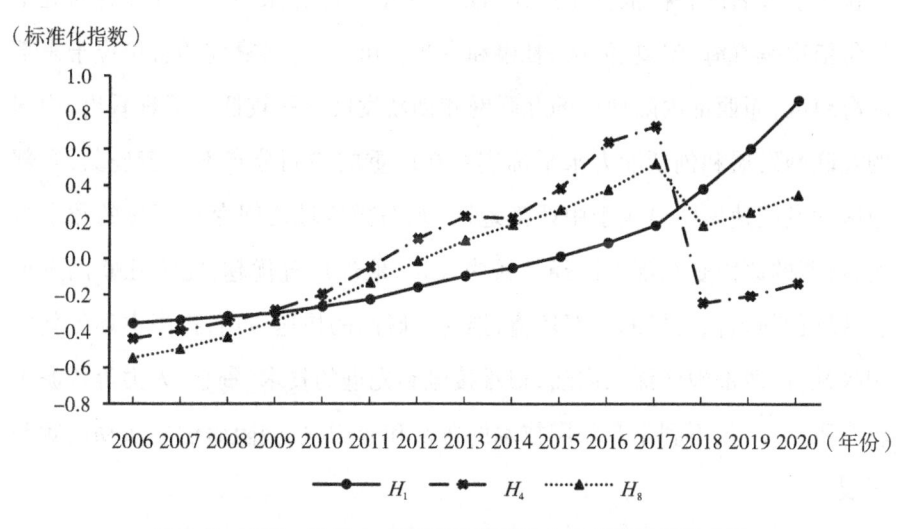

(标准化指数)

图5-5 2006—2020年中国区域创新能力细分指标发展水平

## 二、空间特征分析

为了比较不同地区互联网发展水平和区域创新能力的差异,按照传统方法,将全样本划分为东部、中部和西部三个分样本,分别求出三个地区的互联网指数和区域创新能力指数的平均值。其中东部地区包括北京、天津、河北、辽宁、上海、江苏、浙江、福建、山东、广东和海南;中部地区包括山西、吉林、黑龙江、安徽、江西、河南、湖北和湖南;西部地区包括广西、重庆、四川、贵州、云南、陕西、甘肃、青海、宁夏、内蒙古和新疆。从图5-6可以发现,东部地区的互联网发展水平最高,高于全国互联网平均水平0.032,而中西部地区远低于全国互联网平均水平,与东部地区相比,中部地区和西部地区的互联网发展水平分别降低了0.044和0.055。同样,东部地区的创新能力最强,明显高于中部地区和西部地区0.052和0.068。具体从图5-7来看,2006—2020年互联网综合水平位于前五名的省份依次是广东、北京、浙江、江苏和山东,排名最后的五个省份分别是宁夏、海南、青海、甘肃和贵州。区域创新能力水平位于前五名的省份依次是广东、江苏、浙江、北京、山东,排名最后的五个省份依次是青海、宁夏、海南、甘肃和贵州。可见,排名靠前的省份位于东部沿海地区,而西部内陆地区的互联网和创新发展水平较低。不难看出,中国的互联网发展和创新能力水平确实存在严重的空间分布不均衡现象,东部地区的发展速度明显快于中西部地区,东西部区域之间存在明显的数字鸿沟,可能的原因是东部地区经济较为发达,地理位置优越,能为互联网发展和区域创新提供良好的外部环境,推动互联网的快速应用,提高主动创新的积极性,而西部地区深入内陆,很难接触到先进的技术,资金、人力等资源也较为匮乏,不仅不利于互联网技术的普及和应用,也会阻碍创新活动的顺利开展。

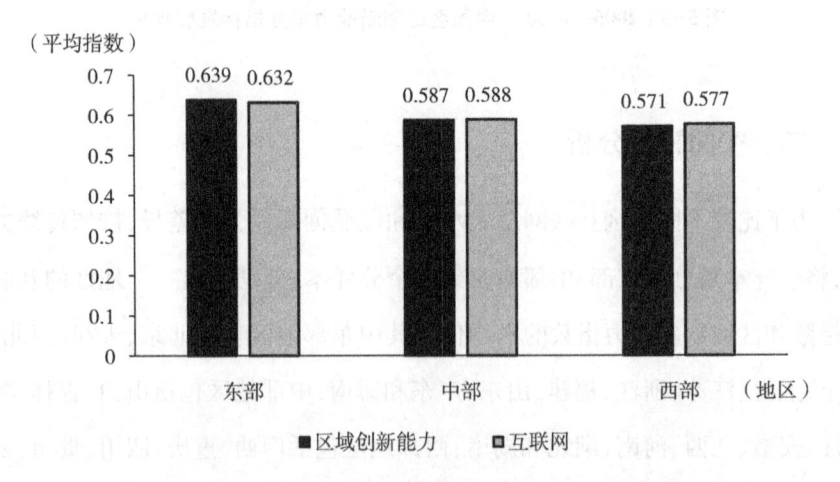

图5-6 2006—2020年中国互联网发展水平和区域创新能力水平

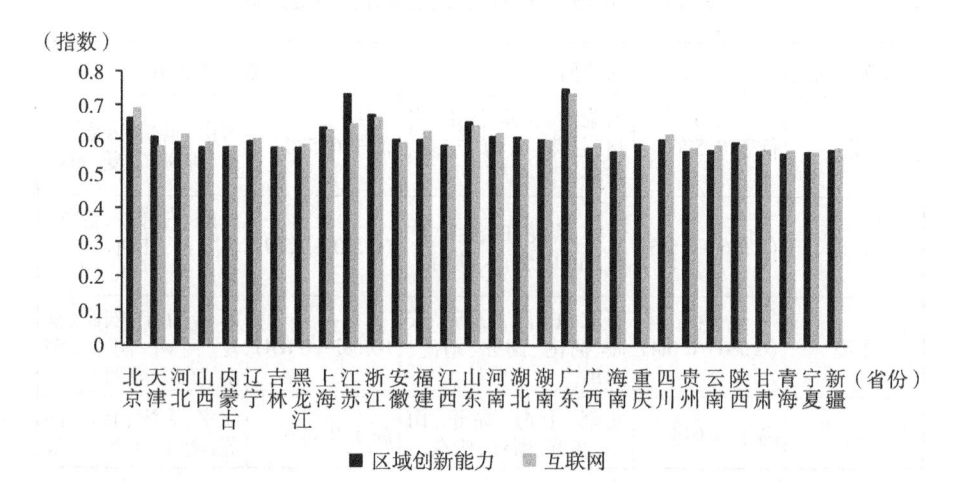

第五章　互联网和区域创新能力的发展测度体系研究

图 5-7　2006—2020 年 30 个省份互联网发展水平和区域创新能力水平

进一步,根据 25%、50% 和 75% 分位数分别将中国 30 个省份的互联网发展和区域创新能力水平划分为四个等级,具体见表 5-11。可以发现,海南、甘肃、青海、宁夏、新疆处于低互联网和低创新能力状态,这五个省份的互联网发展水平较低,互联网基础设施不完善,互联网平台尚未构建,并且区域的创新资源短缺,创新效率低下,还有很大的提升空间。黑龙江、江西、广西和重庆处于中低互联网和中低创新能力状态,这些区域的互联网已有一定的发展基础,但互联网发展优势尚未激发,同时区域创新能力发展活力不足,有待注入新的活力和寻求新动能的刺激。河北、辽宁、安徽、河南、湖北、湖南和四川处于中高互联网和中高创新能力状态,这些地区的互联网发展优势凸显,创新活动如火如荼,正处于快速发展阶段。北京、上海、山东、江苏、浙江和广东六个省份处于高互联网和高创新能力状态,这一类的区域互联网发展水平和创新能力水平相对较高,与其他省份相比具有很大的比较优势,但有可能也面临互联网资源冗余和浪费、创新质量不高的问题。

表 5-11 中国互联网和区域创新能力等级分类

| 等级分类 | 互联网 | | 区域创新能力 | |
|---|---|---|---|---|
| 低 | 低于 0.576 | 内蒙古、吉林、海南、贵州、甘肃、青海、宁夏、新疆 | 低于 0.570 | 海南、贵州、云南、甘肃、青海、宁夏、新疆 |
| 中低 | (0.576—0.586) | 天津、黑龙江、江西、广西、重庆、云南、陕西 | (0.570—0.587) | 山西、内蒙古、吉林、黑龙江、江西、广西、重庆 |
| 中高 | (0.586—0.614) | 河北、山西、辽宁、安徽、河南、湖北、湖南、四川 | (0.587—0.604) | 河北、辽宁、安徽、福建、河南、湖北、湖南、四川、陕西 |
| 高 | 高于 0.614 | 北京、上海、福建、山东、江苏、浙江、广东 | 高于 0.604 | 北京、天津、上海、江苏、浙江、山东、广东 |

## 三、时空演化分析

图 5-8 和图 5-9 刻画了东部、中部和西部地区 2006—2020 年互联网发展水平和创新能力水平的走势,可以看出三大地区的互联网发展和区域创新能力整体上呈现上升趋势,但三大地区之间的差距逐渐扩大,其中东部的发展速度最快,远远将中西部甩在了后面,而中西部之间的差距虽然也在增大,但速度较慢。具体来看,2006 年东部和中部地区、东部和西部地区、中部和西部地区的互联网发展水平分别相差 0.014、0.019 和 0.005,2020 年东部和中部地区、东部和西部地区、中部和西部地区的互联网发展水平分别相差 0.068、0.094 和 0.026,差距分别扩大了 0.054、0.075 和 0.021。同时,2006—2020 年东部和中部地区、东部和西部地区、中部和西部地区的区域创新能力水平差距分别扩大了 0.055、0.079 和 0.024。说明,目前互联网发展和区域创新能力水平"东高西低、两极分化"的空间分布特征并没有得到缓解,而是在发展水平逐渐提高的同时随着空间差距持续扩大,空间分布不均衡、不充分、不协调的现象愈加严重。

为了反映中国互联网和创新能力发展的区域差异变动特征,计算了

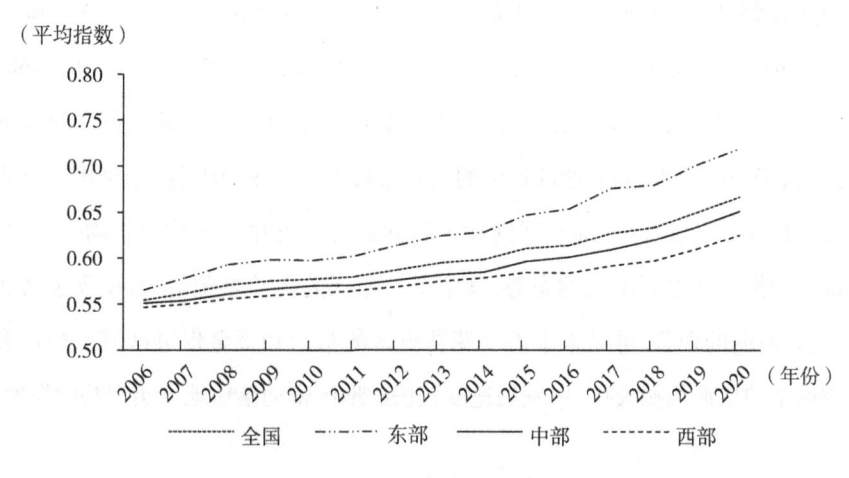

图 5-8  2006—2020 年中国互联网发展水平

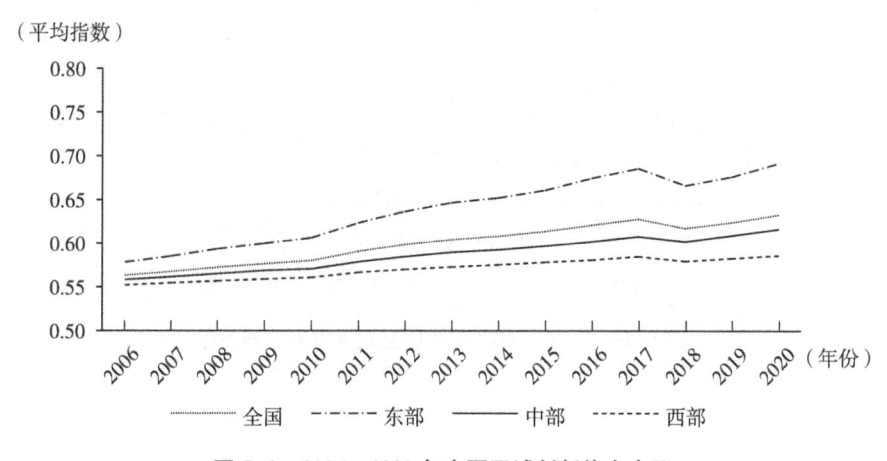

图 5-9  2006—2020 年中国区域创新能力水平

2006—2020年全国互联网发展水平和区域创新能力水平的变异系数,见图5-10和图5-11。从中可以看出,中国互联网发展水平和区域创新能力水平的变异系数整体呈现增加的趋势,从 2006 年的 0.023、0.028 增加到 2020 年的 0.116、0.134,说明中国各地区互联网发展和创新能力的差距不断扩大,数字鸿沟现象并没有得到缓解,而是愈加严重。进一步分别计算了东部、中部和西部地区的变异系数,东部、中部和西部地区的变异系数整体上表现为上升,互联网发展和区域创新能力的变异系数分别由2006年的0.027、0.005、0.009和0.030、0.006、0.010增加为2020年的0.140、0.056、0.058和0.168、0.050和0.033。其中东部地区的互联网变异系数和区域创新能力变异系数最大,高于全国水平,而中西部地区的变异系数不相上下,均远低于全国变异系数,说明中国三大地区内部互联网和区域创新发展也存在严重的不均衡现象,且这种均衡呈现逐渐增长的态势,其中东部地区的内部差距最大,呈现强者越强,弱者越弱的现象,可见未来需要花费更多的精力和资金促进区域互联网和区域创新的协调均衡发展,以发展速度较快的地区带动落后地区实现共同发展。

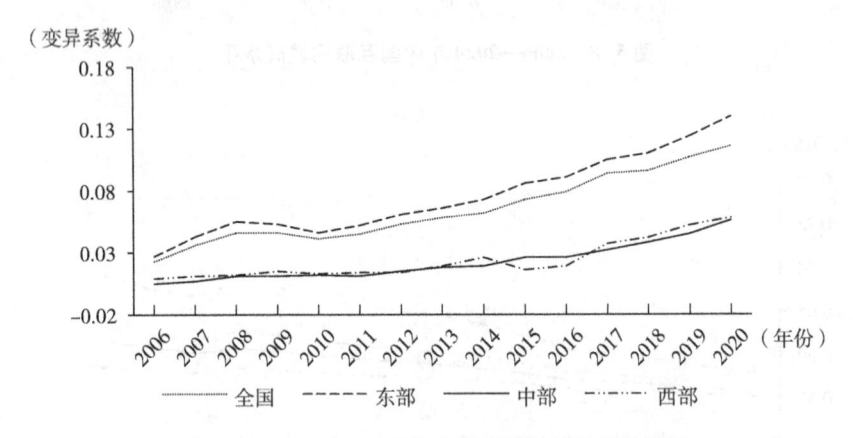

图5-10 2006—2020年中国互联网发展变异系数

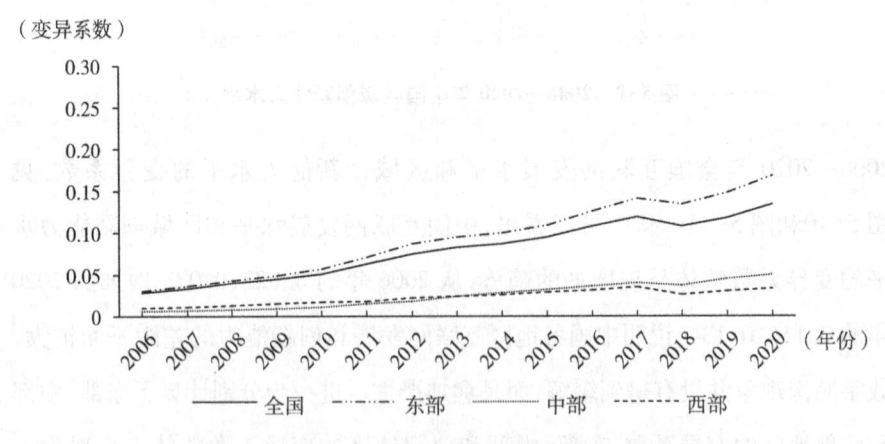

图5-11 2006—2020年中国区域创新能力变异系数

## 第五章 互联网和区域创新能力的发展测度体系研究

总之,科学测度互联网发展水平和区域创新能力是衡量互联网创新溢出效应的基本前提,在科学性、全面性、代表性、实操性和动态性的原则下,本章分别从互联网基础设施、互联网信息资源、互联网普及规模和互联网应用程度四个维度以及创新投入、创新产出和创新环境三个维度构建了互联网发展水平评价指标体系和区域创新能力综合评价指标体系,并选取 2006—2020 年 30 个省份的相关数据,运用全局主成分分析法测度了中国互联网发展指数和区域创新能力发展指数,进一步针对所得的数据分析了中国互联网发展和区域创新能力发展的时空特征。研究发现:第一,中国互联网发展水平和区域创新能力整体上呈现上升的态势,但增长速度缓慢,自主创新能力不足,与发达国家相差甚远,综合水平仍具有较大的提升空间。第二,中国互联网发展和区域创新能力存在严重的空间分布不均衡现象,整体上表现为"东部>中部>西部"的分梯度规律,这主要是由于地理位置、经济状况、资源禀赋等因素的差异造成的。第三,随着时间的推移,互联网和区域创新发展"东高西低、两极分化"的空间分布特征并没有得到缓解,而是在发展水平逐渐提高的同时随着空间差距持续扩大,空间分布不均衡、不充分、不协调的现象愈加严重。因此,未来一段时间需要继续加强互联网投资力度,努力缩小数字鸿沟,以互联网力量带动区域的创新发展,促进区域之间的溢出效应,实现区域的协调发展。

# 第六章 互联网发展对区域创新能力的线性效应

从线性视角探究互联网对区域创新能力的直接影响,厘清互联网对区域创新能力的空间溢出效应,回答互联网能否成为新时代下驱动区域创新能力的新动能,有助于中国深度打造数字经济新优势,推动互联网与区域创新的深度融合。基于2007—2020年中国30个省份的互联网发展水平和区域创新能力水平数据,利用普通固定效应和两阶段最小二乘法考察互联网对区域创新能力的影响作用及区域差异,构建空间杜宾模型检验互联网对区域创新能力的本地溢出和邻近溢出,旨在明确互联网在区域创新活动中所发挥的作用。

## 第一节 互联网对区域创新能力线性效应计量模型的设定

为了正面回答互联网对区域创新能力的影响作用,将互联网作为新时代创新投入要素纳入区域创新模型当中,来探究互联网与区域创新能力之间的关系。同时为了缓解异方差以及原始数据波动带来的负面影响,对所有连续变量取对数化处理,构建的计量模型如下所示:

$$\ln inno_{it} = \alpha_0 + \alpha_1 \ln inter_{it} + \beta \sum \ln X_{it} + u_i + \lambda_t + \varepsilon_{it} \qquad (6-1)$$

式(6-1)中，$inno_{it}$ 是被解释变量，代表 $i$ 省份在 $t$ 年的区域创新能力；$inter_{it}$ 是核心解释变量，代表 $i$ 省份在 $t$ 年的互联网发展水平；$X_{it}$ 代表影响区域创新能力的控制变量组，包括研发投入强度（$rd$）、对外开放水平（$open$）、市场化水平（$market$）、金融发展水平（$finance$）和城镇化水平（$urban$）；$\alpha_0$ 是常数项；$\beta$ 是控制变量的系数，$\alpha_1$ 是核心解释变量的估计系数，表示互联网影响区域创新能力的弹性强度；$u_i$ 是个体固定效应；$\lambda_t$ 是时间固体效应；$\varepsilon_{it}$ 是随机扰动项。

然而，区域创新发展之间可能存在空间依赖性，邻近地区互联网的发展有可能会影响本区域的创新能力。因此，这里将在公式(6-1)的基础上引入空间因素，考虑互联网发展对区域创新能力的空间溢出效应。目前，常见的空间计量模型有空间滞后模型（SLM）、空间误差模型（SEM）和空间杜宾模型（SDM）。其中空间滞后模型反映的是区域创新能力之间的空间依赖性导致的区域之间存在空间相关性，体现为邻近区域创新能力对本地区创新能力的影响，或者本地区创新能力发展对邻近区域创新能力的影响。空间误差模型解释了由不可预期因素造成的区域之间存在空间相关性，主要用于误差项中，表现为邻近地区不可观测的因素对本地区创新能力的影响，或者本地区不可观测的因素对邻近区域创新能力的影响。空间杜宾模型是两者的延伸，既考虑了区域创新能力之间的相关性，也考虑了互联网发展之间以及创新投入之间的空间相关性。同时空间杜宾模型还可以度量区域间和区域内的空间溢出效应，即互联网对区域创新能力的本地效应和邻近效应。本书的主要目的是探究区域之间互联网的发展是否能够影响其他相邻区域创新能力，故构建空间杜宾模型来探究互联网对区域创新能力的空间溢出效应。具体模型如下所示：

$$\ln inno_{it} = \rho W_{ij} \cdot \ln inno_{it} + \alpha_1 \ln inter_{it} + \sigma_1 W_{ij} \cdot \ln inter_{it} + \beta \sum \ln X_{it}$$
$$+ \varphi W_{ij} \cdot \sum \ln X_{it} + \varepsilon_{it} \qquad (6-2)$$

式(6-2)中，$W_{ij}$是$n \times n$的空间权重矩阵。$\rho W_{ij} \cdot \ln inno_{it}$是区域创新能力的空间滞后项，代表邻近地区之间区域创新能力的空间依赖性，其中$\rho$是空间滞后系数，反映了邻近地区创新发展对本地区创新能力的影响强度和方向或者本地区创新发展对邻近区域创新能力的影响强度和方向；当$\rho$为0时，表示区域创新发展之间不存在溢出效应，没有必要引入空间因素，采用普通回归方法即可，否则需要考虑空间溢出效应；当$\rho$为正时，说明创新能力在区域之间存在正向的溢出效应；当$\rho$为负时，说明创新能力在区域之间存在负向的溢出效应；$\sigma_1 W_{ij} \cdot \ln inter_{it}$是互联网发展的空间滞后项，代表邻近地区互联网发展对本地区创新能力的影响或者本地区互联网发展对邻近地区创新能力的影响；$\varphi W_{ij} \cdot \sum \ln X_{it}$是控制变量组的空间滞后项，反映了这些因素在区域创新能力依赖性中的作用；$\varepsilon_{it}$是随机扰动项；其余变量与式(6-1)相同。

## 第二节 线性效应的变量选取和数据来源

在遵循可获得性、独立性和口径统一等原则下，选择2006—2020年30个省份的面板数据作为研究样本，选择这一时间阶段的原因在于：一方面，虽然中国互联网络信息中心从1997年开始公布数据，但2006年以后互联网数据才逐渐丰富，并且网民数变量的统计口径也发生了变化，2005年之前（包括2005年）中国互联网络信息中心将网民定义为平均每周使用互联网至少1小时的中国公民，2005年之后，将平均每周使用互联网至少1小时的6周岁以上中国公民归为网民，为了保持变量的指标口径一致，本书考虑以2006年作为研究起点。另一方面是现实情况的考虑。1994年中国正式接入互联网，但当时的互联网发展处于萌芽阶段，国家尝试应用这一技术，并未影响到企业、产业和区域的创新发展。直至2003年中国电商时代的开启，激发了互联网浪潮的涌起，但当时互联网发挥作用较小，主要集中在消费互联网领域，很多企业并未意识到互联网技术的溢出效应,随着互联网技术的应用和推广,企业才开始借助互联网革新商业模式,可见互联网经济效应存在滞后性,因此本书选择了2006年作为研究起点。综上所述,2006—2020年这一时段的选择较为科学合理,不影响本书问题的研究。研究对象选择30个省份是因为西藏缺失数据较多,香港、澳门和台湾的数据不宜获取,故不考虑这些省份,最终得到450个样本量。其中有关互联网发展水平和区域创新能力的原始数据来源已在第六章中说明,在此不再赘述,研发投入强度原始数据来源于《中国科技统计年鉴》,金融发展水平原始数据来源于《中国金融年鉴》,市场化水平原始数据来源于《中国劳动统计年鉴》,其余变量的原始变量均来源于《中国统计年鉴》。所有变量的样本统计结果见表6-1。

表6-1 变量的描述性统计

| 变量属性 | 变量符号 | 变量名称 | 均值 | 标准差 | 中位数 | 最小值 | 最大值 |
| --- | --- | --- | --- | --- | --- | --- | --- |
| 被解释变量 | lninno | 区域创新能力 | -0.515 | 0.086 | -0.544 | -0.605 | -0.056 |
| 核心解释变量 | lninter | 互联网发展水平 | -0.514 | 0.083 | -0.537 | -0.619 | -0.063 |
| 控制变量 | lnrd | 研发投入强度 | -4.482 | 0.630 | -4.472 | -6.215 | -2.812 |
| | lnopen | 对外开放水平 | 7.744 | 1.641 | 7.573 | 3.128 | 11.282 |
| | lnmarket | 市场化水平 | -2.456 | 0.426 | -2.522 | -4.008 | -0.687 |
| | lnfincance | 金融发展水平 | 0.490 | 0.563 | 0.447 | -2.222 | 9.697 |
| | lnurban | 城镇化水平 | 3.988 | 0.242 | 3.984 | 3.313 | 4.495 |

被解释变量:区域创新能力($inno$)。本书第六章已经从创新投入、创新产出和创新环境构建了区域创新能力综合评价指标体系,并测度了30个省份的区域创新能力水平,这里以前文计算的区域创新能力发展指数作为区域创新能力的衡量指标。

核心解释变量:互联网发展水平($inter$)。本书第六章已经从互联网基础设施、互联网信息资源、互联网普及规模和互联网应用程度构建了互联网发展评价指标体系,并运用全局主成分分析法测度出各省份的互联网发展水平,故这里以前文计算的互联网发展指数来衡量各省份的互联网发展水平。

空间权重矩阵(W):空间权重矩阵是度量区域之间距离的主要指标,假设有 $n$ 个区域,其中区域 $i$ 和区域 $j$ 之间的距离为 $w_{ij}$,记 $w = \begin{Bmatrix} w_{11} & \cdots & w_{n1} \\ \cdots & \cdots & \cdots \\ w_{1n} & \cdots & w_{nn} \end{Bmatrix}$。

空间权重矩阵包含邻接权重矩阵、距离权重矩阵和经济权重矩阵。邻接权重矩阵是由空间单位相邻情况来确定,如果区域 $i$ 和区域 $j$ 在某个方向邻接,定义 $w_{ij} = 1$,否则为 0,根据这样规则组成的权重矩阵就是邻接权重矩阵。距离权重矩阵是基于区域之间的距离来确定的,首先定义一个固定的距离临界值,如果区域 $i$ 和区域 $j$ 之间的距离大于等于这一距离,定义 $w_{ij} = 1$,否则为 0;或者直接以区域 $i$ 和区域 $j$ 之间距离的倒数作为空间矩阵。此外,林光平等 (2005)提出相邻区域经济上的相互关系并不相同①,因此引入了经济空间权重矩阵 $W^* = W \cdot E$,其中 $W$ 是邻接空间权重矩阵,矩阵 $E$ 是主对角线元素全为 0,非主对角线的 $(i,j)$ 元素为 $E_{ij} = \dfrac{1}{|Y_i - Y_j|}$,$\overline{Y}$ 是区域的人均 GDP。这三种空间权重中,经常使用的是邻接权重矩阵和距离权重矩阵,经济空间权重矩阵主要应用于经济发展方面的研究,在这里主要研究区域之间创新能力之间的溢出,故使用邻接权重矩阵和距离权重矩阵。其中,邻接权重矩阵中

$w_{ij} = \begin{cases} 0, 区域 i 和区域 j 相邻 \\ 1, 区域 i 和区域 j 不相邻 \end{cases}$,距离权重矩阵中 $w_{ij} = \begin{cases} \dfrac{1}{d_{ij}}, i \neq j \\ 0, i = j \end{cases}$,$d_{ij}$ 是利用区域之间的经度和纬度计算的空间距离。

控制变量。区域创新发展受到了多种综合因素的影响,为了减少其他因素对本书结果造成不一致的负面影响,借鉴现有的文献研究(韩先锋等,

---

① 林光平、龙志和、吴梅:《我国地区经济收敛的空间计量实证分析:1978—2002 年》,《经济学(季刊)》2005 年第 S1 期。

2019;陈洪玮和王欢欢,2020)①②,选取以下五个变量加以控制。研发投入强度（$rd$），科学研究与试验发展投入是区域创新活动的基本物质保障,研发投入力度的增强能够给予创新活动更多的资金保障,从而激发创新主体主动开展创新活动,这里借鉴惠宁和刘鑫鑫(2020)的做法采用科学研究与试验发展经费内部支出占区域生产总值的比重来反映。③ 对外开放水平（$open$）,对外开放能够给东道国带来先进的技术和前沿的知识,能够对区域创新产生溢出效应,但国外技术的引进也对本国市场产生了挤出效应,对外开放对区域创新能力的影响尚未明晰,这里采用进出口总额与生产总值的比值来衡量对外开放水平,由于《中国统计年鉴》对货物进出口总额的统计在 2016 年之前一直"按经营单位所在地分"和"按境内目的地和货源地分"两个维度,但是在 2016 年以后按照"按收发货人所在地分"和"按境内目的地和货源地分",为了保证数据口径的一致性,本书选取"按境内目的地和货源地分"维度统计货物进出口总额,且对以美元表示的进出口总额按照中国人民银行公布的当年人民币平均汇率折合成人民币核算。市场化水平（$market$）,市场化水平的提高能够增加区域之间的竞争程度,从而激发区域以创新手段获取优势地位,这里采用国有企业就业人数占总就业人数的比例来反映,此指标属于逆指标,数值越高代表市场化水平越低;反之,其值越低市场化水平就会越高。金融发展水平（$finance$）,创新活动需要大量的资金投入,需要金融机构的资金支持,区域的金融发展水平在一定程度上制约了创新能力的提升,借鉴马微和惠宁(2018)的做法,这里采用金融机构年末贷存款余额与生产总值的比值来刻画各省份的区域金融发展水平。④ 城镇化水平

---

① 韩先锋、宋文飞、李勃昕:《互联网能成为中国区域创新效率提升的新动能吗》,《中国工业经济》2019 年第 7 期。
② 陈洪玮、王欢欢:《创新平台发展对区域创新能力的溢出效应研究》,《科学学与科学技术管理》2020 年第 3 期。
③ 惠宁、刘鑫鑫:《互联网发展与区域创新能力非线性关系研究》,《科技进步与对策》2020 年第 12 期。
④ 马微、惠宁:《金融结构对技术创新的影响效应及其区域差异研究》,《经济科学》2018 年第 2 期。

(urban),城镇化能够推动人口、资本等要素在城乡之间的流动和重组,从而聚集大量的资源要素,增强知识溢出效应,促进了区域创新活动的开展,这里采用年末城镇人口与总人口的比值来反映。

## 第三节 互联网发展对区域创新能力的直接影响检验

### 一、回归估计检验

（一）面板单位根检验

非平稳序列会导致研究结果的伪回归,因此面板数据模型在回归前需要采用单位根方法检验相关数据是否平稳。构建以下面板自回归模型:

$$y_{it} = \rho_i y_{i,t+1} + \theta_{it} x + \varepsilon_{it} \tag{6-3}$$

式(6-3)中,$i$ 代表截面,$t$ 代表时间;$\theta_{it} x$ 代表个体固定效应和时间趋势效应;$\varepsilon_{it}$ 是残差序列;$\rho_i$ 是自回归系数,如果 $\rho_i = 1$ 说明存在单位根,$y_{it}$ 序列是非平稳的,如果 $\rho_i < 1$ 说明 $y_{it}$ 序列是平稳的。为了确保估计结果的有效性,这里将采用单位根方法来验证序列的平稳性。据不完全统计,面板单位根检验方法主要有 Quah、LL、LLC、Breitung、IPS、Hadri、Abuaf-Jorion、Jorion-Sweeney、Bai-Ng、Moon-Perron、ADF-Fisher、PP-Fisher 等,其中 LLC、Breitung、IPS、ADF-Fisher 和 PP-Fisher 五种方法最为常用,它们分别对应的 Levin,Lin & Chu t 统计量、Breitung t 统计量、Im Pesaran & Shin W 统计量、ADF-Fisher Chi-square 统计量和 PP-Fisher Chi-square 统计量,原假设均为"存在单位根",备择假设为"至少存在一个序列平稳",其中 LLC、Breitung 属于同根单位根检验,IPS、ADF-Fisher 和 PP-Fisher 属于不同根单位根检验。首先,通过绘制面板序列绘制时序图粗略地发现,时序图中变量的折线是含有趋势项和截距项,因此这里将采用常数与趋势项的检验模式运用 LLC、Breitung、IPS、

ADF-Fisher、PP-Fisher 方法对区域创新能力指数的对数和互联网发展水平指数的对数以及一阶差分进行单位根检验,有关滞后阶数的选择采用 Schwarz 标准自动选择,检验结果见表 6-2。

表 6-2 区域创新能力和互联网发展水平的单位根检验

| 检验方法 | ln*inno* | ln*inno* 一阶差分 | ln*inter* | ln*inter* 一阶差分 |
| --- | --- | --- | --- | --- |
| LLC 检验 | -6.261*** | -8.604*** | 8.631 | -3.130*** |
| Breitung 检验 | 1.300 | -7.913*** | 7.414 | -7.063*** |
| IPS 检验 | -1.250 | -9.206*** | 4.723 | -9.070*** |
| ADF-Fisher 检验 | 27.119 | 167.623*** | 2.142 | 75.944* |
| PP-Fisher 检验 | 29.482 | 348.971*** | 3.019 | 339.151*** |

注:***、**、*分别表示在 1%、5% 和 10% 的水平下显著。

从表 6-2 中来看,ln*inno* 除了 LLC 检验外,Breitung、IPS、ADF-Fisher、PP-Fisher 检验均未通过 10% 的显著性检验,说明没有充分理由拒绝原假设,ln*inno* 序列是非平稳序列。随后对 ln*inno* 取一阶差分再次进行单位根检验,发现 Δln*inno* 在五种检验方法下均在 1% 的统计水平下拒绝原假设,说明 Δln*inno* 是平稳序列,因此认定 ln*inno* 是 I(1) 过程。从 ln*inter* 检验结果来看,LLC、Breitung、ADF-Fisher、PP-Fisher 检验均未通过原假设。然而,一阶差分的 ln*inter* 检验结果均显著拒绝原假设,说明 ln*inter* 也是 I(1) 过程。

(二)面板协整检验

由单位根检验可知,区域创新能力指数和互联网发展指数原序列不平稳,但其一阶差分序列均平稳,两者均属于 I(1) 过程,这里应该采取面板协整检验方法进一步判断互联网发展和区域创新能力之间是否存在长期的关系,其基本思想是如果多个单位根序列存在非平稳,但可以通过将这些变量进行线性组合以消除这种非平稳。目前协整检验从两种角度入手,分别是基于残差的面板协整检验和基于误差修正模型的协整检验。然而,基于残差的面板协整检验必须满足的假设条件是长期误差修正系数要等于短期动态调整系数,即同要素限制。然而如果这一假设过于严格,且条件难以满足时,以残差为基础的面板协整检验统计量的检验效果将大幅度降低。而基于误差修正模型的协整检验在很大程度上克服同要素限制的缺陷,且这一检验同时考虑了截面异质性、序列相关性和截面相关性。此方法提出了 $Ga$、$Gt$、$Pa$ 和 $Pt$ 四个检验统计量,原假设 $H_0$ 均为"不存在协整关系",均服从 $N \sim (0,1)$。其中 $Pa$(考虑序列相关)和 $Pt$(不考虑序列相关)统计量是从整体上检验,对截面统计量做了平均处理,备择假设 $H_1$ 是"面板整体存在一组协整关系",而 $Ga$(考虑序列相关)和 $Gt$(不考虑序列相关)统计量是针对截面进行检验,备择假设 $H_1$ 是"至少存在一组协整关系"。因此,本书将基于误差修正模型进行了面板协整检验,检验结果见表6-3。结果显示,$Gt$ 没有通过 10% 的显著性检验,但 $Ga$ 统计量却显著通过 1% 的显著性水平,说明互联网发展水平与区域创新能力之间至少存在一组协整关系。同时 $Pt$ 和 $Pa$ 统计量也在 1% 的显著性水平下拒绝了原假设,说明了面板整体存在一组协整关系,可以证明区域创新能力和互联网发展水平之间存在一定的面板协整关系,即两者之间存在显著的长期均衡关系。

表6-3 基于误差修正模型的面板协整检验结果

| 统计量 | 系数 | Z值 | P值 |
| --- | --- | --- | --- |
| $Gt$ | -2.319 | 0.252 | 0.600 |
| $Ga$ | -17.574*** | -4.674 | 0.000 |
| $Pt$ | -15.166*** | -4.186 | 0.000 |
| $Pa$ | -19.639*** | -9.798 | 0.000 |

注:***、**、*分别表示在1%、5%和10%的水平下显著。

## (三) 多重共线性检验

各变量之间存在的相关性有可能会造成伪回归现象,从而影响评估互联网对区域创新能力的影响效应。为此,在回归估计前首先要进行多重共线性检验,以保证实证结果的一致性。多重共线性检验可通过观察两两变量之间的相关性系数和方差膨胀因子(VIF)进行判断。表6-4报告了变量之间的相关系数矩阵,根据一般经验规则,如果变量之间的相关系数大于0.8,则判定为模型存在多重共线性,从表中可以看出变量之间的相关系数均低于0.8,最高是 lninter 与 lnopen 之间的相关性系数为0.642,但变量之间相关系数较低并不能代表不存在多重共线性,需要进一步借助方差膨胀因子来判定是否存在严重的多重共线性。表6-5显示了各个变量的方差膨胀因子值,经验规则表明如果方差膨胀因子值小于10判定为不存在严重的多重共线性,从表中可以看出最大的方差膨胀因子值为2.510,方差膨胀因子平均值为1.960,远远低于10,说明模型不存在严重的多重共线性。

**表6-4 解释变量的相关系数矩阵**

| 变量 | lninter | lnrd | lnopen | lnmarket | lnfincance | lnurban |
|---|---|---|---|---|---|---|
| lninter | 1.000 | | | | | |
| lnrd | 0.470*** | 1.000 | | | | |
| lnopen | 0.642*** | 0.610*** | 1.000 | | | |
| lnmarket | -0.376*** | -0.189*** | -0.331*** | 1.000 | | |
| lnfincance | 0.237*** | 0.222*** | 0.059 | 0.123*** | 1.000 | |
| lnurban | 0.587*** | 0.574*** | 0.597*** | 0.031 | 0.352*** | 1.000 |

注:***、**、*分别表示在1%、5%和10%的水平下显著。

表 6-5 方差膨胀因子

| 变量 | VIF | 1/VIF |
| --- | --- | --- |
| ln*urban* | 2.510 | 0.398 |
| ln*rd* | 2.460 | 0.407 |
| ln*open* | 2.270 | 0.440 |
| ln*inter* | 1.830 | 0.545 |
| ln*fincance* | 1.450 | 0.689 |
| ln*market* | 1.250 | 0.800 |
| VIF 平均值 | 1.960 | — |

## 二、基于全国层面的计量检验

借用散点图 6-1 初步展现了互联网与区域创新能力之间的关联性,其中横轴代表互联网发展水平,纵轴代表区域创新能力。从图中可以看出互联网与区域创新能力之间存在正向相关性,随着互联网发展水平的提高,区域创新能力也不断提升,初步验证了互联网对区域创新能力的积极影响,接下来,本书拟通过对上文构建的面板模型进行具体的实证检验以揭示两者之间的关系。表 6-6 报告了全国层面上互联网发展影响区域创新能力的回归估计结果。

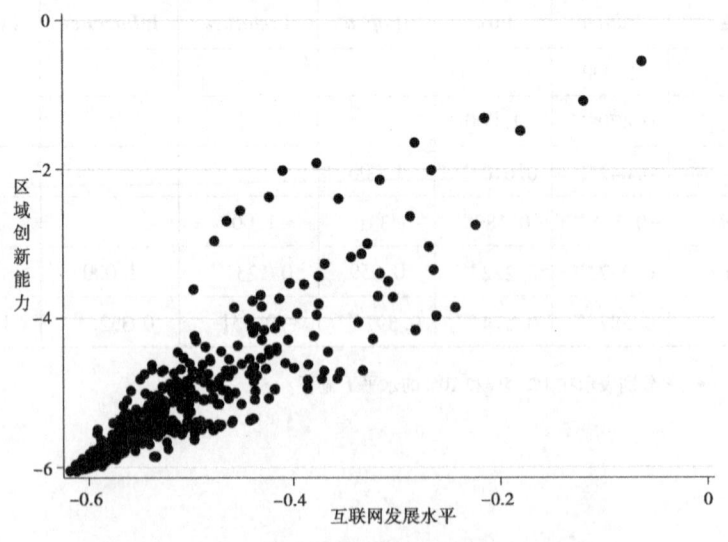

图 6-1 互联网发展水平与区域创新能力散点图

表 6-6 基于全国层面的普通面板回归结果

| 变量 | 混合效应回归 | 随机效应回归 | 固定效应回归 | 广义最小二乘法(FGLS) | 两阶段最小二乘法(2SLS) | 解释变量滞后一期的FGLS | 所有变量滞后一期的FGLS |
|---|---|---|---|---|---|---|---|
| 互联网发展水平 | 0.718*** (23.961) | 0.801*** (6.925) | 0.808*** (7.029) | 0.345*** (13.944) | 0.723*** (13.019) | 0.349*** (11.009) | 0.459*** (14.224) |
| 研发投入强度 | 0.031*** (8.792) | 0.045*** (5.445) | 0.045*** (5.621) | 0.026*** (13.475) | 0.033*** (9.227) | 0.029*** (12.566) | 0.014*** (6.231) |
| 对外开放水平 | 0.008*** (5.102) | 0.001 (0.696) | -0.000 (-0.133) | 0.002*** (3.103) | 0.008*** (4.525) | 0.001* (1.932) | 0.005*** -6.144 |
| 市场化水平 | -0.001 (-0.195) | 0.023** (2.221) | 0.027** (2.279) | -0.002 (-0.678) | -0.002 (-0.442) | -0.019*** (-4.447) | -0.004 (-1.323) |
| 金融发展水平 | -0.007** (-2.011) | -0.002 (-0.783) | -0.001 (-0.593) | -0.000 (-0.216) | -0.006 (-1.145) | -0.001 (-0.992) | 0.000 (-0.285) |
| 城镇化水平 | -0.012 (-1.166) | -0.038 (-1.436) | -0.035 (-1.212) | 0.049*** (5.518) | -0.013 (-1.533) | 0.057*** (6.406) | 0.037*** (-4.517) |
| 常数项 | -0.018 (-0.291) | 0.298 (1.402) | 0.313 (1.468) | -0.445*** (-9.706) | -0.006 (-0.086) | -0.496*** (-9.186) | -0.414*** (-8.463) |
| $R^2$ | 0.836 | — | 0.808 | — | 0.833 | — | — |
| 样本量 | 450 | 450 | 450 | 450 | 420 | 420 | 420 |
| F | 376.345 | — | 73.887 | — | — | — | — |

注:圆括号里是 t 值,***、**、*分别表示在1%、5%和10%的水平下显著。

列(1)、列(2)、列(3)分别基于混合效应模型、随机效应模型和固定效应模型估计了互联网对区域创新能力的溢出效应,发现不管采取何种方式,互联网的影响系数均在1%的显著性水平下为正,说明互联网能够对区域创新能力产生明显的正向溢出作用。经过豪斯曼(Hausman)检验发现结果显著拒绝原假设,说明采用固定效应模型回归较为科学合理,然而,模型可能存在的异方差和序列相关性,因此本书将采取广义最小二乘法(FGLS)深入探讨互联网与区域创新之间的关系,结果如列(4)所示,发现在1%的统计水平下互联网发展对区域创新能力的影响系数为 0.345,每当互联网发展水平提高1%,区域创新能力就会提升 0.345 个百分点,说明互联网能够显著促进区域创新能

### 互联网驱动区域创新能力提升的效应研究

力的提升,互联网发展水平越高,区域创新能力就会越强,验证了假设1提出的"互联网可以促进区域创新能力的提升"的论断。与其他控制变量相比,互联网发展明显高于研发投入强度、对外开放水平、市场化水平、金融发展水平和城镇化水平对区域创新能力的促进作用,这一结论与韩先锋等(2019)得出的结论保持高度一致[1],也佐证了惠宁和刘鑫鑫(2020)、张旭亮等(2017)学者有关互联网与区域创新关联性的研究结论[2][3],并从区域创新的角度否定了"索洛悖论",从而证实了互联网能够成为新时代下提升区域创新能力的新动能和新引擎,所以未来区域要重视互联网带来的红利,积极拥抱互联网技术,以"互联网+"带动传统产业的转型升级,借用互联网力量构建现代化经济体系,推动互联网与创新活动的深度融合,充分激发互联网产生的溢出效应。

另外,上述回归估计可能存在内生性问题:一方面,互联网与区域创新能力之间可能不仅是单向影响关系,有可能存在双向因果关系,互联网是提升区域创新能力的内生动力,但区域创新能力水平较高的地区也更有可能引进互联网技术;另一方面,影响区域创新能力的因素众多,虽然引入了一些控制变量进行控制,但仍存在遗漏变量的情况。为此,这里将采用互联网发展水平的滞后一期作为工具变量,利用两阶段最小二乘法(2SLS)对可能存在的内生性问题加以控制和解决,回归结果见列(5),可以发现互联网影响系数仍在1%的统计水平下显著为正,这与前文的估计结果保持高度一致,说明互联网确实能够对区域创新能力产生正向溢出效应,从而验证了基准结果的稳健性。

互联网对区域创新能力具有即时的促进作用,但一般情况下,互联网对区

---

[1] 韩先锋、宋文飞、李勃昕:《互联网能成为中国区域创新效率提升的新动能吗》,《中国工业经济》2019年第7期。

[2] 惠宁、刘鑫鑫:《互联网发展与区域创新能力非线性关系研究》,《科技进步与对策》2020年第12期。

[3] 张旭亮、史晋川、李仙德、张海霞:《互联网对中国区域创新的作用机理与效应》,《经济地理》2017年第12期。

域创新能力的影响具有滞后效应,为了验证互联网对区域创新能力的影响是否存在滞后性,这里将采用两种方式处理这种滞后效应:一是将核心解释变量互联网发展水平变量滞后一期引入模型;二是将所有变量均滞后一期纳入模型,分别采用广义最小二乘法进行计量检验,估计结果见列(6)和列(7)。发现,不论采取哪种方式,互联网发展水平变量的滞后项在1%的显著性水平下为正,表明在考虑滞后效应的情况下,互联网对区域创新能力仍然存在正向的积极影响,再次验证了前文的研究结论,同时也表明互联网对区域创新能力的促进作用存在一定的持续性。与未引入滞后项的列(4)相比,引入滞后项后的互联网发展水平变量影响系数略高,表明互联网对区域创新能力的溢出效应在当期并未完全释放,并且其滞后影响要大于当期影响。

根据列(4)的回归结果对控制变量做一简单的分析,研发投入强度变量在1%的显著性水平下为正,说明研发投入仍是区域创新活动开展的基础,研发投入强度的增强给创新活动带来了更多的资金支持,有利于创新主体进行高风险自主创新活动,提高了区域创新能力的提升。对外开放水平变量的影响系数显著为正,说明中国大力实施的"一带一路"倡议是有效的,它推动国内企业走向世界,接触先进的知识、技术、工艺和经验,并引进吸收进行二次创新,显著提升了区域创新能力。市场化水平变量为负,说明市场化水平的提高增强了区域创新能力,市场化程度越高的地区,创新资源实现了优化配置,企业之间的竞争愈加激烈,有效激发了创新主体主动创新的积极性。金融发展水平为负,表明金融发展水平的提高并未带动区域创新能力,这可能是因为目前金融机构针对创新活动的支持力度并不是很大,由于创新活动风险高,很多创新活动的资金融资渠道仍较为困难。城镇化发展水平变量的影响系数显著为正,城镇化为区域创新活动带来了所需的资源要素,加快了人们之间思想的交换和扩散,提高了基础设施的利用效率,为区域创新活动营造出良好的创新氛围,有利于区域创新能力的提升。

## 三、基于区域层面的计量检验

为了区分互联网对不同区域创新能力的差异,这里将全国样本分为东部、中部和西部地区三大样本,探究互联网创新溢出效应的差异性。为了避免异方差和序列相关性对研究结论的负面影响,这里将采用广义最小二乘法回归分析,以保证研究结论的有效性,表6-7报告了互联网对分区域创新能力的影响结果。

表6-7 基于区域层面的普通面板回归结果

| 变量 | 东部地区 | 中部地区 | 西部地区 |
| --- | --- | --- | --- |
| 互联网发展水平 | 0.416***<br>(9.009) | 0.448***<br>(10.003) | 0.319***<br>(11.891) |
| 研发投入强度 | 0.033***<br>(7.676) | 0.029***<br>(8.538) | 0.017***<br>(9.191) |
| 对外开放水平 | 0.000<br>(0.177) | 0.003***<br>(3.081) | 0.003***<br>(4.778) |
| 市场化水平 | −0.009<br>(−0.977) | −0.010**<br>(−2.513) | 0.004*<br>(1.837) |
| 金融发展水平 | −0.003<br>(−1.180) | −0.028***<br>(−4.240) | −0.000<br>(−0.384) |
| 城镇化水平 | 0.034<br>(1.180) | 0.051***<br>(3.190) | 0.033***<br>(5.860) |
| 常数项 | −0.318**<br>(−2.355) | −0.405***<br>(−4.693) | −0.440***<br>(−11.370) |
| 样本量 | 165 | 120 | 165 |

注:圆括号里是t值,***、**、*分别表示在1%、5%和10%的水平下显著。

结果显示,在三个地区中互联网对区域创新能力的影响均为正,且通过1%的显著性水平,再次验证了前文"互联网可以促进区域创新能力的提升"的研究结论,但在不同地区互联网的影响强度明显不同,每当互联网发展水平提高1%,东部、中部和西部地区的创新能力就会分别提升0.416%、0.448%和

0.319%,很明显中部地区的溢出效应最高,东部地区其次,西部地区最低,可见互联网对中部地区的促进作用要高于东部地区,说明互联网可以缩小区域之间创新能力水平的差距,促进全国各省份之间创新能力的协调发展。产生这种现象的主要原因是:对于东部地区而言,其经济发展水平较快,创新能力较强,地理位置优越,能够接触到最前沿的知识和技术,它是中国最先引进和应用互联网技术的区域,随着互联网规模的扩大和平台的推广,互联网创新溢出效应已经被超前发挥,一定程度上削弱了互联网对本地区的创新溢出效应。另外,东部地区虽然发展水平较高,但其内部贫富差距较大,从互联网发展水平来看,东部地区的标准差达到了 0.108,中西部地区分别为 0.045 和 0.040,从区域创新能力发展水平来看,东部地区的标准差达到了 0.113,中西部地区分别为 0.041 和 0.033,不难发现东部地区互联网与区域创新发展的内部波动都远高于中西部地区,表明东部地区的内部城市之间互联网与区域创新发展存在不平衡、不协调问题,从而影响信息的扩散速度,造成人才、资源、技术等创新资源无法达到优化配置,减弱了互联网对协同创新的溢出效果(邱泽奇等,2016)。[①] 对于中西部地区而言,中西部地区作为经济发展的落后地区引起了国家的高度关注,重新成为政府扶持的重点对象,新一轮西部大开发、乡村振兴战略、"一带一路"倡议等的提出给予了中西部地区大量的支持,引导更多优秀人才、众多创新资源流向此地,从而为互联网和创新创业发展营造了良好的环境。然而,西部地区经济实力较为薄弱,基础设施建设不完善,很难支撑起互联网溢出效应的发挥,对于提升创新能力还需很长的时间去调整,所以样本期内西部地区互联网对区域创新能力的促进作用最低,但是中部地区经济基础中等,人力资源和创新资源也相对丰富,目前正处于充分激发互联网潜力的阶段,而且中部地区的各个县市之间互联网发展的差距较小,互联网协同发展能够增强创新知识的溢出效应,提高创新技术引进、吸收和扩散的

---

① 邱泽奇、张樹沁、刘世定等:《从数字鸿沟到红利差异——互联网资本的视角》,《中国社会科学》2016 年第 10 期。

效果,有效提高了内部各城市创新能力的协同发展,所以中部地区互联网对区域创新能力的促进作用最强。

从控制变量来看,三个地区的研发投入强度变量的影响系数在1%的显著性水平下均为正,可见研发投入的增加明显提升了东中西部地区的创新能力。对外开放水平变量在中西部地区显著为正,但在东部地区不显著,说明扩大开放程度有利于中西部地区吸收国外先进的知识和前沿的技术,为互联网和创新创业发展营造了良好的环境,但却对东部地区的市场造成了挤出效应。市场化水平变量在东部和中部地区为负,但在西部地区却显著为正,说明市场化竞争程度的增加能够激发东部和中部地区创新主体的创新积极性,但西部地区的经济发展、基础设施、资源供给等方面发展较为缓慢,需要政府的大力支持,高市场化反而不利于西部地区创新活动的开展。金融发展水平在三大地区均为负,表明金融发展水平目前尚未对区域创新能力产生积极的影响。城镇化水平变量在中西部地区显著为正,而在东部地区不显著,这是因为中西部地区的城镇化能够带来创新要素的聚集,激发创新活动的开展,而东部地区城市已经达到了饱和状态,进一步的城镇化会挤出本地区的创新活动。

## 第四节 互联网发展对区域创新能力的空间影响检验

### 一、空间自关性检验

只有变量数据之间存在空间相关性才需在计量模型中加入空间因素,因此在回归空间计量模型之前对区域创新能力的空间相关性进行检验。目前进行空间自相关性检验时最常用的方法是计算莫兰指数(Moran's I),该指数能够科学解释整个空间序列的空间聚集情况,所对应的统计量 $I$ 是空间自相关系数,取值范围为[-1,1],其绝对值越大,代表空间之间的相关性越强,如果 $0 > I \geqslant -1$,表示区域之间存在空间负相关,高值与低值聚集;如果 $0 > I \geqslant -1$,表示区域之间存在空间正相关,高值与高值聚集,低值与低值聚集;如果 $I = 0$,表示区域之间不存在空间相关性,高值与低值呈现随机分布状态。$I$ 的计算公式见式(6-4):

$$I = \frac{\sum_{i=1}^{n}\sum_{j=1}^{n}w_{ij}(x_i - \bar{x})(x_j - \bar{x})}{\left(\dfrac{\sum_{i=1}^{n}(x_i - \bar{x})^2}{n}\right)\sum_{i=1}^{n}\sum_{j=1}^{n}j = 1} \quad (6-4)$$

表6-8报告了区域创新能力的空间相关性检验结果,由邻近空间权重矩阵得到,2006—2020年区域创新能力的莫兰指数值均显著为正,在0.166—0.209之间波动,明显拒绝了"不存在空间自相关性"的原假设;由地理距离权重矩阵得到,2006—2016年区域创新能力的莫兰指数值均显著为正,且通过10%的显著性检验,而2017—2020年区域创新能力的莫兰指数值为正但不显著。虽然有个别年份莫兰指数值不显著,但总的可以判定中国省际区域创新能力存在明显的空间自相关性和依赖性,高创新能力水平的区域与高创新能力水平区域相互聚集,低创新能力水平的区域向低创新能力水平区域相互聚集。另外,由地理距离权重矩阵得出的莫兰指数值要高于邻近空间权重矩阵得到的莫兰指数值,说明在一定范围之内区域的创新能力空间依赖性要高于相邻地区之间的正相关性,这可能是因为相邻区域之间的资源竞争会相互带来一定的挤出效应。综上得出,区域创新能力之间存在空间相关性,无法满足经典假设中数据独立分布的要求,采用普通回归模型可能会导致估计结果出现偏差,因此在探究互联网创新溢出效应过程中不能忽视空间的因素,有必要采用空间计量模型探究互联网对区域创新能力的影响。

表 6-8　2006—2020 年区域创新能力的 Moran's I 指数

| 年份 | 邻近空间权重矩阵 | | | 地理距离权重矩阵 | | |
| --- | --- | --- | --- | --- | --- | --- |
| | I 值 | Z 值 | P 值 | I 值 | Z 值 | P 值 |
| 2006 | 0.196** | 0.196 | 0.035 | 0.369*** | 2.837 | 0.005 |
| 2007 | 0.178* | 1.941 | 0.052 | 0.300** | 2.350 | 0.019 |
| 2008 | 0.193** | 2.066 | 0.039 | 0.281** | 2.213 | 0.027 |
| 2009 | 0.194** | 2.088 | 0.037 | 0.253** | 2.026 | 0.043 |
| 2010 | 0.166* | 1.844 | 0.065 | 0.221* | 1.811 | 0.070 |
| 2011 | 0.195** | 2.130 | 0.033 | 0.224* | 1.850 | 0.064 |
| 2012 | 0.201** | 2.214 | 0.027 | 0.219* | 1.839 | 0.066 |
| 2013 | 0.206** | 2.252 | 0.024 | 0.234* | 1.938 | 0.053 |
| 2014 | 0.209** | 2.273 | 0.023 | 0.242* | 1.996 | 0.046 |
| 2015 | 0.203** | 2.221 | 0.026 | 0.238** | 1.962 | 0.050 |
| 2016 | 0.197** | 2.175 | 0.030 | 0.222* | 1.861 | 0.063 |
| 2017 | 0.170* | 1.938 | 0.053 | 0.180 | 1.570 | 0.116 |
| 2018 | 0.170** | 2.000 | 0.045 | 0.169 | 1.536 | 0.125 |
| 2019 | 0.176** | 2.058 | 0.040 | 0.167 | 1.519 | 0.129 |
| 2020 | 0.184** | 2.136 | 0.033 | 0.170 | 1.543 | 0.123 |

注：***、**、*分别表示在 1%、5% 和 10% 的水平下显著。

## 二、空间杜宾模型计量检验

在考虑空间因素情形下，普通的最小二乘回归（OLS）不再适用于空间面板模型，故采用最大似然估计法估计空间杜宾模型，表 6-9 分别报告了基于邻近空间权重矩阵和地理距离权重矩阵的空间杜宾模型的估计结果。从结果来看，在两种权重矩阵之下，ρ 系数显著为正，且通过 1% 的显著性水平，说明中国省际的区域创新能力确实存在正向的空间溢出效应，相邻或者相近地区创新能力的发展能够正向影响本地区的创新能力，产生这种效果的原因可能存在以下两点：一是竞争效应，随着"创新型国家""大众创业、万众创新"等战略的提出，创新成为占领竞争优势的重要方式，因此加剧了地区之间的竞争程度，相近地区之间竞争愈加激烈，当一个地区通过创新获得租金红利时，邻近地区就会受到利益的诱惑，纷纷加入创新行列，希望通过创新行为获取区位优势，因此高创新能力水平的地区能够激发起相近地区开展创新活动的积极性。二是示范效应，相邻地区之间的行为存在示范模仿作用，一个高区域创新能力水平的地区会影响相邻地区的行为，相邻地区会借助该地区的创新资源和优势开展相应的创新行为，因此区域之间的创新行为产生了互相溢出、模仿、学习的效应。从互联网变量的估计结果来看，互联网发展水平变量的影响系数在1%的显著性水平下为正，表明在考虑空间因素的情况下，互联网对区域创新能力具有明显的促进作用，进一步证实了互联网完全可以成为区域创新能力提升的新动能，在邻近空间权重矩阵和地理距离权重矩阵下，互联网发展水平每提高1%，本区域创新能力水平就会分别提高0.725个和0.766个百分点，这一影响程度既包含本地区互联网发展带来的本地效应，也包括相邻地区带来的空间溢出效应。然而，互联网发展水平的空间滞后项在邻近空间权重矩阵和地理距离权重矩阵均显著为负，说明相邻地区互联网发展水平的提高对本地区区域创新能力产生了负面的影响，或者说本地区互联网的发展对邻近区域创新能力产生了负向溢出效应，每当相邻(本)地区互联网发展水平提高1%，本(相邻)地区的互联网发展水平就会降低0.303%或0.257%。这与惠宁和刘鑫鑫(2017)在信息化研究领域得到的结论一致，即信息化对邻边地区工业部门技术创新效率具有负面的溢出效应。[①] 究其原因，一方面，互联网技术作为创新投入的新动能和新因素，能够促进本区域创新能力的提升，提高区域的经济发展水平，这时就会吸引邻边地区的资源、人才流向本地，对邻近区域的创新活动产生了一定的挤出效应。另一方面，在互联网快速的传播优势下，一个区域创新产品能够很快地推向其他各地，尤其是邻近区域，占据邻

---

[①] 惠宁、刘鑫鑫：《信息化对中国工业部门技术创新效率的空间效应》，《西北大学学报(哲学社会科学版)》2017年第6期。

近区域相应的市场,缩减了邻近区域新产品的市场范围,从而削弱了邻近区域创新主体创新的积极性和主动性。因此,区域在互联网发展时要预防互联网溢出带来的负面影响,避免区域之间互联网基础设施的重复建设,政府也应构建公平的竞争环境,通过制定合适的策略引导区域之间建立良好的合作关系,努力让互联网成为区域共同创新的纽带。

表 6-9　互联网对区域创新能力的空间溢出估计结果

| 变量 | 邻近空间权重矩阵 系数 | $t$ 值 | $P$ 值 | 地理距离权重矩阵 系数 | $t$ 值 | $P$ 值 |
| --- | --- | --- | --- | --- | --- | --- |
| 互联网发展水平 | 0.725*** | 19.960 | 0.000 | 0.766*** | 21.840 | 0.000 |
| 研发投入强度 | 0.030*** | 6.880 | 0.000 | 0.028*** | 6.420 | 0.000 |
| 对外开放水平 | −0.004** | −2.300 | 0.022 | −0.004** | −2.240 | 0.025 |
| 市场化水平 | 0.033*** | 5.990 | 0.000 | 0.026*** | 4.990 | 0.000 |
| 金融发展水平 | −0.001 | −0.280 | 0.782 | 0.000 | −0.020 | 0.984 |
| 城镇化水平 | −0.095*** | −3.640 | 0.000 | −0.116*** | −4.540 | 0.000 |
| 互联网发展水平空间滞后项 | −0.303*** | −5.210 | 0.000 | −0.257*** | −3.500 | 0.000 |
| 研发投入强度空间滞后项 | 0.013* | 1.770 | 0.078 | 0.014* | 1.850 | 0.065 |
| 对外开放水平空间滞后项 | 0.012*** | 4.190 | 0.000 | 0.015*** | 3.910 | 0.000 |
| 市场化水平空间滞后项 | −0.043*** | −3.520 | 0.000 | 0.006 | 0.380 | 0.703 |
| 金融发展水平空间滞后项 | 0.002 | 0.270 | 0.790 | 0.011 | 1.430 | 0.154 |
| 城镇化水平空间滞后项 | 0.069** | 2.200 | 0.028 | 0.081** | 2.020 | 0.043 |
| $\rho$ | 0.319*** | 6.160 | 0.000 | 0.334*** | 5.160 | 0.000 |
| sigma² 检验 | 0.000*** | 14.870 | 0.000 | 0.000*** | 14.880 | 0.000 |

注:***、**、*分别表示在 1%、5% 和 10% 的水平下显著。

从其他变量来看,研发投入强度变量及其空间滞后项均显著为正,说明研发投入强度的增加不仅能够提升区域创新能力,而且对邻近区域的创新能力产生了正向的溢出效应。对外开放水平变量显著为负,而空间滞后项显著为正,说明对外开放对本地区创新资源和产品产生了挤出效应,但对邻近区域创新能力却产生了促进的溢出效应。市场化水平变量显著为正,空间滞后项却为负,说明低市场化有利于本区域创新能力的提升,但不利于邻近区域创新能力的发展。金融发展水平变量和空间滞后项均不显著,说明金融发展对区域创新能力的支持力度不够,并未给区域创新能力带来红利。城镇化水平变量显著为负,其空间滞后项却显著为正,说明城镇化推进并未成为本地区提升创新能力的动能,但却显著促进了邻近区域创新能力的提升。

### 三、本地效应和邻近效应的测度

以上证实了互联网对区域创新能力具有显著的促进作用,但既包括直接效应也包括反馈效应,无法直接衡量互联网对区域创新能力的影响强度。为此,莱萨格和菲希尔(Lesage 和 Fischer,2008)根据空间效应作用范围和对象将空间模型中自变量对因变量的影响分为本地效应、邻近效应和总效应[1],其中本地效应测度了自变量对本地区因变量的影响,邻近效应测度了邻近区域自变量对本地区因变量的空间溢出影响或者本地区自变量对邻近地区因变量的影响作用,总效应是本地效应和邻近效应之和。随后莱萨格和皮斯(Lesage 和 Pace,2009)提出可以通过空间回归模型偏微分方法区分自变量对因变量的本地效应、邻近效应和总效应[2],故这里将进一步对空间杜宾模型求偏微分,以便区分互联网对区域创新能力的本地溢出效应和邻近溢出效应,分解结果见表6-10。基于邻近空间权重矩阵具体分析来看,在本地溢出效应中互联网发展水平变量在1%的统计水平下显著为正,说明互联网发展对本地区区域创新能力具有显著的提升作用,但低于表6-9中互联网变量的影响系数,

---

[1] Lesage J.P., Fischer M.M., "Spatial Growth Regressions: Model Specification, Estimation and Interpretation", *Social ence Electronic Publishing*, Vol.3, No.8, 2008.

[2] Lesage J.P., Pace P.K., *Introduction to Spatial Econometrics*, New York: CRC Press, 2009, pp.34-39.

这是由邻近区域互联网发展的反馈效应为负造成的。在邻近溢出效应中，互联网发展水平变量显著为负，说明邻近区域互联网发展水平的提高却不利于本地区区域创新能力，导致互联网发展对区域创新能力的总效应低于直接影响效应，但反馈效应低于直接效应，说明溢出效应远远低于直接效应。当采用地理距离权重矩阵进行估计时，发现互联网发展水平的本地效应显著为正，然而邻近效应不显著，说明在一定距离范围内，一个地区互联网发展水平的提高并未对其他地区的创新能力存在负向的溢出效应。可见，互联网对区域创新能力的负向溢出效应存在于相邻地区，所以今后要重视相邻区域互联网发展对本地区区域创新能力的负向溢出作用，采取适当的合作措施引导区域之间的溢出效应由负为正，充分发挥互联网对区域创新能力的红利。

表 6-10 空间杜宾模型的本地效应和邻近效应估计结果

| 效应 | 变量 | 邻近空间权重矩阵 系数 | $t$ 值 | $P$ 值 | 地理距离权重矩阵 系数 | $t$ 值 | $P$ 值 |
| --- | --- | --- | --- | --- | --- | --- | --- |
| 本地效应 | 互联网发展水平 | 0.719*** | 19.200 | 0.000 | 0.767*** | 21.100 | 0.000 |
| | 研发投入强度 | 0.031*** | 7.860 | 0.000 | 0.029*** | 7.180 | 0.000 |
| | 对外开放水平 | -0.003* | -1.760 | 0.079 | -0.003* | -1.760 | 0.079 |
| | 市场化水平 | 0.030*** | 5.580 | 0.000 | 0.027*** | 5.160 | 0.000 |
| | 金融发展水平 | 0.000 | -0.200 | 0.841 | 0.001 | 0.330 | 0.741 |
| | 城镇化水平 | -0.090*** | -3.560 | 0.000 | -0.112*** | -4.570 | 0.000 |
| 邻近效应 | 互联网发展水平 | -0.102** | -2.090 | 0.037 | -0.003 | -0.040 | 0.966 |
| | 研发投入强度 | 0.030*** | 4.070 | 0.000 | 0.033*** | 4.230 | 0.000 |
| | 对外开放水平 | 0.015*** | 3.870 | 0.000 | 0.020*** | 3.800 | 0.000 |
| | 市场化水平 | -0.044*** | -2.630 | 0.008 | 0.022 | 1.060 | 0.290 |
| | 金融发展水平 | 0.002 | 0.250 | 0.804 | 0.016 | 1.470 | 0.143 |
| | 城镇化水平 | 0.052 | 1.460 | 0.144 | 0.059 | 1.200 | 0.229 |

## 第六章　互联网发展对区域创新能力的线性效应

续表

| 效应 | 变量 | 邻近空间权重矩阵 ||| 地理距离权重矩阵 |||
|---|---|---|---|---|---|---|---|
| | | 系数 | t 值 | P 值 | 系数 | t 值 | P 值 |
| 总效应 | 互联网发展水平 | 0.617*** | 9.530 | 0.000 | 0.763*** | 8.220 | 0.000 |
| | 研发投入强度 | 0.062*** | 8.530 | 0.000 | 0.062*** | 8.330 | 0.000 |
| | 对外开放水平 | 0.013*** | 2.820 | 0.005 | 0.017*** | 3.080 | 0.002 |
| | 市场化水平 | −0.015 | −0.810 | 0.418 | 0.049** | 2.170 | 0.030 |
| | 金融发展水平 | 0.002 | 0.180 | 0.861 | 0.017 | 1.410 | 0.157 |
| | 城镇化水平 | −0.038 | −1.320 | 0.188 | −0.053 | −1.250 | 0.212 |

注:圆括号里是 t 值,\*\*\*、\*\*、\* 分别表示在1%、5%和10%的水平下显著。

对其他控制变量做简单分析,研发投入强度的本地效应和邻近效应均显著为正,总效应也在1%的显著性水平下为正,表明在考虑空间溢出影响的前提下,研发投入仍对区域创新能力具有显著的促进作用,并且邻近区域研发投入强度对本地区创新能力具有正向的溢出效应,可见研发投入是影响区域创新能力的重要因素。对外开放水平变量本地效应显著为负,邻近效应显著为正,总效应显著为正,表明本区域对外开放水平阻碍了区域创新能力的提升,而邻近区域对外开放的扩大却能显著促进区域的创新能力,这可能是因为本地区对外开放水平的提高对本地区创新资源、创新市场、创新环境造成了一定的挤出效应,而邻近区域对外开放水平的扩大,使本地区既能接收到对外开放带来的好处也能削弱对外开放水平带来的挤出效应。市场化水平变量的本地效应在1%的统计水平下显著为正,邻近效应为负或不显著,说明地区政府力度的提高能够促进区域创新能力的提升,相邻区域城市化水平的提高能对本地区创新能力产生正向溢出。金融发展水平变量本地效应和邻近效应均不显著,说明在空间溢出效应下,金融发展对区域创新能力的促进作用并未发挥出来,今后需要采取一定的措施激发金融发展对区域创新能力的推动作用。城镇化水平的本地效应显著为负,邻近效应不显著,说明区域城镇化进程反而不利于区域创新能力的提升,这是因为城镇

### 互联网驱动区域创新能力提升的效应研究

化会给城市带来交通拥挤、资源紧缺、成本上市等诸多问题,不利于创新活动的开展。

总之,互联网是否能够成为驱动区域创新能力的新动能?为了正面回答这一问题,为推动"互联网+区域创新"的深度融合提供理论支撑,本章以 2007—2020 年我国 30 个省份的面板数据为样本,构建固定效应模型和空间杜宾模型深入探究互联网发展对区域创新能力的线性影响效应。首先,在通过一系列单位根检验、协整检验、多重共线性检验的基础上,采用普通固定效应、广义最小二乘法、两阶段最小二乘法等回归方法验证了互联网对区域创新能力的影响作用,发现互联网对区域创新能力具有显著促进作用,互联网发展水平每提高 1%,区域创新能力就会提升 0.345 个百分点。随后将互联网滞后项纳入模型估计,发现互联网对区域创新能力的促进作用具有明显的时滞性和持续性,且滞后促进效应大于当期影响效应,从而证实了互联网能够成为新时代下提升区域创新能力的新动能和新引擎。当将全国数据分为东部、中部和西部地区进行讨论时,发现不管在哪个区域互联网均具有显著的创新溢出效应,但影响强度存在明显的差异,其中中部地区的溢出效应最高,东部地区其次,西部地区最低,可见互联网能够有效缩小区域之间创新能力水平的差距,是促进各省份创新协调发展的重要因素。其次,考虑到区域创新能力存在空间相关性,将地理空间因素纳入模型探究在空间因素下互联网对区域创新能力的影响作用。通过空间自相关性检验发现区域创新能力存在显著空间依赖性和相关性,呈现高创新能力水平区域与高创新能力水平区域聚集、低创新能力水平区域与低创新能力水平区域聚集的规律。进一步通过构建空间杜宾模型估计了互联网对区域创新能力的空间溢出效应,发现在考虑空间因素的情况下,互联网仍具有显著的创新溢出效应,并且中国省际的区域创新能力存在正向空间溢出效应,相邻或者相近地区创新能力的发展能够正向影响本地区的创新能力,但是互联网发展对邻边地区区域创新能力提升具有负面的溢出效应,这可能是因为区域之间创新资源争夺、创新市场竞争造成的。因此,区域应加大互联网建设力度,充分发挥互联网的创新溢出效应,同时要避免互联网平台的重复建设,预防互联网溢出带来的负面影响,优化市场竞争环境,通过政策引导区域之间相互合作,促使区域之间的溢出效应由负为正。

# 第七章　互联网发展对区域创新能力的中介效应

互联网发展是如何影响区域创新的？为了打开互联网影响区域创新能力的"黑箱",明晰互联网影响区域创新能力的传导机制,本章基于2006—2020年30个省份的平衡面板数据,结合互联网发展水平指数和区域创新能力指数,通过构建中介效应模型,利用全国层面和区域层面数据从人力资本、创业活动和城市化三个渠道探究互联网对区域创新能力的影响机制,进一步分样本从东部、中部和西部地区分别探讨互联网影响区域创新能力传导路径的差异,为制定"互联网+区域创新"的融合路径提供有益的启示。

## 第一节　互联网对区域创新能力中介效应计量模型的设定

区域创新能力的提升需要多方面的支持作用,而互联网通过哪些路径驱动区域创新能力提升是需要明确的一个重点问题。从创新源头来看,任何一项科技创新都需要以人的活动为前提,人力资本是技术进步的重要源泉,而互联网改变了传统的教育模式,使学习不再受时间、空间、经济等因素的约束,不同群体可以根据自身需求提升综合素质,为区域创新提供了充足的智力支撑。

## 第七章 互联网发展对区域创新能力的中介效应

从创新形式来看,创业活动是创新能力提升的重要方式,创业活动越频繁越能带动技术创新水平的上升。互联网的出现给创业者带来了较多的创业机会,缓解了创业者资金和技术的门槛约束,降低了创业活动面临的风险和不确定,以更高质量的创业活动赋能区域创新。从创新扩散来看,城市化是创新集聚和扩散的重要渠道,城市在创新要素禀赋、创新主体、创新环境上都有得天独厚的条件,为创新主体营造了良好的创新环境。互联网则加强了农村人口参与城市化的意向,增强了城市接纳的能力,有效缩小了城乡收入差距,扩大了城市化对创新的扩散作用。

近年来,为了探究经济学中各变量之间影响的过程和作用机制,经济学领域逐渐引入"中介效应"方法,来探究自变量影响因变量的内在路径,明确回答自变量对因变量的影响是如何实现的问题。例如,考虑 X(自变量)影响 Y(因变量)的作用路径,如果 X 通过影响变量 C 而影响了 Y,就可以说 C 是中介变量。图 7-1 展示了完整的中介效应模型。

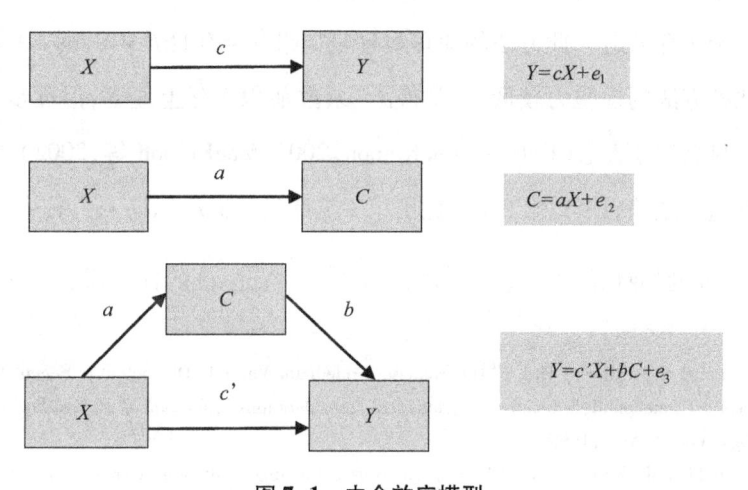

$$Y = cX + e_1$$

$$C = aX + e_2$$

$$Y = c'X + bC + e_3$$

图 7-1 中介效应模型

总体可分三个方程:一是将 Y(因变量)对 X(自变量)回归分析,估计系数 c 就是 X 影响 Y 的总效应,$e_1$ 是回归残差。二是将 Y(因变量)对 C(中间变量)回归分析,估计系数 a 就是 C 影响 Y 的效应,$e_2$ 是回归残差。三是将 Y

(因变量)同时对 $X$(自变量)和 $C$(中间变量)回归分析,估计系数 $b$ 是在控制自变量 $X$ 影响后,中间变量 $C$ 对因变量 $Y$ 的影响效应;估计系数 $c'$ 是控制中间变量 $C$ 影响后,自变量 $X$ 影响因变量 $Y$ 的直接效应;估计系数 $a \cdot b$ 的乘积是 $X$ 影响 $Y$ 的间接效应,其中,$c$(总效应)= $a \cdot b$(间接效应)+ $c'$(直接效应),中介效应值为 $ab/c$;$e_3$ 是回归残差。

使用中介效应模型前必须进行中介效应的存在性检验,即系数乘积不为 $0(a \cdot b \neq 0)$。目前,有关中介效应存在性检验最常用的方法是逐步检验回归法(Baron 和 Kenny,1999;Judd 和 Kenny,1981)[1][2],其检验程序一共分为三个步骤:第一步,检验系数 $c$ 是否显著,如果显著则进行下一步检验,若不显著表明 $X$ 对 $Y$ 没有显著的影响,中介效应就无从谈起,$X$ 与 $Y$ 之间不存在中介效应;第二步,检验系数 $a$ 是否显著,如果显著则继续下一步检验,否则说明中介效应不存在;第三步,检验 $b$ 是否显著,如果 $b$ 显著,影响系数 $c'$ 也显著,且低于 $c(c' < c)$,说明存在部分中介效应;如果 $b$ 显著,影响系数 $c'$ 不显著,说明存在完全中介效应。此方法的原理解释是如果 $a \neq 0$ 且 $b \neq 0$,则 $a \cdot b \neq 0$。然而此种方法的检验力较低,经常得出"系数乘积实际上显著,但逐步检验回归法不显著"的结论(Fritz 和 MacKinnon,2007;MacKinnon 等,2002)[3][4]。为了弥补这一缺陷,1982 年 Sobel 提出了 $z$ 统计量,即 $a = \hat{a}\hat{b}/s_{ab}$,其中 $\hat{a}$、$\hat{b}$ 分别是 $a$、$b$ 的估计系数,$s_{ab} = \sqrt{\hat{a}^2\hat{s}_b^2 + \hat{b}^2\hat{s}_a^2}$ 是 $\hat{a}\hat{b}$ 的标准误,$s_a$ 和 $s_b$ 分别

---

[1] Baron R.M., Kenny D.A., "The Moderator-mediator Variable Distinction in Social Psychological Research: Conceptual, Strategic, and Statistical Considerations", *Journal of Personality and Social Psychology*, Vol.51, No.6, 1999.

[2] Judd C.M., Kenny D.A., "Process Analysis Estimating Mediation in Treatment Evaluations", *Evaluation Review*, Vol.5, No.5, 1981.

[3] Fritz M.S., MacKinnon D.P., "Required Sample Size to Detect the Mediated Effect", *Psychological Science*, Vol.18, No.5, 2007.

[4] MacKinnon D.P., Lockwood C.M., Hoffman J.M., West S.G., Sheets V., "A Comparison of Methods to Teat Mediation and Other Intervening Variable Effects", *Psychological Methods*, Vol.7, No.1, 2002.

是 $\hat{a}$ 和 $\hat{b}$ 的标准误。通过 $z$ 统计量来检验系数 $ab$ 的乘积是否为0，如果结果显著拒绝原假设，说明存在潜在的中介效应，如果不能拒绝原假设，说明不存在中介效应，这一方法的检验力度明显强于逐步检验回归法（温忠麟等，2004）。①

为此，本书将逐步检验回归法和 Sobel 法结合起来共同检验中介效应的存在，图7-2展示了完整的检验流程。

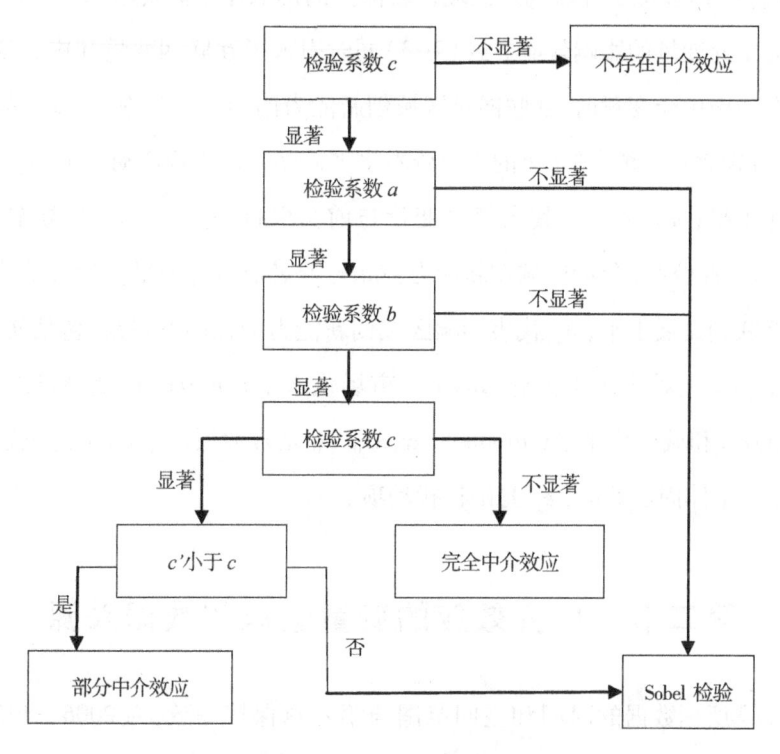

图7-2 中介效应的检验法

从第二章理论分析可知，互联网可能通过增强人力资本水平、提高创业活动水平、促进城市化进程来推动区域创新能力的提升。为了验证互联网的创

---

① 温忠麟、张雷、侯杰泰、刘红云：《中介效应检验程序及其应用》，《心理学报》2004年第5期。

新溢出效应是否存在这三方面的间接渠道,这里将借鉴温忠麟等(2014)的做法①,构建中介效应模型进行验证,具体模型如下:

$$\ln inno_{it} = \alpha_0 + \alpha_1 \ln inter_{it} + \beta \sum \ln X_{it} + u_i + \varepsilon_{it} \quad (7-1)$$

$$\ln med_{it} = \sigma_0 + \sigma_1 \ln inter_{it} + \beta \sum \ln X_{it} + u_i + \varepsilon_{it} \quad (7-2)$$

$$\ln inno_{it} = \varphi_0 + \varphi_1 \ln inter_{it} + \ln med_{it} + \beta \sum \ln X_{it} + u_i + \varepsilon_{it} \quad (7-3)$$

式(7-1)验证了互联网对区域创新能力的影响作用。式(7-2)考察了互联网对中介变量的影响效应。式(7-3)同时引入了互联网变量和中介变量,检验在考虑中介变量时,互联网对区域创新能力的影响。其中,$med_{it}$是中介变量,分别表示 $i$ 省份在 $t$ 年的人力资本水平($edu_{it}$)、创业活动水平($cy_{it}$)和城市化水平($urban_{it}$)。其余解释变量与前文保持一致,$inno_{it}$ 是被解释变量,代表 $i$ 省份在 $t$ 年的区域创新能力;$inter_{it}$ 是核心解释变量,代表 $i$ 省份在 $t$ 年的互联网发展水平;$X_{it}$ 代表影响区域创新能力的控制变量组,包括研发投入强度($rd$)、对外开放水平($open$)、市场化水平($market$)、金融发展水平($finance$)和城镇化水平($urban$);$\alpha_0$、$\sigma_0$、$\varphi_0$ 是常数项;$\alpha_1$、$\sigma_1$、$\varphi_1$ 是代估参数;$u_i$ 是个体固定效应;$\varepsilon_{it}$ 是随机扰动项。

## 第二节 中介效应的变量选取和数据来源

本章所用数据的时间和空间范围与第六章保持一致,为 2006—2020 年 30 个省份的面板数据,样本量有 450 个。人力资本水平、创业活动水平和城市化水平三个中介变量的数据均来源于《中国统计年鉴》。由于第六章已经汇报了被解释变量、核心解释变量和控制变量的基本特征,故表 7-1 仅报告了中介变量的描述性统计。其中人力资本的平均水平是 2.184,标准差为

---

① 温忠麟、叶宝娟:《中介效应分析:方法和模型发展》,《心理科学进展》2014 年第 5 期。

0.111;创业活动的平均水平是-1.312,标准差为0.557;城镇化进程的平均水平是3.988,标准差为0.242;可以发现,人力资本水平的标准差最小,说明区域之间的人力资本水平差异不大,这可能是因为网络的出现和交通的发达加快了知识和人才的流动。但创业活动水平的标准差最大,且超过了0.5,说明各个区域之间的创业活动水平差距较大,这可能是因为创业活动的开展需要一定的条件,但每个地区的发展情况不一,且政府对于创业活动的重视程度大不相同,导致区域之间创业活动水平差距较大。

表 7-1 中介变量的描述性统计

| 变量名称 | 变量符号 | 均值 | 标准差 | 中位数 | 最小值 | 最大值 |
| --- | --- | --- | --- | --- | --- | --- |
| 人力资本水平 | lnedu | 2.184 | 0.111 | 2.183 | 1.886 | 2.555 |
| 创业活动水平 | lncy | -1.312 | 0.557 | -1.355 | -2.858 | 0.175 |
| 城镇化水平 | lnurban | 3.988 | 0.242 | 3.984 | 3.313 | 4.495 |

被解释变量:区域创新能力($inno$)。第五章已经测度了30个省份的区域创新能力水平,这里以前文计算的区域创新能力发展指数作为各省份区域创新能力的衡量指标。

核心解释变量:互联网发展水平($inter$)。第五章已经测度出各省份的互联网发展水平,这里以前文计算的互联网发展指数来衡量各省份的互联网发展水平。

中介变量。互联网不仅具有直接的创新溢出效应,还可能存在间接的创新溢出效应,结合第四章的理论分析可知互联网可能通过人力资本、创业活动和城市化三大途径影响区域创新能力,所以这里选择人力资本水平、创业活动水平和城市化水平作为中介变量来检验互联网影响区域创新能力的间接渠道。(1)人力资本水平($edu$),反映了一个地区群体的整体素质,互联网的引进倒逼人们学习先进的技术,增强了知识溢出效应,推动区域人力资本水平的提升,人力资本作为创新的基本要素,有效促进了区域创新能力的提升。这里将借鉴巴伦和李(Barro 和 Lee,2000)的做法①,采用平均受教育年限来衡量,计算公式为 $edu = 0 \cdot x_1 + 6 \cdot x_2 + 9 \cdot x_3 + 12 \cdot x_4 + 16 \cdot x_5$,其中 $x_1$、$x_2$、$x_3$、$x_4$、$x_5$ 分别表示各省份从未上过学、小学、初中、高中、大专及以上教育程度人口占6岁及6岁以上人口的比重。(2)创业活动水平($cy$),是指从业者从事非农自雇活动的行为,表现为企业数量的增加和规模的扩大,目前文献中多采用企业更替率(Caves,1998)②、自我雇佣率(Arin 等,2015)③、新建企业成立比例(Kautonen 等,2014)④、企业所有权率(Carree 等,2002)⑤、每万人拥有的中小企业数量(朱盼和孙斌栋,2017)等指标反映区域创业活动水平⑥,在数据可得性的原则下,这里也从自我雇佣的视角选择个体单位与私营企业就业人数与总就业人数的比重来度量创业活动水平。(3)城市化水平($urban$),是农村群体逐渐向城市转移的一种行为表现,在一定程度上带动了要素聚集、人才聚集、技术聚集等,在网络环境中这种聚集效应更为明显,明显提高了创新资源的配置效率,推动了区域创新能力的提升。其最直接地反映在城镇人口规模的扩大,故这里将选择年末城镇人口与总人口的比值来刻画城市化水平。

控制变量。为了增强可比性和稳健性,本章选取的控制变量与第六章保持一致,选取以下五个变量作为控制变量:研发投入强度($rd$),采用科学研究与试验发展经费内部支出占区域生产总值的比重来反映。对外开放水平($open$),采用

---

① Barro R. J., Lee J. W., "International Data on Educational Attainment: Updates and Implications", *CID Working Paper*, Vol.53, No.3, 2000.

② Caves R. E., "Industrial Organization and New Findings on the Turnover and Mobility of Firms", *Journal of Economic Literature*, Vol.36, No.4, 1998.

③ Arin K. P., Huang V. Z, Minniti M, et al., "Revisiting the Determinants of Entrepreneurship: A Bayesian Approach", *Journal of Management*, Vol.41, No.2, 2015.

④ Kautonen T., Down S., Minniti M., "Ageing and Entrepreneurial Preferences", *Small Business Economics*, Vol.42, No.3, 2014.

⑤ Carree M., Stel A. V., Thurik R., Wennekers S., "Economic Development and Business Ownership: An Analysis Using Data of 23 OECD Countries in the Period 1976–1996", *Small Business Economics*, Vol.19, No.3, 2002.

⑥ 朱盼、孙斌栋:《中国城市的企业家精神——时空分布与影响因素》,《人文地理》2017年第5期。

进出口总额与生产总值的比值来反映。市场化水平（market），采用国有企业就业人数占总就业人数的比例来体现。金融发展水平（finance），采用金融机构年末贷存款余额与地区生产总值的比值来刻画。城镇化进程（urban），采用年末城镇人口与总人口的比值来衡量，其中当城市化水平作为中介变量进行检验时，为避免出现多重共线性的问题，将此控制变量舍去。

## 第三节 基于人力资本水平的中介效应检验

### 一、基于全国层面的计量检验

面板回归模型包含固定效应模型、随机效应模型和混合回归模型，回归之前需要确定面板模型类型。为此，本书采取沃尔德检验（Wald）、似然比检验（LR）检验以及豪斯曼检验筛选面板模型，结果显示所有模型均拒绝原假设，说明固定效应模型较为合适。表7-2报告了以人力资本水平作为中介变量的检验结果。列（1）是以区域创新能力作为被解释变量，探究互联网发展对区域创新能力的影响，结果显示核心解释变量互联网发展在1%的统计水平下显著为正，说明互联网对区域创新能力具有显著的促进作用，总效应为0.808。列（2）是以人力资本水平作为被解释变量考察互联网发展对人力资本水平的影响作用，发现互联网发展水平在1%的显著性水平下为正，表明互联网发展能够显著提高人力资本水平，互联网发展水平每提高1%，人力资本水平就会提高0.239个百分点。列（3）是将人力资本水平中介变量和互联网发展水平核心解释变量同时纳入区域创新模型，结果显示人力资本水平变量显著为正，说明人力资本水平对区域创新能力的提升具有显著的促进作用，可见模型存在中介效应，互联网能够通过提高人力资本水平间接促进区域创新能力。进一步看互联网发展变量回归结果，发现互联网发展水平在1%的检验水平下显著为正，且影响强度为0.775低于列（1）的0.808，说明在考虑人力资本水平因素的情况下,互联网仍能对区域创新能力产生促进作用,直接效应为0.775,间接效应为0.033,表明属于部分中介效应,即互联网通过提高人力资本水平提升区域创新能力的这条路径是成立的,但此路径并不是唯一的,该结论符合互联网影响区域创新能力存在多个间接渠道的理论假设。

表7-2 基于全国层面以人力资本水平为中介变量的检验结果

| 变量 | 区域创新能力 | 人力资本水平 | 区域创新能力 |
| --- | --- | --- | --- |
| 互联网发展水平 | 0.808*** <br> (28.265) | 0.239*** <br> (5.917) | 0.775*** <br> (26.511) |
| 人力资本水平 | | | 0.136*** <br> (3.981) |
| 对外开放水平 | 0.045*** <br> (11.649) | 0.010* <br> (1.871) | 0.043*** <br> (11.442) |
| 研发投入强度 | −0.000 <br> (−0.165) | 0.006** <br> (1.987) | −0.001 <br> (−0.554) |
| 市场化水平 | 0.027*** <br> (4.890) | −0.017** <br> (−2.127) | 0.029*** <br> (5.363) |
| 金融发展水平 | −0.001 <br> (−0.496) | −0.004 <br> (−1.085) | −0.001 <br> (−0.292) |
| 城镇化水平 | −0.035** <br> (−2.495) | 0.308*** <br> (15.311) | −0.077*** <br> (−4.423) |
| 常数项 | 0.313*** <br> (4.477) | 1.044*** <br> (10.560) | 0.171** <br> (2.211) |
| $R^2$ | 0.808 | 0.753 | 0.815 |
| 样本量 | 450 | 450 | 450 |
| F | 290.975 | 210.365 | 260.616 |

注:圆括号里是 t 值,***、**、*分别表示在1%、5%和10%的水平下显著。

由上面分析可知,提高人力资本水平是互联网发展作用于区域创新能力的渠道之一。这是因为,知识和思维是创新活动过程中最重要的催化剂,而它们的形成主要依赖于人力资本(沈国兵和袁征宇,2020)[1],人力资本水平的高

---

[1] 沈国兵、袁征宇:《企业互联网化对中国企业创新及出口的影响》,《经济研究》2020年第3期。

低是体现一个区域创新能力的重要指标。而互联网的出现改变了人才培养方式,学习不再受时间、地点、经济等条件的约束,打破了校园式、限定式的学习模式,借助网络学习平台,人们可以利用碎片化时间自由学习相应的内容,针对性全面提高自身的专业技能和整体素质。另外,知识溢出效应也被大幅度激发,互联网技术能够将杂乱无章的知识进行重新组合,并快速地散播在网络空间,人们能够通过搜索引擎寻找到自己所需的知识,并将自身的理解赋予知识更丰富的含义,在知识共享和积累的过程中,知识内容逐渐丰富,知识价值不断增加,从而在知识熏陶下培养出创新思维。

在控制变量的回归结果中,有关影响区域创新能力的其他变量已经在第七章进行了解释,在此不再赘述,主要分析影响人力资本水平的控制变量回归结果。如列(2)所示,研发投入强度和对外开放水平显著为正,说明研发投入和对外开放对人力资本水平具有明显的促进作用。市场化水平显著为负,说明市场自由更有利于人力资本水平的提升。金融发展水平为负,说明目前的金融发展政策不适应新时代人才的培养,亟须创新金融模式。城镇化水平显著为正,且通过1%的显著性水平,说明城镇化有利于人才的聚集和想法的交流沟通,增强了知识溢出的强度和扩大了知识溢出的范围,有利于全面提高人力资本水平。

## 二、基于区域层面的计量检验

为了探究人力资本中介效应的区域差异,这里将全国层面的样本分为东部、中部和西部地区三个分样本进行研究,估计结果见表7-3。从东部地区来看,列(1)互联网变量的影响系数为0.865,且在1%的显著性水平下为正,说明互联网具有明显的区域创新溢出效应。继续进行下一步检验,列(2)互联网发展水平变量的影响系数仍显著为正,互联网发展水平每提高1%,东部地区的人力资本水平就会提高0.254个百分点,表明互联网发展有利于人力资本水平的提高。列(3)互联网发展变量和人力资本水平变量的影响系数均在

1%的显著性水平下为正,且互联网发展变量的影响系数小于没考虑人力资本水平因素时的影响系数,说明在东部地区人力资本水平的中介效应完全成立,且属于部分中介效应,其中间接效应为0.106,可见促进人力资本水平是东部地区发挥互联网溢出效应的有效渠道之一。从中部地区来看,列(1)互联网发展水平显著为正,表明互联网对中部地区区域创新能力的提升具有显著的促进作用。但列(2)的互联网变量也显著为正,说明中部地区互联网发展显著推动了人力资本水平的提高,当同时纳入互联网和人力资本水平变量后,发现互联网和人力资本水平变量均在1%的显著性下为正,且互联网变量影响系数低于列(1),说明提高人力资本水平是中部地区互联网促进区域创新能力提升的有效途径。从西部地区来看,列(1)西部地区互联网发展能够对区域创新能力产生较强的溢出效应,但列(2)中互联网变量系数为负且不显著,说明西部地区的互联网发展并不能提高人力资本水平,但这无法决定是否存在人力资本水平的中介效应,进一步通过Sobel检验发现,Sobel值为0.005,$P$值为0.235,并不能拒绝原假设,说明不存在中介效应,人力资本在西部地区不是有效的中介变量,互联网无法通过人力资本这一路径间接影响区域创新能力。

表7-3 基于区域层面以人力资本水平为中介变量的检验结果

| 变量 | 东部 | | | 中部 | | | 西部 | | |
|---|---|---|---|---|---|---|---|---|---|
| | 区域创新能力 | 人力资本水平 | 区域创新能力 | 区域创新能力 | 人力资本水平 | 区域创新能力 | 区域创新能力 | 人力资本水平 | 区域创新能力 |
| 互联网发展水平 | 0.865*** (16.596) | 0.254*** (5.593) | 0.758*** (14.156) | 0.234*** (3.331) | 0.658*** (2.685) | 0.196*** (2.741) | 0.240*** (6.738) | −0.033 (−0.258) | 0.243*** (7.148) |
| 人力资本水平 | | | 0.418*** (4.749) | | | 0.058** (2.117) | | | 0.086*** (3.967) |
| 研发投入强度 | 0.049*** (5.754) | −0.004 (−0.570) | 0.051*** (6.375) | 0.033*** (6.859) | 0.022 (1.311) | 0.032*** (6.647) | 0.019*** (7.193) | 0.044*** (4.569) | 0.016*** (5.666) |
| 对外开放水平 | −0.004 (−0.814) | 0.006 (1.327) | −0.007 (−1.382) | 0.004** (2.319) | 0.001 (0.249) | 0.004** (2.305) | 0.004*** (3.682) | 0.010** (2.349) | 0.003*** (3.039) |

续表

| 变量 | 东部 |  |  | 中部 |  |  | 西部 |  |  |
|---|---|---|---|---|---|---|---|---|---|
|  | 区域创新能力 | 人力资本水平 | 区域创新能力 | 区域创新能力 | 人力资本水平 | 区域创新能力 | 区域创新能力 | 人力资本水平 | 区域创新能力 |
| 市场化水平 | 0.034*** (2.736) | -0.025** (-2.287) | 0.045*** (3.756) | 0.002 (0.355) | -0.015 (-0.676) | 0.003 (0.499) | 0.010** (2.553) | 0.025* (1.838) | 0.008** (2.054) |
| 金融发展水平 | -0.021* (-1.743) | 0.001 (0.102) | -0.021* (-1.906) | -0.015 (-1.478) | -0.019 (-0.558) | -0.014 (-1.386) | -0.001 (-1.095) | -0.005* (-1.661) | -0.001 (-0.602) |
| 城镇化水平 | 0.024 (0.427) | 0.269*** (5.498) | -0.088 (-1.539) | 0.155*** (5.292) | 0.168 (1.647) | 0.145*** (4.976) | 0.069*** (7.339) | 0.396*** (11.560) | 0.035*** (2.846) |
| 常数项 | 0.190 (0.763) | 1.103*** (5.060) | -0.270 (-1.070) | -0.887*** (-5.599) | 1.936*** (3.508) | -0.999*** (-6.069) | -0.606*** (-10.240) | 0.790*** (3.688) | -0.674*** (-11.427) |
| $R^2$ | 0.825 | 0.741 | 0.849 | 0.925 | 0.739 | 0.928 | 0.878 | 0.821 | 0.890 |
| 样本量 | 165 | 165 | 165 | 120 | 120 | 120 | 165 | 165 | 165 |
| F | 116.558 | 70.663 | 117.678 | 217.637 | 49.940 | 193.311 | 178.347 | 113.052 | 170.337 |

注:圆括号里是 $t$ 值,***、**、*分别表示在1%、5%和10%的水平下显著。

由上述研究可知,人力资本水平发挥的中介效应只在东部和中部地区成立,西部地区的互联网发展无法带动人力资本提升,故中介效应不成立。产生这样的原因可能是:西部地区引进互联网较晚,对互联网的应用集中于企业,将互联网运用于学习方面并未引起人们的重视,所以对于人力资本的作用有限。另外,互联网学习平台的构建需要一定的资金和基础设施,然而西部地区的经济实力不及东部地区,基础设施也不完善,阻碍了互联网对人力资本的影响作用。

对控制变量做简单描述,以人力资本的影响因素为主。研发投入强度和对外开放水平变量在西部地区显著为正,在东部和中部地区不显著,说明研发投入和对外开放对人力资本水平的提升仅仅体现在西部地区,而对东中部影响不大。市场化水平变量在东部地区显著为负,中部地区为负不显著,在西部地区显著为正,说明市场自由化有利于促进东部地区人力资本水平,尚未在中西部地区发挥作用,这是因为东部地区市场较为活跃,竞争力较大,越有利于激发人们的潜力。金融发展水平变量在东部和中部地区不显著,在西部地区显著为负,说明在东部和中部地区金融发展水平对人力资本水平没有显著的提升作用,且对西部地区人力资本提升产生了不利影响。城镇化水平变量在三个地区均为正,说明城镇化进程的推进有利于人力资本的形成。

## 第四节 基于创业活动水平的中介效应检验

### 一、基于全国层面的计量检验

表7-4报告了以创业活动水平作为中介变量的检验结果。列(1)考察了互联网发展对区域创新能力的影响,结果显示互联网发展对区域创新能力具有显著的促进作用,互联网发展水平每提高1%,区域创新能力就会提高0.808个百分点。列(2)反映了互联网对创业活动水平的影响作用,发现互联网发展变量显著为正,且通过1%的显著性水平,说明随着互联网发展水平的提高,创业活动水平也随之提高。列(3)将互联网发展水平和创业活动水平变量同时纳入模型当中,探究在考虑创业活动水平的前提下,互联网发展对区域创新能力的影响,结果显示在控制创业活动水平的情况下,互联网能够显著推动区域创新能力,且促进效应低于不考虑创业活动水平时的溢出效应。然而,创业活动水平为正不显著,说明创业活动对区域创新并没有发挥溢出效应。在这种情况下,无法确定中介效应是否存在,需要进一步进行Sobel检验,结果显著拒绝原假设,说明存在中介效应,且中介效应在总效应中的占比为6.563%,可见提高创业活动水平是互联网影响区域创新能力的间接渠道,各区域可以鼓励大众创业,激发互联网的创新溢出效应。产生这种效应的主要原因可能:一是互联网的出现使信息逐渐透明化,各类信息充斥在网络空间中,当人们进行看电视、刷视频、听音乐等线上活动时,能够及时发现和意识到商机的存在,萌生出创新创业的想法,将一些冷门或新奇的商品推出市场,全面激活了市场潜力,增强了开展创新活动的可能性。二是互联网技术简化了

冗余的政府申报流程,人们可以通过网络实现"一站式"的企业注册,无须消耗时间、人力、财力。同时互联网金融在一定程度上缓解了人们创办企业的资金约束,也提供了较多的消费信息,降低了企业进入市场的门槛,激发了人们开展创业活动的积极性。对影响创业活动水平的控制变量做简单的分析。研发投入强度显著为负,说明增加研发投入不利于激发创业活动,这可能是研发投入的增加使更多的人追求机会型创业,这一创业类型的数量在较短的时间内并不能急剧增加,在一定程度上也挤出了生存型创业,整体上减少了创业的数量。对外开放水平为正但不显著,说明扩大对外开放对于鼓励创业活动的影响是正面的,但目前仍未发挥显著的作用。市场化水平变量在1%的水平下显著为正,说明市场自由化极大地促进了创业活动水平的提高。金融发展水平变量为负不显著,说明目前的金融机构尚未对创业活动产生积极的影响,甚至产生了负面影响。城镇化水平在1%的统计水平下显著为正,说明城市化产生的人群聚集、产业聚集以及企业聚集有利于创业活动水平的提高。

表7-4 基于全国层面以创业活动水平为中介变量的检验结果

| 变量 | 区域创新能力 | 创业活动水平 | 区域创新能力 |
| --- | --- | --- | --- |
| 互联网发展水平 | 0.808***<br>(28.265) | 2.711***<br>(10.463) | 0.792***<br>(24.635) |
| 创业活动水平 | | | 0.006<br>(1.112) |
| 研发投入强度 | 0.045***<br>(11.649) | -0.063*<br>(-1.794) | 0.045***<br>(11.705) |
| 对外开放水平 | -0.000<br>(-0.165) | 0.019<br>(1.045) | -0.000<br>(-0.222) |
| 市场化水平 | 0.027***<br>(4.890) | 0.163***<br>(3.253) | 0.026***<br>(4.654) |
| 金融发展水平 | -0.001<br>(-0.496) | -0.019<br>(-0.915) | -0.001<br>(-0.446) |

续表

| 变量 | 区域创新能力 | 创业活动水平 | 区域创新能力 |
|---|---|---|---|
| 城镇化水平 | -0.035** <br> (-2.495) | 2.066*** <br> (16.053) | -0.048*** <br> (-2.648) |
| 常数项 | 0.313*** <br> (4.477) | -8.170*** <br> (-12.899) | 0.362*** <br> (4.378) |
| $R^2$ | 0.808 | 0.783 | 0.809 |
| 样本量 | 450 | 450 | 450 |
| $F$ | 290.975 | 249.076 | 249.726 |

注：圆括号里是 $t$ 值，***、**、*分别表示在1%、5%和10%的水平下显著。

## 二、基于区域层面的计量检验

为了探究创业活动的中介效应是否在东部、中部和西部地区也存在，这里将全国层面的样本分为东部、中部和西部地区三个分样本进行研究，回归结果见表7-5。从东部地区来看，列(1)的互联网发展水平的影响系数为0.865，且在1%的水平下显著，说明东部地区互联网发展对区域创新能力促进作用的总效应为0.865。列(2)互联网发展水平变量的影响系数也显著为正，表明互联网发展有利于创业活动水平的提升，东部地区互联网发展水平每提高1%，区域创业活动水平就会提高2.669个百分点。列(3)同时考虑互联网发展水平和创业活动水平因素，发现互联网变量显著为正，但影响系数低于列(1)，且创业活动水平变量也显著为正，可见提高创业活动水平是东部地区互联网作用于区域创新能力的间接渠道。从中部地区的回归结果来看，互联网可以通过推动创业活动的路径实现创新溢出。具体来看，列(1)的核心解释变量互联网发展的回归系数显著为正，说明中部地区的互联网发展也存在较强的创新溢出效应。继续观察列(2)的回归结果，发现互联网发展变量在1%的统计水平下仍显著为正，说明中部地区互联网的发展对于创业活动水平也产生了较强的正向溢出效应。列(3)中互联网变量的影响系数由列(1)的

0.234降低到了0.154,显著性水平也由1%降低到5%。同时创业活动水平变量的影响系数在1%的显著性水平下为正,证实中介效应的存在,创业活动水平是中部地区互联网影响区域创新能力的间接渠道,间接效应为0.082。对于西部地区的回归结果进行分析,由列(1)可得互联网对区域创新能力的影响在1%的统计水平下显著,可见西部地区的互联网发展对区域创新能力具有明显的促进作用。由列(2)分析可知,互联网发展水平变量为正但不显著,说明西部地区的互联网发展对创业活动并未产生作用。进一步通过Sobel检验,发现Sobel值为0.001,P值为0.816,明显不能拒绝原假设,证实了中介效应不成立。这可能是因为西部地区经济发展缓慢、基础设施落后、融资机制不完善,虽然有政府的大力支持,但落后的发展给互联网的溢出效应带来了较大的限制,互联网只能在个别地区发挥红利,还不能完全普及互联网的使用,尚未完全激发互联网对区域创业活动的溢出作用,在一定程度上还阻碍了互联网对创业活动的促进作用。所以西部地区首先应提升本地区的经济实力,为互联网的落地提供坚实的基础。而东部和中部地区应该抓住创业活动这一中介效应,通过提高创业活动水平充分发挥互联网的创新溢出效应。

表7-5 基于区域层面以创业活动水平为中介变量的检验结果

| 变量 | 东部 区域创新能力 | 东部 创业活动水平 | 东部 区域创新能力 | 中部 区域创新能力 | 中部 创业活动水平 | 中部 区域创新能力 | 西部 区域创新能力 | 西部 创业活动水平 | 西部 区域创新能力 |
|---|---|---|---|---|---|---|---|---|---|
| 互联网发展水平 | 0.865*** (16.596) | 2.669*** (11.828) | 0.846*** (11.607) | 0.234*** (3.331) | 5.128*** (3.642) | 0.154** (2.164) | 0.240*** (6.738) | 0.014 (0.016) | 0.240*** (6.721) |
| 创业活动水平 | | | 0.007 (0.369) | | | 0.016*** (3.378) | | | 0.002 (0.566) |
| 研发投入强度 | 0.049*** (5.754) | -0.041 (-1.090) | 0.050*** (5.748) | 0.033*** (6.859) | -0.227** (-2.356) | 0.037*** (7.761) | 0.019*** (7.193) | 0.107* (1.664) | 0.019*** (7.033) |
| 对外开放水平 | -0.004 (-0.814) | -0.029 (-1.224) | -0.004 (-0.771) | 0.004** (2.319) | 0.002 (0.049) | 0.004** (2.414) | 0.004*** (3.682) | 0.094*** (3.374) | 0.004*** (3.389) |
| 市场化水平 | 0.034*** (2.736) | -0.273*** (-5.011) | 0.036*** (2.663) | 0.002 (0.355) | 0.501*** (3.985) | -0.006 (-0.872) | 0.010** (2.553) | 0.723*** (7.879) | 0.008* (1.830) |

续表

| 变量 | 东部 区域创新能力 | 东部 创业活动水平 | 东部 区域创新能力 | 中部 区域创新能力 | 中部 创业活动水平 | 中部 区域创新能力 | 西部 区域创新能力 | 西部 创业活动水平 | 西部 区域创新能力 |
|---|---|---|---|---|---|---|---|---|---|
| 金融发展水平 | -0.021* (-1.743) | -0.125** (-2.432) | -0.020 (-1.632) | -0.015 (-1.478) | 0.026 (0.131) | -0.015 (-1.592) | -0.001 (-1.095) | -0.028 (-1.297) | -0.001 (-1.027) |
| 城镇化水平 | 0.024 (0.427) | 1.590*** (6.557) | 0.013 (0.200) | 0.155*** (5.292) | 1.932*** (3.302) | 0.124*** (4.249) | 0.069*** (7.339) | 2.737*** (12.060) | 0.064*** (4.802) |
| 常数项 | 0.190 (0.763) | -6.932*** (-6.406) | 0.239 (0.845) | -0.887*** (-5.599) | -6.143*** (-1.938) | -0.791*** (-5.142) | -0.606*** (-10.240) | -10.365*** (-7.293) | -0.586*** (-8.471) |
| $R^2$ | 0.825 | 0.873 | 0.825 | 0.925 | 0.804 | 0.932 | 0.878 | 0.831 | 0.879 |
| 样本量 | 165 | 165 | 165 | 120 | 120 | 120 | 165 | 165 | 165 |
| F | 116.558 | 169.352 | 99.343 | 217.637 | 72.618 | 206.500 | 178.347 | 121.362 | 152.212 |

注：圆括号里是 $t$ 值，***、**、*分别表示在1%、5%和10%的水平下显著。

由以上分析可知，创业活动水平对互联网创新溢出效应的中介效应仅在东部和中部地区成立，西部地区不存在创业活动的中介效应。其中东部地区的间接效应值为0.019，中部地区为0.082，创业活动的中介效应在中部地区更加强烈。另外，从列(2)各个地区互联网发展对创业活动水平的影响作用来看，三个地区的互联网发展水平变量在东部和中部地区显著为正，且中部地区的影响强度较强，而西部地区却不显著，这可能是西部地区的经济发展实力、基础设施构建、金融服务水平均处于落后状态，不利于创业活动的开展；而中部、东部地区经济实力较强，消费者需求较大，基础设施也很完善，更有利于激发创业活动的开展，发挥互联网对创业活动的推动作用，但东部地区发展速度较快，已经消耗掉了互联网对创业活动的溢出效应，而中部地区正处于完全释放互联网红利的阶段。

简单对中介变量的影响因素进行分析。研发投入强度变量在东部地区为负不显著，在中部地区显著为负，在西部地区显著为正，说明研发投入强度对西部地区的创业活动水平具有显著的提升作用，但在东中部地区却没发挥出提升作用。对外开放水平在东部地区为负不显著，在中部地区为正不显著，但在西部地区在1%的显著水平下为正,说明对外开放水平对东部和中部地区的创业活动的影响尚未发挥作用,在西部地区对外开放对创业活动水平具有明显的促进作用,这是西部地区近年来大力推广"一带一路"倡议的结果。市场化水平在东部地区显著为负,在中西部地区显著为正,说明市场自由化有利于东部地区创业活动的开展,而政府支持更有利于中西部地区创业活动的开展。金融发展水平在东部地区显著为负,在中西部地区不显著,说明金融机构并未发挥应有的作用,创业融资困难现象仍然存在。城镇化水平在东部、中部和西部地区均通过1%的显著性水平为正,证实了城镇化发展在创业活动中所起的作用。

## 第五节 基于城市化进程的中介效应检验

### 一、基于全国层面的计量检验

由理论分析可知,互联网能够促进城市化进程,产生集聚效应,从而推动区域创新能力的提升,这里将采用中介效应模型检验互联网对区域创新能力的影响是否存在城市化中介效应,回归结果见表7-6。首先,不考虑城市化水平变量时检验互联网发展对区域创新能力的影响作用,根据列(1)可以看出互联网发展对区域创新能力的回归系数为0.764,且在1%的统计水平下为正,说明互联网对区域创新能力具有显著的促进作用。其次,检验互联网发展对城市化水平的影响,列(2)结果显示互联网发展对城镇化水平的影响系数为1.236,且在1%的显著性水平下为正,互联网发展水平每提高1%,城镇化水平就会提高1.236%。最后,将互联网发展变量和城镇化水平变量同时纳入区域创新模型中来探究在考虑城镇化水平的情形下互联网发展对区域创新能力的影响,见列(3),城市化水平变量显著为负,互联网发展水平显著为正,且互联网发展水平变量的影响系数大于列(1),不满足第三步中介效应检验,需要进行 Sobel 检验,结果证明城市化水平是有效的中介变量。

表 7-6 基于全国层面以城市化水平为中介变量的检验结果

| 变量 | 区域创新能力 | 城市化水平 | 区域创新能力 |
| --- | --- | --- | --- |
| 互联网发展水平 | 0.764*** (33.648) | 1.236*** (15.834) | 0.808*** (28.265) |
| 城市化水平 |  |  | −0.035** (−2.495) |
| 研发投入强度 | 0.043*** (11.328) | 0.042*** (3.230) | 0.045*** (11.649) |
| 对外开放水平 | −0.002 (−0.991) | 0.043*** (6.723) | 0.000 (−0.165) |
| 市场化水平 | 0.028*** (5.089) | −0.033* (−1.743) | 0.027*** (4.890) |
| 金融发展水平 | −0.002 (−0.939) | 0.029*** (3.606) | −0.001 (−0.496) |
| 常数项 | 0.158*** (4.927) | 4.383*** (39.875) | 0.313*** (4.477) |
| $R^2$ | 0.805 | 0.631 | 0.808 |
| 样本量 | 450 | 450 | 450 |
| F | 343.599 | 142.209 | 290.975 |

注:圆括号里是 t 值,***、**、*分别表示在 1%、5% 和 10% 的水平下显著。

综上可知,城市化进程是互联网影响区域创新的传导路径之一。在城镇化影响区域创新方面,杨维等(2019)、吴福象和沈浩平(2013)均证实了城镇化对区域创新能力的溢出效应。[①][②] 卢卡斯(Lucas,1988)提出城镇化进程随着要素集聚与经济发展,是促进技术创新的重要因素之一。[③] 在推动城

---

① 杨维、姚程、苏梦颖:《城镇化水平影响创新产出的地区差异性和空间依赖性——基于非空间面板与空间面板模型的实证分析》,《中国软科学》2019 年第 7 期。
② 吴福象、沈浩平:《新型城镇化、创新要素空间集聚与城市群产业发展》,《中南财经政法大学学报》2013 年第 4 期。
③ Lucas,R.E.,"On the Mechanics of Economic Development",*Journal of Monetary Economic*,Vol.22,No.1,1998.

市化的过程中,人口聚集带动了生产要素的聚集,大量优质的人才资源和物质资源都向城市流动,不仅缓解了创新活动资源的困难,还带动了思想的聚集和知识的溢出,而且消费需求也得到了持续升级,人们更加追求个性化产品和定制化产品,有效推动了区域创新能力的提升。在互联网影响城市化进程方面,对此合理的解释是:互联网加快了人才、技术、物质等要素的聚集,通过网络人们能够体验到城镇的生活优势,农村人口向往城市完善的基础设施、高昂的就业工资、良好的教育资源等,城市化意识愈加强烈。同时,互联网与各个经济社会领域的融合使生活更加便捷,网络购票成为潮流,人们可以借助12306网站实现实时购票,从而加快了人口的流动,有效推动了城镇化进程。

对城市化水平的影响因素做简单分析。研发投入强度变量在1%的统计水平下显著,说明研发投入有利于带动城市技术水平的提高,推动城市生活的现代化、数字化和智能化,从而显著提高城市的生活水平。对外开放水平显著为正,说明对外开放促使人们形成共享开放的思维,增强了人们对优质生活的追求,明显推动了城市化进程。市场化水平显著为负,表明市场化有利于激活企业、产业和区域的自由竞争,促使资源能够实现优化配置,对城市化产生了积极的影响。金融发展水平显著为正,说明金融发展是城市化进程中的重要因素,高金融发展水平能够缓解现存的融资困难问题,使城市中的中小企业顺利进入市场,同时也能吸引更多的企业入驻城市,引发对人才、物质等要素资源的高需求,进一步推动城市化进程。

## 二、基于区域层面的计量检验

为了进一步厘清在不同地区城镇化水平对互联网创新溢出中介效应的差异,这里将30个省份分为东部、中部和西部地区进行分析,中介效应的检验结果见表7-7。首先,分析东部地区的回归情况,列(1)的互联网发展影响系数为0.878,且通过1%的显著性水平,表明在东部地区互联网对区域创新能力具有显著的促进作用。列(2)探究互联网对城镇化水平的影响作用,结果显示互联网发展变量显著为正,影响系数为0.583,说明东部地区的互联网发展有利于推动城市化进程。列(3)同时探究了互联网发展和城镇化水平对区域创新能力的影响作用,发现互联网发展变量在1%的统计水平下显著为正,城市化水平变量不显著,进一步通过Sobel检验发现,$P$值为0.918,不能显著拒绝"$ab=0$"的原假设,说明中介效应是不存在的,说明东部地区的城市化发展不是互联网影响区域创新能力的中介变量。其次,分析中部地区的估计结果,当不考虑城市化因素时,互联网变量的影响系数为0.533,且在1%的检验水平下显著,说明中部地区的互联网创新溢出效应是显著的。列(2)结果显示互联网变量的影响系数在1%的显著性水平下为正,每当互联网发展水平提高1%,中部地区的城市化水平就会提高1.933%。进一步看列(3)的回归结果,发现互联网变量和城镇化水平均显著为正,且互联网变量的影响系数低于不考虑城镇化水平时的影响系数,说明城镇化水平是中部地区互联网影响区域创新能力的部分中介变量。最后,分析西部地区的回归情况,列(1)中的互联网变量显著为正,说明西部地区的互联网发展对区域创新能力提升具有显著的促进作用。列(2)互联网变量也在1%的统计水平下显著,说明西部地区互联网发展有利于城市化进程的提高,互联网发展水平每提高1%,西部地区的城市化水平就会提高3.193%。列(3)中城镇化水平变量显著为正,互联网发展水平变量也显著为正,且低于列(1)的影响系数。可以看出,三个方程均通过了中介效应检验,城镇化水平可以成为西部地区推动互联网创新溢出效应的部分中介变量。

表 7-7 基于区域层面以城镇化水平为中介变量的检验结果

| 变量 | 东部 区域创新能力 | 东部 城市化水平 | 东部 区域创新能力 | 中部 区域创新能力 | 中部 城市化水平 | 中部 区域创新能力 | 西部 区域创新能力 | 西部 城市化水平 | 西部 区域创新能力 |
|---|---|---|---|---|---|---|---|---|---|
| 互联网发展水平 | 0.878*** (21.693) | 0.583*** (9.809) | 0.865*** (16.596) | 0.533*** (11.378) | 1.933*** (13.957) | 0.234*** (3.331) | 0.462*** (20.854) | 3.193*** (19.360) | 0.240*** (6.738) |
| 城市化水平 | | | 0.024 (0.427) | | | 0.155*** (5.292) | | | 0.069*** (7.339) |
| 研发投入强度 | 0.051*** (6.598) | 0.066*** (5.826) | 0.049*** (5.754) | 0.044*** (8.896) | 0.068*** (4.722) | 0.033*** (6.859) | 0.021*** (6.697) | 0.022 (0.964) | 0.019*** (7.193) |
| 对外开放水平 | −0.004 (−0.733) | 0.025*** (3.165) | −0.004 (−0.814) | 0.007*** (3.594) | 0.017*** (3.126) | 0.004** (2.319) | 0.004*** (3.093) | −0.001 (−0.137) | 0.004*** (3.682) |
| 市场化水平 | 0.033*** (2.736) | −0.064*** (−3.657) | 0.034*** (2.736) | 0.010 (1.427) | 0.049** (2.410) | 0.002 (0.355) | 0.008* (1.871) | −0.021 (−0.628) | 0.010** (2.553) |
| 金融发展水平 | −0.020* (−1.696) | 0.045*** (2.668) | −0.021* (−1.743) | 0.007 (0.675) | 0.139*** (4.644) | −0.015 (−1.478) | 0.000 (0.414) | 0.020*** (2.667) | −0.001 (−1.095) |
| 常数项 | 0.293*** (4.467) | 4.303*** (44.656) | 0.190 (0.763) | −0.080* (−1.669) | 5.214*** (36.812) | −0.887*** (−5.599) | −0.213*** (−7.256) | 5.664*** (25.892) | −0.606*** (−10.240) |
| $R^2$ | 0.825 | 0.722 | 0.825 | 0.905 | 0.932 | 0.925 | 0.834 | 0.803 | 0.878 |
| 样本量 | 165 | 165 | 165 | 120 | 120 | 120 | 165 | 165 | 165 |
| F | 140.604 | 77.431 | 116.558 | 204.068 | 291.900 | 217.637 | 150.020 | 121.712 | 178.347 |

注:圆括号里是 t 值,***、**、* 分别表示在 1%、5%和 10%的水平下显著。

综上分析可知,城市化进程是中西部地区互联网影响区域创新能力的间接途径之一,但却不是东部地区互联网影响区域创新能力的有效渠道。从中西部地区的中介效应值来看,中部地区的间接效应为 0.299,直接效应为 0.234;西部地区的间接效应为 0.220,直接效应为 0.240,可见城市化进程在中部地区的互联网创新溢出效应中所起的中介效应最强。另外,比较各个地区的列(2)回归结果可以看出,东部、中部和西部地区的互联网变量影响系数分别为 0.583、1.933 和 3.193,西部地区最大,中部地区其次,东部地区最小,说明互联网对中西部地区城市化进程的提升效应要强于东部地区,究其原因可能是因为东部地区的城市化进程过快,近年来一直向外扩展,城市内人口过于密集,资源要素缺乏,不足以支撑进一步的城市化,从而弱化了互联网对城市化的推动作用。而中西部地区正好相反,尤其是西部地区,农村地区的基础设施落后,有些地区都无法支撑人们的生活,更别提推动区域的经济发展,很多地区提倡以城镇化脱贫的方针,故互联网在这个过程中起的作用较大,可见互联网是缩小区域之间城市化水平差距的重要因素,所以西部地区要加快完善互联网基础设施,提高互联网普及率,以便缩小与东部地区的城市化水平差距。

最后,对影响城镇化进程的因素做简单分析。研发投入强度在东中部地区显著为正,而西部地区却不显著,说明研发投入产生的技术溢出只能在东部和中部地区发挥作用,西部地区基础设施落后、经济发展缓慢无法适用研发投入的技术溢出,所以研发投入仅对东部和中部地区的城市化进程起提升作用。对外开放水平变量在东中部地区显著为正,在西部地区不显著,说明对外开放给东中部地区带来了先进的技术,有利于推动东中部地区的城镇化进程,而对外开放对西部地区产生了挤出效应,并不能对西部地区的城镇化进程产生作用。市场化水平变量在东部地区显著为负,在中部地区显著为正,在西部地区为负不显著,说明市场化更有利于东部地区的城市化,而政府干预更有利于西部地区的城市化,但市场化并不是西部地区城市化过程中的重要因素。金融发展水平变量在东中部地区显著为正,说明金融机构的发展能够缓解地区的资金约束,从而推动城市化进程。

总之,互联网发展是如何影响区域创新的?为了打开互联网影响区域创新能力的"黑箱",明晰互联网影响区域创新能力的传导机制,本章基于2006—2020年30个省份的平衡面板数据,结合互联网发展水平指数和区域创新能力指数,利用中介效应模型分别从全国层面和区域层面探究了人力资本、创业活动和城市化在互联网影响区域创新能力过程中所起的间接作用。结果显示:从人力资本视角来看,人力资本是互联网产生创新溢出效应的主要渠道之一,即互联网发展能够提高人力资本水平,进而促进区域创新能力的提升,可见通过提高人力资本水平能够间接提高互联网的创新溢出效应,但这种路径并不是唯一的,互联网影响区域创新能力还存在多个间接渠道。并且这种中介效应仅在东部地区和中部地区成立,西部地区的互联网发展无法带动人力资本的提升,中介效应不成立。从创业活动视角来看,创业活动在互联网发展对区域创新能力的影响过程中起着显著的中介传导作用,可以通过鼓励区域积极开展创业活动,激发互联网的创新溢出效应。但从区域差异来看,这种中介作用只在东部地区和中部地区显著,而创业活动却不是西部地区互联网创新溢出的有效途径。从城市化视角来看,城镇化水平是互联网影响区域创新能力的部分中介变量,互联网发展能够通过推动城市化进程进而提升区域创新能力。而且这种效应在不同区域表现出明显的差异,中部地区和西部地区的城市化中介效应明显,但却不是东部地区互联网创新溢出的有效途径。因此。这一研究一方面打开了互联网影响区域创新能力的"黑箱",从人力资本水平、创业活动水平和城镇化水平三方面明晰了互联网创新溢出效应的中间渠道,深化了学术界有关互联网对区域创新的影响机理。另一方面,为"互联网+区域创新"深度融合提供了有益的启示,有效打破了互联网推动区域创新能力提升的单一渠道,从不同渠道促进互联网与区域创新能力的深度融合,区域可以通过积极推动"互联网+人力资本""互联网+创业活动""互联网+城市化"等方式。

# 第八章 互联网发展对区域创新能力的网络效应

互联网发展对区域创新能力具有显著的促进作用,互联网已然成为推动区域创新能力的新动能。然而,互联网具有网络效应,其对区域创新能力的影响效应不仅仅是线性拟合关系,而是存在复杂的非线性动态特征。为了全面分析互联网与区域创新能力之间的关系,本章将基于非线性视角,分析互联网驱动区域创新能力的网络效应,进一步揭示互联网创新溢出效应的约束机制。

## 第一节 互联网对区域创新能力网络效应计量模型的设定

互联网发展的核心在于满足社会经济发展中信息互联互通的内在需求,而这种需求的满足会受到互联网规模及其发展水平的约束。梅特卡夫定律指出,随着网络用户的增多,网络价值呈现出指数级的增长规律。在互联网发展初期,互联网基础设施不完善,网络使用范围较小,只有很少的群体能够相互交换信息,而且需要承担高昂的运营成本,这时无法发挥互联网互联互通的功能。随着网络节点的不断增加,网络规模和范围持续扩大,各类互联平台应运而生,各个领域的企业引入互联网技术,借助互联网的通信功能实现沟通交

## 第八章 互联网发展对区域创新能力的网络效应

流,不仅推动了知识信息的溢出,而且网络活动的边际成本显著降低,这时的互联网价值呈现爆发式增长。互联网对区域创新能力的影响可能存在非线性效应,当互联网发展水平跨越一定的门槛后,互联网创新溢出的网络效应将会凸显。

为了避免人为划分样本区间产生主观偏误,将借助汉森(Hansen,2000)提出的面板门槛回归模型①,根据数据本身的特点内生划分各省份的因素区间,以互联网发展水平($inter$)为门槛变量构建互联网发展对区域创新能力的非线性模型。

$$\begin{aligned}\text{lninno}_{it} &= \vartheta_1 \text{lninter}_{it} \cdot I(\text{lninter}_{it} \leqslant \gamma_1) + \\ &\quad \vartheta_2 \text{lninter}_{it} \cdot I(\gamma_2 \geqslant \text{lninter}_{it} > \gamma_1) + \cdots + \\ &\quad \vartheta_n \text{lninter}_{it} \cdot I(\text{lninter}_{it} \leqslant \gamma_n) + \beta \sum \ln X_{it} + \varepsilon_{it}\end{aligned} \quad (8-1)$$

式中,$i$ 代表区域,$t$ 代表时间;$inno_{it}$ 是被解释变量,代表 $i$ 省份在 $t$ 年的区域创新能力;$inter_{it}$ 既是核心解释变量也是门槛变量,代表 $i$ 省份在 $t$ 年的互联网发展水平;$X_{it}$ 代表影响区域创新能力的控制变量组,包括研发投入强度($rd$)、对外开放水平($open$)、市场化水平($market$)、金融发展水平($finance$)和城镇化水平($urban$);$\gamma$ 为待估的门槛值;$I(*)$ 是指示函数,当括号内条件满足时,取值为1,否则为0;$\vartheta_1 - \vartheta_n$ 是待估参数;$\varepsilon_{it}$ 是随机干扰项。

将式(8-1)写成矩阵形式化简得:

$$\text{lninno} = X(\gamma)\vartheta + \varepsilon \quad (8-2)$$

$\gamma$ 已知的前提下,式(8-2)变为参数线性模型,可利用 OLS 回归得到残差平方和为:

$$S_1 = \hat{e}_{it}(\gamma)' \hat{e}_{it}(\gamma) \quad (8-3)$$

---

① Hansen B. E., "Sample Splitting and Threshold Estimation", *Econometrica*, Vol.68, No.3, 2000.

门槛值的估计值 $\hat{\gamma}$ 即为使 $S_1$ 最小的 $\gamma$ 值, 即

$$\hat{\gamma} = \operatorname{argmin}(S_1) \tag{8-4}$$

根据式(8-4)估计出门槛值后代入式(8-2)即可通过 OLS 得到其他待估计的参数。门槛效应的检验主要需要有两方面:一是检验门槛效应是否存在;二是检验门槛值是否等于真实值。门槛效应存在性的检验中假设 $H_0:\beta_1 = \beta_2$(不存在门槛效应),构建 $F$ 统计量: $F = \dfrac{S_0 - S_1(\hat{\gamma})}{\sigma^2}$, 其中 $S_0$、$S_1$ 分别表示不存在门槛效应和存在门槛效应时的 OLS 残差平方和; $\sigma^2 = \dfrac{S_1(\hat{\gamma})}{[n(T-1)]}$。由于 $F$ 统计量不服从标准的 $\chi^2$ 分布,汉森利用自抽样(Bootstraps)方法获得 $F$ 统计量的渐进分布,创造了经验 $P$ 值来判断是否拒绝原假设。在检验门槛估计值($\gamma$)是否等于真实值($\gamma_0$)中,假设 $H_0:\gamma = \gamma_0$; $H_1:\gamma \neq \gamma_0$, 构建似然比检验统计量: $LR(\gamma) = \dfrac{S_1(\gamma) - S_1(\hat{\gamma})}{\sigma^2}$, 似然比检验统计量不服从标准正态分布,汉森计算了非拒绝域 $c(\alpha)$, 即在 $\alpha$ 显著水平下,当 $LR(\gamma) > c(\alpha)$ 时,拒绝原假设(其中 $c(\alpha) = -2\log[1 - \sqrt{1-\alpha}]$)。

另外,互联网发展与区域创新能力之间的非线性关系是否会受到内外部环境的约束?创新环境是保障区域创新能力提升的重要因素,包括创新内部环境和创新外部环境(惠宁等,2021)。[①] 创新内部环境强调各区域内自身经济条件对创新活动的支持,这里选取要素禀赋来刻画。创新外部环境则偏向于制度、经济等因素对创新活动的规范与支持,这里选取产业结构和知识产权保护来衡量。采用汉森的面板门槛模型,以要素禀赋($endow$)、产业结构($str$)和知识产权保护($ipr$)为门槛变量,构建如下模型:

---

[①] 惠宁、马微、刘鑫鑫:《互联网发展对中国区域创新能力的影响及地区差异研究》,《北京工业大学学报(社会科学版)》2021 年第 2 期。

$$\mathrm{lninno}_{it} = \vartheta_1 \mathrm{lninter}_{it} \cdot I(\mathrm{lnendow}_{it} \leqslant \gamma_1) + \vartheta_2 \mathrm{lninter}_{it} \cdot I(\gamma_2 \geqslant \mathrm{lnendow}_{it} > \gamma_1)$$
$$+ \cdots + \vartheta_n \mathrm{lninter}_{it} \cdot I(\mathrm{lnendow}_{it} \leqslant \gamma_n) + \beta \sum \mathrm{ln} X_{it} + \varepsilon_{it} \quad (8-5)$$

$$\mathrm{lninno}_{it} = \vartheta_1 \mathrm{lninter}_{it} \cdot I(\mathrm{lnstr}_{it} \leqslant \gamma_1) + \vartheta_2 \mathrm{lninter}_{it} \cdot I(\gamma_2 \geqslant \mathrm{lnstr}_{it} > \gamma_1)$$
$$+ \cdots + \vartheta_n \mathrm{lninter}_{it} \cdot I(\mathrm{lnstr}_{it} \leqslant \gamma_n) + \beta \sum \mathrm{ln} X_{it} + \varepsilon_{it} \quad (8-6)$$

$$\mathrm{lninno}_{it} = \vartheta_1 \mathrm{lninter}_{it} \cdot I(\mathrm{lnipr}_{it} \leqslant \gamma_1) + \vartheta_2 \mathrm{lninter}_{it} \cdot I(\gamma_2 \geqslant \mathrm{lnipr}_{it} > \gamma_1)$$
$$+ \cdots + \vartheta_n \mathrm{lninter}_{it} \cdot I(\mathrm{lnipr}_{it} \leqslant \gamma_n) + \beta \sum \mathrm{ln} X_{it} + \varepsilon_{it} \quad (8-7)$$

式中，$endow_{it}$、$str_{it}$、$ipr_{it}$ 是门槛变量，分别表示 $i$ 省份在 $t$ 年的要素禀赋、产业结构和知识产权保护。其他变量定义与前文相同，此处不再赘述。

## 第二节 网络效应的变量选取和数据来源

为了具有可比性，本章采用的数据与前文保持一致，即 2006—2020 年 30 个省份（香港、澳门、台湾和西藏的数据除外）的面板数据。互联网发展和区域创新能力的数据来自第五章的测度结果，控制变量数据来源于历年的《中国科技统计年鉴》《中国金融年鉴》《中国统计年鉴》《中国劳动统计年鉴》。由于第七章已经汇报了被解释变量、核心解释变量和控制变量的基本特征，故表 8-1 仅报告门槛变量的描述性统计。具体变量做如下设定：

表 8-1 门槛变量的描述性统计

| 变量名称 | 变量符号 | 均值 | 标准差 | 中位数 | 最小值 | 最大值 |
| --- | --- | --- | --- | --- | --- | --- |
| 互联网发展水平 | lninter | -0.514 | 0.083 | -0.537 | -0.619 | -0.063 |
| 要素禀赋 | lnendow | 9.273 | 0.801 | 9.245 | 7.413 | 10.734 |
| 产业结构 | lnstr | -0.003 | 0.412 | -0.092 | -0.694 | 1.667 |
| 知识产权保护 | lnipr | 13.422 | 1.896 | 13.413 | 8.585 | 18.019 |

被解释变量：区域创新能力（$inno$）。中国 30 个省份 2006—2020 年的区域创新能力数据采用第六章基于全局主成分分析法测度出来的结果。

核心解释变量:互联网发展水平(inter)。中国30个省份2006—2020年的互联网发展水平数据采用第六章基于全局主成分分析法测度出来的结果。

门槛变量。首先选取互联网发展水平(inter)作为门槛变量来揭示互联网发展与区域创新能力之间的非线性关系及门槛特征。此外,考虑到互联网发展对区域创新能力的网络效应会受到内外部环境约束的限制,这里分别选择要素禀赋(endow)、产业结构(str)和知识产权保护(ipr)三个环境变量来探究互联网发展影响区域创新能力的约束机制。(1)要素禀赋,一个地区的要素禀赋包含自然资源、物质资本、人力资本、基础设施等多方面,考虑到区域互联网的创新溢出效应受物质投资的影响较大,这里将从物质资本禀赋方面采用物质资本存量来体现区域要素禀赋,该指标的测算借鉴单豪杰(2008)的永续盘存法,选择9.6%的折旧率,以2000年为基准利用固定资产价格指数进行平减所得。① (2)产业结构(str),产业结构的衡量指标随着工业化的发展表现出明显的不同。"工业化"进程表现为第一产业比重降低,第二产业和第三产业的比重提高,顾雪松等(2016)和孙正(2016)等学者就采用第二产业、第三产业与国内生产总值比重来衡量产业结构。②③ 而"后工业化"进程表现为第三产业比重高于第二产业(干春晖等,2011)④,原毅军和谢荣辉(2014)则采用各省份第三产业增加值与第二产业增加值的比重来度量产业结构水平⑤,本书将借鉴这种思想采用第三产值与第二产值的比值来刻画后工业化时代的产业结构水平。(3)知识产权保护(ipr),国外学者刻画知识产

---

① 单豪杰:《中国资本存量K的再估算:1952—2006年》,《数量经济技术经济研究》2008年第10期。
② 顾雪松、韩立岩、周伊敏:《产业结构差异与对外直接投资的出口效应——"中国—东道国"视角的理论与实证》,《经济研究》2016年第4期。
③ 孙正:《"营改增"视角下流转税改革优化了产业结构吗?》,《中国软科学》2016年第12期。
④ 干春晖、郑若谷、余典范:《中国产业结构变迁对经济增长和波动的影响》,《经济研究》2011年第5期。
⑤ 原毅军、谢荣辉:《环境规制的产业结构调整效应研究——基于中国省际面板数据的实证检验》,《中国工业经济》2014年第8期。

权保护水平经常会采用 G-P 指数,此指标适合于司法制度健全的国家,对中国并不完全适用,虽然刘小鲁(2011)和李平等(2013)对 G-P 指数进行了修订①②,但仍高估了中国的知识产权保护水平(刘思明等,2015)。③ 而技术转让市场规模能够较好地反映地区的知识产权保护,基于该指标来衡量知识产权保护水平具有综合性和客观性等诸多优点(靳巧花和严太华,2017)④,国内众多学者均采用技术转让市场规模来反映知识产权保护水平(胡凯等,2012;李莉等,2014)⑤⑥,本书将借鉴该做法采用技术市场成交额来刻画。

控制变量。本章选取的控制变量有研发投入强度($rd$)、对外开放水平($open$)、市场化水平($market$)、金融发展水平($finance$)和城镇化进程($urban$),变量的具体含义和度量指标与第六章保持一致,这里不再赘述。

## 第三节 互联网发展对区域创新能力的网络效应检验

### 一、基于全国层面的计量检验

基于以上的数据和模型,这里将采用门槛面板技术检验互联网发展对区域创新能力的网络效应。回归之前,需要检验互联网发展对区域创新能力的

---

① 刘小鲁:《知识产权保护、自主研发比重与后发国家的技术进步》,《管理世界》2011 年第 10 期。

② 李平、宫旭红、齐丹丹:《中国最优知识产权保护区间研究——基于自主研发及国际技术引进的视角》,《南开经济研究》2013 年第 3 期。

③ 刘思明、侯鹏、赵彦云:《知识产权保护与中国工业创新能力——来自省级大中型工业企业面板数据的实证研究》,《数量经济技术经济研究》2015 年第 3 期。

④ 靳巧花、严太华:《自主研发与区域创新能力关系研究——基于知识产权保护的动态门限效应》,《科学学与科学技术管理》2017 年第 2 期。

⑤ 胡凯、吴清、胡毓敏:《知识产权保护的技术创新效应——基于技术交易市场视角和省级面板数据的实证分析》,《财经研究》2012 年第 8 期。

⑥ 李莉、闫斌、顾春霞:《知识产权保护、信息不对称与高科技企业资本结构》,《管理世界》2014 年第 11 期。

影响是否存在门槛效应,以此确定本书的门槛个数、门槛值和面板模型。以互联网发展水平为门槛变量,采用汉森的"自举法"对 $P$ 值作估算,检验结果见表8-2,发现不管是否控制变量,互联网发展水平变量均显著通过三重门槛检验,当不考虑门槛变量是门槛值为-0.526、-0.430和-0.376,当纳入控制变量后三个门槛值变为-0.597、-0.519和-0.376,说明互联网发展与区域创新能力之间不仅仅是线性关系,而是复杂的非线性关系,互联网发展对区域创新能力的影响存在三重门槛效应,这一结果具有一定的稳定性和可靠性。

表8-2 基于全国层面的互联网发展门槛存在性检验

| 检验 | 模型 | 门槛值 | $F$ 值 | $P$ 值 | BS 次数 | 临界值 90% | 95% | 99% |
|---|---|---|---|---|---|---|---|---|
| 不考虑控制变量 | 单一门槛 | -0.526 | 11.689*** | 0.000 | 300 | 2.788 | 4.010 | 6.101 |
| | 双重门槛 | -0.430 | 16.255*** | 0.000 | 300 | 2.927 | 4.740 | 6.694 |
| | 三重门槛 | -0.376 | 4.650** | 0.023 | 300 | 2.609 | 3.500 | 6.916 |
| 考虑控制变量 | 单一门槛 | -0.597 | 11.222*** | 0.003 | 300 | 2.704 | 3.458 | 6.634 |
| | 双重门槛 | -0.519 | 11.526*** | 0.000 | 300 | 2.862 | 3.746 | 4.967 |
| | 三重门槛 | -0.376 | 10.311*** | 0.003 | 300 | 2.551 | 3.218 | 8.148 |

注:***、**、*分别表示在1%、5%和10%的水平下显著。

从门槛存在性检验结果分析可知,应该采用三重门槛回归模型检验互联网与区域创新能力之间的非线性关系,估计结果见表8-3。从中不难发现,无论是否考虑控制变量,互联网发展水平在四个区间内均在1%的检验水平下显著为正,说明互联网发展与区域创新能力之间存在显著的正向非线性关系。具体对模型2分析,根据-0.597、-0.519和-0.376三个门槛值将互联网发展水平分为四个阶段,当互联网发展水平处于不同区间时,互联网的创新溢出效应表现出明显的差异。当互联网发展水平低于-0.597时,互联网发展水平变量在1%的显著性水平下为0.845,表明第一门槛区间内互联网发展对区域创新能力具有显著的促进作用,每当互联网发展水平提高1%,区域创新能力就会提高0.845。当互联网发展水平大于-0.597且小于-0.519时,互联网发展水平变量仍显著通过1%的检验水平,且影响系数较第一门槛区间有所提高,表明在第二门槛区间内互联网仍存在显著的创新溢出效应,且互联网发展对区域创新能力的促进作用增强。当互联网发展水平大于-0.519且小于-0.376时,互联网发展水平变量仍显著通过1%的检验水平,且互联网的创新溢出效应持续增加到0.902。当互联网发展水平突破-0.376到达第四门槛区间时,互联网发展水平变量的系数仍为正,且影响强度进一步增强。可见,互联网发展对区域创新能力的影响作用呈现正向边际报酬递增的规律,新常态下互联网发展对区域创新能力的网络效应已经凸显,这一结论证实了韩先锋等(2019)、惠宁和刘鑫鑫(2020)有关互联网网络效应的研究结论,随着互联网发展水平的提高,其对区域创新能力的促进作用更为明显。①②

表8-3 基于全国层面的门槛面板回归结果

| 变量 | 未引入控制变量 系数 | 未引入控制变量 t值 | 引入控制变量 系数 | 引入控制变量 t值 |
| --- | --- | --- | --- | --- |
| 研发投入强度 | | | 0.045*** | 12.745 |
| 对外开放水平 | | | -0.000 | 0.145 |
| 市场化水平 | | | 0.029*** | 4.969 |
| 金融发展水平 | | | -0.001 | -0.767 |
| 城市化水平 | | | -0.007 | -0.555 |
| 互联网发展水平区制_1 | 0.840*** | 21.976 | 0.845*** | 20.840 |
| 互联网发展水平区制_2 | 0.875*** | 20.030 | 0.874*** | 21.144 |
| 互联网发展水平区制_3 | 0.906*** | 16.732 | 0.902*** | 20.930 |
| 互联网发展水平区制_4 | 0.984*** | 15.666 | 0.984*** | 16.611 |

注:***、**、*分别表示在1%、5%和10%的水平下显著;互联网发展水平区制_1到互联网发展水平区制_4为不同门槛区间互联网发展水平($lninter$)变量的系数。

---

① 韩先锋、宋文飞、李勃昕:《互联网能成为中国区域创新效率提升的新动能吗》,《中国工业经济》2019年第7期。

② 惠宁、刘鑫鑫:《互联网发展与区域创新能力非线性关系研究》,《科技进步与对策》2020年第12期。

从表 8-1 可以看到,当前全国互联网发展水平为-0.514,距第三门槛值(-0.376)仍有很大的距离。进一步分析 2020 年各省份的互联网发展情况,如表 8-6 显示,目前仅有北京、山东、江苏、河南、广东、浙江、河北、四川 8 个省份互联网发展水平处于第四门槛区间,这些省份的互联网创新溢出效应已经达到了最优。然而,还有 63.333%的省份的互联网发展水平处于第三门槛区间,青海、海南、宁夏 3 个地区处于第二门槛区间,因此,这些省份有必要尽快落实"互联网+"策略,继续完善互联网基础设施、构建互联网平台、拓宽互联网使用范围、加大网络与产业的融合,将互联网发展水平提高到最优区间,充分释放互联网红利。

## 二、基于区域层面的计量检验

互联网发展对区域创新能力的非线性影响及门槛特征是否随着区域的不同表现出明显的差异?为了回答这一问题,将全国样本按照普遍的做法分为东部、中部和西部地区三个分样本构建门槛面板模型进行分析。首先通过 300 次"自举法"进行门槛存在性检验,检验结果见表 8-4。结果显示,东部和西部地区的互联网发展水平通过了单一门槛、双重门槛和三重门槛检验,中部地区通过了单一门槛和双重门槛检验,但三重门槛检验却不显著,说明不管在东部、中部还是西部地区,互联网发展与区域创新能力之间都存在复杂的非线性关系,两者之间分别存在三重门槛效应、双重门槛效应和三重门槛效应。从门槛值来看,东部地区的互联网发展水平门槛值分别为-0.439、-0.424 和-0.390,中部地区的门槛值分别为-0.545 和-0.525,西部地区的门槛值分别为-0.597、-0.543 和-0.470,可以看出东部地区的第一门槛值均高于中部地区的第二门槛值和西部地区的第三门槛值,说明东部地区激发互联网的创新溢出效应需要较高的门槛要求。同时,中部地区的第一门槛值和第二门槛值均高于西部地区,说明中部地区的互联网创新溢出门槛值远大于西部地区。

表 8-4 基于区域层面的互联网发展门槛存在性检验

| 检验 | 模型 | 估计值 | F 值 | P 值 | BS 次数 | 临界值 90% | 临界值 95% | 临界值 99% |
|---|---|---|---|---|---|---|---|---|
| 东部地区 | 单一门槛 | -0.439 | 9.976*** | 0.000 | 300 | 3.059 | 3.848 | 6.740 |
|  | 双重门槛 | -0.424 | 5.449** | 0.023 | 300 | 2.683 | 3.997 | 6.605 |
|  | 三重门槛 | -0.390 | 7.750*** | 0.003 | 300 | 2.827 | 3.579 | 4.911 |
| 中部地区 | 单一门槛 | -0.545 | 9.003*** | 0.003 | 300 | 2.836 | 3.374 | 5.536 |
|  | 双重门槛 | -0.525 | 3.123* | 0.070 | 300 | 2.529 | 3.818 | 6.686 |
|  | 三重门槛 | — | 2.749 | 0.140 | 300 | 3.223 | 4.262 | 8.092 |
| 西部地区 | 单一门槛 | -0.597 | 10.368*** | 0.000 | 300 | 2.273 | 3.629 | 5.525 |
|  | 双重门槛 | -0.543 | 3.581* | 0.077 | 300 | 2.998 | 4.132 | 6.495 |
|  | 三重门槛 | -0.470 | 2.722* | 0.080 | 300 | 2.297 | 3.294 | 5.628 |

注：***、**、*分别表示在1%、5%和10%的水平下显著。

通过门槛存在性检验可知，东部和西部地区适合三重门槛面板模型，而中部地区应该采用双重门槛面板模型。表 8-5 报告了三个区域的门槛面板模型的回归结果，可以发现不同地区互联网发展对区域创新能力的门槛效应存在差异。

表 8-5 基于区域层面的门槛面板回归结果

| 变量 | 东部地区 | 中部地区 | 西部地区 |
|---|---|---|---|
| 研发投入强度 | 0.045***<br>(8.995) | 0.037***<br>(8.165) | 0.022***<br>(6.587) |
| 对外开放水平 | -0.005<br>(-0.934) | 0.004**<br>(2.368) | 0.004***<br>(2.652) |
| 市场化水平 | 0.039***<br>(3.488) | 0.001<br>(0.125) | 0.011***<br>(3.262) |
| 金融发展水平 | -0.024***<br>(-3.945) | -0.028***<br>(-2.852) | -0.001***<br>(-3.305) |
| 城市化水平 | 0.071<br>(1.116) | 0.127***<br>(4.659) | 0.084***<br>(7.714) |

续表

| 变量 | 东部地区 | 中部地区 | 西部地区 |
| --- | --- | --- | --- |
| 互联网发展水平区制_1 | 0.931*** <br> (20.442) | 0.222*** <br> (3.517) | 0.145*** <br> (3.596) |
| 互联网发展水平区制_2 | 0.992*** <br> (19.908) | 0.211*** <br> (3.375) | 0.156*** <br> (3.839) |
| 互联网发展水平区制_3 | 0.883*** <br> (16.498) | 0.194*** <br> (3.004) | 0.146*** <br> (3.476) |
| 互联网发展水平区制_4 | 1.021*** <br> (16.138) |  | 0.130** <br> (2.511) |

注：***、**、*分别表示在1%、5%和10%的水平下显著，互联网发展水平区制_1到互联网发展水平区制_4为不同门槛区间互联网发展水平($lninter$)变量的系数。

就东部地区而言，互联网发展对区域创新能力的影响与全国地区有所不同，呈现出正向N型的非线性关系。当互联网发展水平低于-0.439时，互联网发展水平变量通过1%的显著性水平，影响系数为0.931，表明在第一门槛区间内互联网发展对区域创新能力具有明显的促进作用。当互联网发展水平提高到[-0.439,-0.424]区间时，互联网发展水平变量仍显著为正，且影响系数较第一门槛区间有所提高，说明在第二门槛区间内互联网对区域创新能力的作用增强。当互联网发展水平处于[-0.424,-0.390]区间时，互联网发展变量仍在1%的显著性水平下为正，但影响系数有所降低，说明此时互联网对创新能力的积极影响减弱。当互联网发展水平超过-0.390后，互联网发展水平变量的影响系数显著为正，这时的互联网创新溢出效应最为强烈。从以上分析可以得出，随着互联网发展水平的不断提高，东部地区互联网对区域创新能力的促进强度先增强后减弱再增强，当互联网发展水平超过-0.390时，互联网对区域创新能力的促进作用达到最优状态。

从东部地区11个省份的互联网发展现状来看（见表8-6），海南和天津2个省份的互联网发展仍处于第一门槛区间，辽宁省的互联网发展水平处于第二门槛区间，这时的互联网创新溢出效应为0.992，河北、上海、山东、浙江、广东、福建、北京和江苏8个省份的互联网发展较快,突破了-0.390第三门槛值,互联网发展对区域创新能力的促进强度达到了最优状态,可以发现目前已经超过一半省份的互联网发展水平达到最优区间,还有3个区域的省份处于第一门槛区间和第二门槛区间,未来东部地区仍要继续大力实施"互联网+"战略,挖掘互联网的潜在客户,构建高质量的网络平台,推动各区域的互联网发展达到最优水平,充分激发互联网创新溢出潜力。

表8-6 基于互联网发展门槛的样本空间分布

| 地区 | 第一门槛区间 | 第二门槛区间 | 第三门槛区间 | 第四门槛区间 |
| --- | --- | --- | --- | --- |
| 全国 | 无 | 青海、海南、宁夏 | 江西、辽宁、湖北、云南、重庆、湖南、天津、甘肃、上海、安徽、内蒙古、吉林、陕西、福建、黑龙江、山西、贵州、新疆、广西 | 北京、山东、江苏、河南、广东、浙江、河北、四川 |
| 东部地区 | 海南、天津 | 辽宁 | 无 | 河北、上海、山东、浙江、广东、福建、北京、江苏 |
| 中部地区 | 无 | 无 | 吉林、江西、安徽、湖南、陕西、湖北、黑龙江、河南 | — |
| 西部地区 | 无 | 宁夏 | 甘肃、内蒙古、贵州、青海、新疆 | 重庆、陕西、广西、云南、四川 |

注:以2020年各省份的互联网发展水平为准进行划分。

就中部地区而言,无论互联网发展处于何种水平,互联网发展均能显著促进区域创新能力的提升,但这种正向作用呈现递减的规律。根据-0.545和-0.525门槛值将样本分为三个门槛区间,具体做法是将互联网发展水平小于-0.545的样本纳入第一门槛区间,将互联网发展水平大于-0.545和小于-0.525的样本归为第二门槛区间,将互联网发展水平大于-0.525的样本归为第三门槛区间。观察互联网发展对区域创新能力的影响效果,当互联网发展水平处于第一门槛区间时,互联网发展水平变量在1%的显著性水平下为 0.222,即互联网发展对区域创新能力具有显著的促进作用,互联网发展水平每提高 1%,区域创新能力就会提升 0.222 个百分点。当互联网发展水平处于第二门槛区间时,互联网发展水平变量仍在 1% 的显著性水平下显著为正,但影响强度有所降低,随着互联网发展水平每提高 1%,区域创新能力仅提升 0.211 个百分点,较第一门槛区间的互联网影响强度降低了 0.011 个百分点;当互联网发展水平达到第三门槛区间时,互联网发展水平变量影响系数显著为正,且持续降低,这时互联网发展对区域创新能力的促进作用达到了最低。可以看出,在中部地区互联网发展对区域创新能力的影响始终为正向,但随着互联网发展水平的提高互联网创新溢出作用反而减弱,存在高水平陷阱。

通过对 2020 年中部地区各省份实际互联网发展水平情况分析(见表 8-6),发现目前吉林、江西、安徽、湖南、陕西、湖北、黑龙江、河南 8 个省份的互联网发展水平均达到了第三门槛区间,这些区域的互联网创新溢出效应陷入了高水平陷阱,很可能存在网络资源冗余错配、网络平台重复建设、网络环境混乱、网络不良行为频繁发生等问题,这些区域必须采取相应的措施,打破互联网发展"瓶颈",保障互联网发展能够拥有一个健康的环境。

就西部地区而言,互联网发展对区域创新能力的影响呈现正向的倒"U"型规律,与其他地区均不同。具体来看,不同水平阶段的互联网发展对区域创新能力的影响始终为正,但影响强度有所差异,当互联网发展水平小于 −0.597 时,互联网发展水平变量显著通过 1% 的显著性水平,其对区域创新能力的影响系数为 0.145,表明在第一门槛区间互联网发展能够显著促进区域创新能力的提升。当互联网发展水平大于 −0.597 且小于 −0.543 时,互联网发展水平变量的影响系数有所增大,且通过 1% 的显著性检验水平,说明在第二门槛区间互联网发展对区域创新能力的驱动力扩大。当互联网发展水平大于 −0.543 且小于 −0.470 时,互联网发展水平变量的影响系数仍显著为正,但其对区域创新能力的影响作用有所减弱。当互联网发展水平高于 −0.470 时,互联网发展变量的影响系数进一步减弱,且显著通过 1% 的检验水平,在此门槛区间内互联网对区域创新能力的影响达到最弱,互联网发展水平每提高1%,区域创新能力就会提高0.130%,不难得出只有互联网发展水平处于第二门槛区间时,互联网发展更有利于西部地区区域创新能力的提高,可见只有适当的互联网发展才能最大化区域创新,这可能是因为过低的互联网发展无法充分发挥出互联网互联互通以及正向外部性的效应,很难深入到创新领域为西部地区的创新发展提供助力。但过高的互联网发展会挤占西部地区很多创新资源,高水平互联网与低水平创新水平不能很好地融合。

从表8-6中分析发现,所有西部地区的互联网发展水平已经超过了第一门槛值,宁夏处于第二门槛区间,甘肃、内蒙古、贵州、青海、新疆5个省份在第三门槛区间,剩下的5个省份处于第四门槛区间,可见西部地区仅有宁夏达到了最优区间,该区域的互联网创新溢出效应达到了最优,而大部分地区的互联网发展水平偏高,因此西部地区要注意过高的互联网发展造成的虚拟化,应该适当将资源往实体经济方面倾斜一些,在构建好实体经济的基础上发展虚拟经济。

## 第四节 互联网发展影响区域创新能力网络效应的约束机制

### 一、基于要素禀赋因素的约束机制检验

从内部环境入手,探讨在要素禀赋约束下互联网发展对区域创新能力的非线性影响。与前文相同,首先以要素禀赋为门槛变量检验互联网发展对区域创新能力的门槛存在性,表8-7报告了检验结果。结果显示,要素禀赋变量在1%的统计水平下显著通过单一门槛、双重门槛和三重门槛检验,门槛值分别为8.743、10.343和10.568,说明互联网发展对区域创新能力的非线性影响存在要素禀赋的三重门槛效应,即互联网网络效应的产生会受到内部环境的约束。

表 8-7 基于要素禀赋的门槛存在性检验

| 模型 | 门槛值 | F 值 | P 值 | BS 次数 | 临界值 90% | 临界值 95% | 临界值 99% |
| --- | --- | --- | --- | --- | --- | --- | --- |
| 单一门槛 | 8.743*** | 174.548 | 0.000 | 300 | 2.804 | 3.879 | 8.324 |
| 双重门槛 | 10.343*** | 64.089 | 0.000 | 300 | 2.912 | 4.304 | 6.448 |
| 三重门槛 | 10.568*** | 8.942 | 0.000 | 300 | 2.688 | 3.879 | 6.650 |

注：***、**、*分别表示在1%、5%和10%的水平下显著。

根据上文门槛存在性检验分析可知,当以要素禀赋作为门槛变量分析互联网发展对区域创新能力非线性影响时应采用三重面板门槛模型,具体的回归结果见表8-8。从中可以看出,无论要素禀赋处于什么水平,互联网发展对区域创新能力的影响均显著为正,但影响强度有所差异。当要素禀赋小于8.743时,互联网发展水平变量的影响系数为0.360,且通过1%的显著性水平,表明此门槛区间内互联网具有明显的创新溢出效应,互联网发展水平每提高1%,区域创新能力就会提高0.360%。当要素禀赋增加到[8.743,10.343]区间时,互联网发展对区域创新能力仍具有显著的促进作用,且促进作用大幅度增强。当要素禀赋继续增加到[10.343,10.568]区间,互联网发展对区域创新能力的促进作用进一步增强,这时的互联网创新溢出效应达到最大。当要素禀赋进一步增加,突破10.568水平后,互联网发展对区域创新能力仍有显著的促进作用,但影响强度有所降低。整体来看,在要素禀赋门槛约束条件下,互联网发展对区域创新能力具有正向的倒"U"型影响特征,随着要素禀赋的不断增加,互联网发展对区域创新能力的促进作用不断增强,但过高的要素禀赋会削弱互联网发展对区域创新能力的提升作用,可见存在一个最优的区间使互联网发展对区域创新能力的促进作用达到最大,过低或过高的要素禀赋都无法充分发挥互联网的创新溢出效应,这可能是因为过低的要素禀赋无法支撑起互联网基础设施和平台的构建以及互联网技术的引入,而过高的要素禀赋不仅会造成物质资源的浪费,而且会在一定程度上对互联网资源产生挤出效应。因此,各地区在激发互联网创新溢出效应的过程中要充分考虑要素禀赋条件的制约,结合自身要素禀赋的实际情况,制定相应的互联网发展策略。

表8-8 基于要素禀赋的门槛面板回归结果

| 变量 | 系数 | $t$ 值 |
| --- | --- | --- |
| 研发投入强度 | 0.034*** | 11.827 |
| 对外开放水平 | 0.002 | 1.155 |
| 市场化水平 | 0.024*** | 3.608 |
| 金融发展水平 | −0.001 | −0.971 |
| 城市化水平 | 0.026** | 2.220 |
| 互联网发展水平区制_1 | 0.360*** | 5.789 |
| 互联网发展水平区制_2 | 0.580*** | 15.495 |
| 互联网发展水平区制_3 | 0.894*** | 20.608 |
| 互联网发展水平区制_4 | 0.741*** | 12.518 |

注:***、**、*分别表示在1%、5%和10%的水平下显著,互联网发展水平区制_1到互联网发展水平区制_4为不同门槛区间互联网发展水平(lninter)变量的系数。

另外,从各省份的要素禀赋实际水平来看(见表8-13),目前尚未有省份的要素禀赋处于最优水平,甘肃、内蒙古、青海、海南和宁夏5个省份的要素禀赋位于第一门槛区间,此时的互联网发展对区域创新能力的促进作用最为薄弱;22个省份均处于第二门槛区间,处于这一区间的区域互联网创新溢出效应虽然高于第一门槛区间,但影响效应还是较为薄弱,可见当前大多数省份互联网发展对区域创新能力的影响力度处于0.360和0.580水平,未来较长一段时间内加大物质投资成为这些区域推动区域创新能力提升的重要着力点。而江苏、广东和山东3个地区的要素禀赋过高,跨越了10.568第三门槛值,互联网的创新溢出效应有所削弱,这三个省份必须要注重要素禀赋过多的负面影响,减少对物质的投资,以免造成在浪费资源的情况下还达不到互联网创新溢出的最优状态。综合来看,全国各省份互联网发展促进区域创新能力的过程中受要素禀赋的制约较大，尚未有区域能够达到要素禀赋的最优水平，因此，各区域要把握好物质投资的度，避免过多过少的要素禀赋对互联网创新溢出的制约。

## 二、基于产业结构因素的约束机制检验

互联网对区域创新能力的网络效应可能会受到经济环境因素的影响，故这里将产业结构作为门槛变量分析产业升级对互联网创新溢出的约束机制。表8-9报告了基于产业结构的门槛存在性检验，由"自举法"P值可以看出，产业结构变量通过了单一门槛、双重门槛和三重门槛的1%显著性检验，门槛值分别为0.056、0.113和0.820，证实了"互联网对区域创新能力的非线性影响会受到经济环境因素的约束"的结论，因此应该采用三重面板门槛模型来检验产业结构对互联网创新溢出效应的约束。

表8-9 基于产业结构的门槛存在性检验

| 模型 | 门槛值 | F值 | P值 | BS次数 | 临界值 90% | 95% | 99% |
| --- | --- | --- | --- | --- | --- | --- | --- |
| 单一门槛 | 0.056*** | 10.746 | 0.000 | 300 | 2.632 | 3.751 | 5.703 |
| 双重门槛 | 0.113*** | 10.967 | 0.000 | 300 | 2.389 | 4.062 | 7.361 |
| 三重门槛 | 0.820*** | 4.306 | 0.037 | 300 | 2.619 | 3.461 | 6.230 |

注：***、**、*分别表示在1%、5%和10%的水平下显著。

表8-10报告了在产业结构约束下，互联网发展对区域创新能力影响的门槛检验结果，结果显示在产业结构约束下，互联网发展对区域创新能力存在正向的倒"N"型非线性影响特征。具体表现在：当产业结构低于0.056时，互联网发展水平变量在1%的显著性水平下为正，表明第一门槛区间内互联网发展能够显著驱动区域创新能力的提升，这一区间内第三产业的发展慢于第二产业，工业化较为严重。当产业结构处于0.056—0.113之间时，互联网发展水平变量在1%的统计水平下显著为正，但影响系数有所降低，说明在第二

门槛区间内互联网的创新溢出效应仍然显著,但影响作用有所弱化,这是因为第三产业还未兴起,第二产业发展质量却不高导致的结果。当产业结构处于0.113—0.820之间时,互联网发展对区域创新能力的影响系数有所提高,且通过1%的显著性水平,这时的产业结构已经实现了优化升级,从而推动了互联网发展对区域创新能力的溢出,这个门槛区间内的互联网创新溢出达到了最优。当产业结构超过0.820时,互联网发展对区域创新能力的影响在1%的统计水平下为正,且影响力度却有所下降,当互联网发展水平每提高1%,区域创新能力的提升程度能够达到0.798%,这可能是因为第三产业发展过度造成了逆库兹涅兹现象,导致大多数创新资源的浪费和错配,反而不利于区域创新能力的提升。综上可以发现,互联网发展对区域创新能力的非线性影响受到了产业结构的门槛约束,即在产业结构的门槛条件下,两者呈现正向的倒"N"型特征,随着第三产业占比的提高,互联网发展对区域创新能力的影响先减弱后增强再减弱,其中在第三门槛区间达到最优。目前全国的产业结构平均水平(-0.0003)仍处于第一门槛区间,与最优区间(0.820>ln$str$>0.113)还存在很长的距离,因此要加大对产业结构的优化升级,推动制造业服务化,促使产业发展由粗放型转向集约型,充分激发互联网对区域创新能力的正向作用。

表8-10 基于产业结构的门槛面板回归结果

| 变量 | 系数 | $t$值 |
| --- | --- | --- |
| 研发投入强度 | 0.045*** | 13.056 |
| 对外开放水平 | 0.000 | -0.105 |
| 市场化水平 | 0.029*** | 4.296 |
| 金融发展水平 | -0.004** | -2.546 |
| 城市化水平 | -0.035** | -2.578 |
| 互联网发展水平区制_1 | 0.820*** | 18.637 |

续表

| 变量 | 系数 | $t$ 值 |
| --- | --- | --- |
| 互联网发展水平区制_2 | 0.776*** | 17.245 |
| 互联网发展水平区制_3 | 0.831*** | 18.670 |
| 互联网发展水平区制_4 | 0.798*** | 18.808 |

注：***、**、*分别表示在1%、5%和10%的水平下显著,互联网发展水平区制_1到互联网发展水平区制_4为不同门槛区间互联网发展水平(lninter)变量的系数。

对各省份的产业结构实际情况分析发现(见表8-13),目前福建、陕西和江西3个省份的产业结构优化升级速度较慢,产业结构仍处于第一门槛区间和第二门槛区间,这些省份的互联网发展对区域创新能力的影响强度为0.776—0.820,没有完全释放互联网的创新溢出效应,需要进一步加大产业结构优化转型,亟须淘汰一些高污染、低附加值的工业企业,加快落实供给侧结构性改革,推动产业向智能化、服务化和数字化发展。上海、海南和北京3个省份产业结构水平达到了第四门槛区间,第三产业的过度发展削弱了区域创新能力提升,互联网发展对区域创新能力的影响强度为0.798,这些地区应该注意将更多的资源向第二产业回流。剩余24个省份处于第三门槛区间,即80%的省份的产业结构已经达到了最优状态,互联网发展对区域创新能力的溢出效应达到了最大。

## 三、基于知识产权保护因素的约束机制检验

考虑到制度外部环境有可能影响互联网对区域创新能力的网络效应,这里将知识产权保护为门槛变量来探讨互联网发展影响区域创新能力的知识产权保护门槛约束。首先采用"自举法"进行门槛存在性检验,检验结果见表8-11,发现知识产权保护变量在1%和5%的显著性水平下通过单一门槛、双重门槛和三重门槛,门槛值分别为12.984、14.149和15.406,说明互联网发展对区域创新能力的影响受到知识产权保护的三重门槛约束。

表 8-11　基于知识产权保护的门槛存在性检验

| 模型 | 门槛值 | F 值 | P 值 | BS 次数 | 临界值 90% | 95% | 99% |
|---|---|---|---|---|---|---|---|
| 单一门槛 | 12.984*** | 30.952 | 0.000 | 300 | 3.041 | 4.183 | 7.505 |
| 双重门槛 | 14.149*** | 7.827 | 0.007 | 300 | 2.614 | 3.643 | 6.155 |
| 三重门槛 | 15.406** | 4.785 | 0.020 | 300 | 0.234 | 2.459 | 5.561 |

注：***、**、*分别表示在1%、5%和10%的水平下显著。

由门槛存在性检验结果分析可知，采用三重面板门槛模型研究互联网发展对区域创新能力的知识产权保护的约束机制较为合理，回归结果见表8-12，可以看出随着知识产权保护水平的提高，互联网发展对区域创新能力的促进作用呈现出先增强后减弱的规律。具体来看，当知识产权保护水平低于12.984时，互联网发展水平变量的影响系数在1%的显著性水平下为0.770，说明在知识产权保护的第一门槛区间内，互联网发展能够促进区域创新能力的提升。随着知识产权保护水平提高到[12.984，14.149]区间，互联网发展水平变量仍在1%的检验水平下为正，且影响系数有所增强，说明当知识产权保护水平处于第二门槛区间时，互联网发展对区域创新能力的促进作用增强。当知识产权保护水平继续提高到[14.149—15.406]间时，互联网发展对区域创新能力的影响仍为正，但影响力度稍微减弱。当知识产权保护水平超过15.406后，互联网发展对区域创新能力的影响进一步减弱，在此区间互联网的创新溢出达到最低。综上不难发现，互联网发展对区域创新能力的影响受到了知识产权保护的约束，随着知识产权保护水平的不断提高，互联网对区域创新能力呈现正向的倒"U"型非线性影响特征，说明虽然知识产权保护能够激发互联网的创新溢出效应，但只有适当的知识产权保护才能最大化互联网的创新溢出，过度的知识产权保护并不总会对互联网发展的创新溢出效应起到强化作用，这支持了韩先锋等（2019）提出的"过度的知识产权保护会弱化互联网对创新效率的积极影响"的观点。①

---

①　韩先锋、宋文飞、李勃昕：《互联网能成为中国区域创新效率提升的新动能吗》，《中国工业经济》2019年第7期。

这是因为低水平的知识产权保护不能创造一个规范的创新环境,尤其在网络时代下,更容易发生原创剽窃、专利盗取等行为,创新成果的知识产权得不到保障,削弱了创新主体开展创新活动的主动性和积极性。但过度的知识产权保护不利于技术、知识、信息的自由流通,在一定程度上阻碍了技术进步的步伐,降低了企业借助互联网工具传播技术成果的积极性。从表8-11可以看出,目前全国知识产权保护的平均水平(13.422)正好处于最优,互联网对区域创新能力正发挥着最大的作用,同时要注意知识产权保护过度带来的不利影响。

表8-12 基于知识产权保护的门槛面板回归结果

| 变量 | 系数 | $t$ 值 |
| --- | --- | --- |
| 研发投入强度 | 0.046*** | 12.3069 |
| 对外开放水平 | −0.0006 | −0.2659 |
| 市场化水平 | 0.032*** | 4.387 |
| 金融发展水平 | −0.001 | −0.7132 |
| 城市化水平 | −0.034** | −2.5804 |
| 互联网发展水平区制_1 | 0.770*** | 17.5525 |
| 互联网发展水平区制_2 | 0.786*** | 17.597 |
| 互联网发展水平区制_3 | 0.768*** | 16.8363 |
| 互联网发展水平区制_4 | 0.726*** | 15.8106 |

注:***、**、*分别表示在1%、5%和10%的水平下显著;互联网发展水平区制_1到互联网发展水平区制_4为不同门槛区间互联网发展水平(lninter)变量的系数。

从各省份的知识产权保护水平来看,目前仅有重庆、广西、山西、云南4个省份的知识产权保护处于适当水平。然而,海南、新疆、宁夏、青海和内蒙古5个省份的知识产权保护处于第一门槛区间,知识产权保护不足导致这些省份互联网发展对区域创新能力的促进效应尚处于低位,剩余21个省份的知识产权保护水平处于第三门槛区间或者第四门槛区间,知识产权保护过度削弱了互联网带来的创新溢出。这些地区亟须构建一套完善的知识产权战略,低水平知识产权保护地区要完善产权保护制度,高水平知识产权保护地区要注意到"度"的限制,在知识扩散和知识保护中寻求一种平衡,避免知识产权保护不足和知识产权过度带来的不利影响,这样才能最大限度地激发互联网发展的创新溢出效应。

表8-13 基于不同环境因素变量的样本空间分布

| 门槛变量 | 第一门槛区间 | 第二门槛区间 | 第三门槛区间 | 第四门槛区间 |
| --- | --- | --- | --- | --- |
| 要素禀赋 | 甘肃、内蒙古、青海、海南、宁夏 | 贵州、云南、广西、河北、浙江、天津、江西、四川、安徽、北京、上海、重庆、辽宁、黑龙江、山西、新疆、河南、湖南、福建、吉林、湖北、陕西 | 无 | 江苏、广东、山东 |
| 产业结构 | 福建 | 陕西、江西 | 四川、云南、内蒙古、广东、甘肃、湖南、新疆、山西、浙江、天津、黑龙江、贵州、辽宁、安徽、河南、吉林、福建、河北、宁夏、江苏、山东、广西、青海、重庆 | 上海、海南、北京 |
| 知识产权保护 | 海南、新疆、宁夏、青海、内蒙古 | 重庆、广西、山西、云南 | 黑龙江、江西、河南、河北、福建、甘肃、贵州 | 浙江、江苏、山东、广东、陕西、四川、上海、辽宁、北京、吉林、天津、安徽、湖南、湖北 |

注:以2020年各省份的要素禀赋、产业结构和知识产权保护水平为准进行划分。

总之,这一章的研究以2006—2020年中国30个省份的面板数据为样本,采用门槛面板技术实证检验了互联网发展对区域创新能力的网络效应以及区域差异,并进一步探讨在要素禀赋内部环境和产业结构、知识产权保护外部环境因素的制约下,互联网发展对区域创新能力的非线性影响特征。研究认为:(1)互联网发展对区域创新能力存在显著的正向边际报酬递增的非线性特征,随着互联网发展水平的持续提高,互联网发展对区域创新能力的促进作用不断增强,互联网创新溢出效应已经凸显。从目前互联网实际发展水平来看,全国互联网发展距离理论上的最佳值还有很大的距离,仅有北京、山东、江苏、河南、广东、浙江、河北、四川8个省份互联网发展水平达到了最优区间,因此其他省份仍需积极落实"互联网+"策略,继续完善互联网基础设施、构建互联网平台、拓宽互联网使用范围、加大网络与产业的融合,充分释放互联网红利。(2)互联网发展对区域创新能力的非线性影响存在明显的区域差异。东部地区的互联网发展对区域创新能力存在正向"N"型的三重门槛效应,目前一半以上东部区域的互联网发展超越了第三门槛值,充分激发出了互联网的创新溢出潜力。中部地区的互联网发展对区域创新能力存在正向边际报酬递减的双重门槛效应,目前8个省份均陷入了互联网高水平陷阱当中,存在严重的网络资源冗余错配、网络平台重复建设、网络环境混乱、网络不良行为频繁发生等问题。西部地区的互联网发展对区域创新能力存在正向倒"U"型的三重门槛效应,目前仅有宁夏达到了最优互联网发展水平区间,而大部分地区的互联网发展水平过高,造成了经济的虚拟化。(3)互联网发展与区域创新能力之间的非线性关系会受到内外部环境的约束。在要素禀赋门槛约束条件下,互联网发展对区域创新能力呈现出正向的倒"U"型影响特征,即存在一个最优的要素禀赋区间使互联网的创新溢出效应达到最大,但目前尚未有省份的要素禀赋处于最优水平,各区域要把握好物质投资的度,避免要素禀赋对互联网创新溢出的制约。在产业结构门槛约束条件下,互联网发展对区域创新能力的非线性影响呈现正向倒"N"型的特征,即随着第三产业占比的提高,互联网对区域创新能力的影响先降低后增强再降低,目前80%的省份的产业结构已经达到了最优区间。在知识产权保护门槛约束条件下,互联网发展对区域创新能力的非线性影响呈现正向的倒"U"型影响特征,只有适当的知识产权保护才能最大化互联网的创新溢出,目前86.667%的区域都没有构建合适的知识产权保护,亟须在知识扩散和知识保护中寻求一种平衡,最大限度地激发互联网发展的创新溢出效应。

# 第九章 互联网发展对区域创新能力的异质效应

互联网和区域创新的发展是多层次、多方面、多阶段的统一整体,从不同角度看互联网发挥的作用各有差异,导致互联网对区域创新能力的影响存在明显的异质效果。为了全面探讨互联网的创新溢出效应,本章将从互联网发展维度考察互联网资源和互联网普及对区域创新的影响作用、发展规律和区域效应,从创新价值链维度考察互联网发展对区域研发创新能力和区域转化创新能力的影响作用、发展规律和区域效应,以便厘清互联网发展对区域创新能力的影响差异。

## 第一节 互联网对区域创新能力异质效应计量模型的设定

互联网发展不是单一的互联网平台构建或互联网技术开发,它的发展具有系统性,既包括互联网基础设施、互联网平台、互联网网站的前期构建,也包括互联网技术的普及、互联网信息的扩散、互联网思维的渗透等后期应用(惠宁和刘鑫鑫,2020)[1],其中互联网资源量的创新溢出表现为互联网技术和平

---

[1] 惠宁、刘鑫鑫:《互联网发展与区域创新能力非线性关系研究》,《社会科学研究》2020年第6期。

台对区域创新发挥的作用,互联网普及度的创新溢出表现为互联网思维重塑经济活动带来的创新激励。同时,创新活动也不是单一环节的创新,是从创新投入到创新产出的一个多阶段、多要素的价值链传递过程(李佳钰和周宇,2018)①,既包含创新要素变成科技成果的科研阶段,也包含科技成果实现经济效益的转化阶段,其中研发创新环节的网络价值体现为研发人员潜力的激发,成果转化环节的网络价值体现为新产品的生产和推广。每个互联网维度、创新价值链环节的侧重点各有差别,导致互联网释放的创新动能也存在明显差异。

为了全面掌握互联网发展对区域创新能力的影响效应,这里将互联网发展过程分为互联网资源量增加和互联网普及度扩展两个维度,探讨互联网资源和互联网普及对区域创新能力的影响差异。具体构建的基准模型如下:

$$\ln inno_{it} = \tau_0 + \tau_1 \ln interzy_{it} + \beta \sum \ln X_{it} + u_i + \lambda_t + \varepsilon_{it} \quad (9-1)$$

$$\ln inno_{it} = \delta_0 + \delta_1 \ln interpj_{it} + \beta \sum \ln X_{it} + u_i + \lambda_t + \varepsilon_{it} \quad (9-2)$$

式中,$i$ 表示地区,$t$ 表示时期。$inno_{it}$ 是被解释变量,代表 $i$ 省份在 $t$ 年的区域创新能力;$interzy_{it}$ 和 $interpj_{it}$ 是核心解释变量,代表 $i$ 省份在 $t$ 年的互联网发展资源量和互联网普及度;$X_{it}$ 代表影响区域创新能力的控制变量组,包括研发投入强度($rd$)、对外开放水平($open$)、市场化水平($market$)、金融发展水平($finance$)和城镇化水平($urban$);$\tau_0$ 和 $\delta_0$ 是常数项;$\beta$ 是控制变量的系数,$\tau_1$ 和 $\delta_1$ 是待估参数,分别表示互联网资源或互联网普及影响区域创新能力的弹性强度;$u_i$ 是个体固定效应;$\lambda_t$ 是时间固体效应;$\varepsilon_{it}$ 是随机扰动项。

另外,前文基于整个创新体系分析了互联网发展对区域创新能力的影响作用,然而区域创新包括研发和转化两个过程,研发创新是将创新资源转化为

---

① 李佳钰、周宇:《互联网对中国工业技术创新效率的影响:基于阶段异质效应的分析》,《人文杂志》2018 年第 7 期。

科技成果的价值创造过程,一般由研发部门负责;转化创新是将科技成果转变为经济价值的价值增加过程,一般由应用部门负责,两个部门共同完成"创新知识—科技成果—经济价值"的创新过程。因此这里将基于创新价值链视角揭示互联网发展对区域研发创新能力和区域开发创新能力的影响效果,构建具体的模型如下:

$$\ln yfinno_{it} = \omega_0 + \omega_1 \ln inter_{it} + \beta \sum \ln X_{it} + u_i + \lambda_t + \varepsilon_{it} \quad (9-3)$$

$$\ln zhinno_{it} = \theta_0 + \theta_1 \ln inter_{it} + \beta \sum \ln X_{it} + u_i + \lambda_t + \varepsilon_{it} \quad (9-4)$$

式中,$i$ 表示地区,$t$ 表示时期。$yfinno_{it}$ 和 $zhinno_{it}$ 是被解释变量,分别代表 $i$ 省份在 $t$ 年的区域研发创新能力和区域转化创新能力;$inter_{it}$ 是核心解释变量,代表 $i$ 省份在 $t$ 年的互联网发展水平;$X_{it}$ 代表影响区域创新能力的控制变量组,包括研发投入强度($rd$)、对外开放水平($open$)、市场化水平($market$)、金融发展水平($finance$)和城镇化水平($urban$);$\omega_0$ 和 $\theta_0$ 是常数项;$\beta$ 是控制变量的系数,$\omega_1$ 和 $\theta_1$ 是待估参数,分别表示互联网影响区域研发创新和区域转化创新能力的弹性强度;$u_i$ 是个体固定效应;$\lambda_t$ 是时间固体效应;$\varepsilon_{it}$ 是随机扰动项。

## 第二节 异质效应的变量选取和数据来源

为了与前文数据形成可比性,这里仍采用2006—2020年30个省份的面板数据为样本,共有450个样本量。其中衡量区域创新能力的原始数据来源于《中国科技统计年鉴》,互联网发展水平原始数据来源于《中国统计年鉴》和《中国互联网发展统计报告》,控制变量来源于《中国统计年鉴》《中国金融年鉴》《中国劳动统计年鉴》。表9-1分别报告了互联网资源量、互联网普及度、区域研发创新能力和区域开发创新能力变量的描述性统计,其余变量在第七章已研究了基本特征,这里不再赘述。从表9-1中可以看出,东部、中部和西部地区的互联网资源量和互联网普及度平均值存在较大差距,东部地区的互联网资源量和普及度遥遥领先于其他地区,已超过了全国平均值,可见互联网资源和普及水平在区域之间存在失衡问题。同时,区域研发创新能力和区域创新能力也存在同样的特征,东部地区遥遥领先于中西部地区。

表 9-1 变量描述性统计

| 变量 | 区域 | 平均值 | 标准差 | 中位数 | 最小值 | 最大值 |
| --- | --- | --- | --- | --- | --- | --- |
| 互联网资源量 (lninterwz) | 全国 | 10.660 | 1.462 | 10.669 | 6.727 | 13.756 |
| | 东部地区 | 11.782 | 1.203 | 11.946 | 7.713 | 13.756 |
| | 中部地区 | 10.630 | 0.835 | 10.638 | 8.820 | 12.889 |
| | 西部地区 | 9.559 | 1.189 | 9.469 | 6.727 | 12.831 |
| 互联网普及度 (lninterpj) | 全国 | -0.980 | 0.621 | -0.799 | -3.270 | -0.082 |
| | 东部地区 | -0.703 | 0.474 | -0.566 | -2.386 | -0.082 |
| | 中部地区 | -1.136 | 0.621 | -0.952 | -2.900 | -0.260 |
| | 西部地区 | -1.145 | 0.656 | -0.944 | -3.270 | -0.268 |
| 区域研发创新能力(lnyfinno) | 全国 | 10.098 | 1.493 | 10.230 | 6.213 | 13.350 |
| | 东部地区 | 10.956 | 1.505 | 11.142 | 6.356 | 13.350 |
| | 中部地区 | 10.158 | 0.935 | 10.307 | 7.924 | 12.078 |
| | 西部地区 | 9.197 | 1.284 | 9.112 | 6.213 | 12.029 |
| 区域转化创新能力(lnzhinno) | 全国 | 16.768 | 1.595 | 17.025 | 11.358 | 19.909 |
| | 东部地区 | 17.719 | 1.495 | 17.815 | 11.532 | 19.909 |
| | 中部地区 | 17.040 | 0.948 | 17.059 | 15.366 | 18.608 |
| | 西部地区 | 15.618 | 1.337 | 15.627 | 11.358 | 17.890 |

被解释变量。基于不同维度探究互联网创新溢出异质效应时,其选取的被解释变量各不相同。基于互联网维度研究互联网创新溢出效应时,被解释变量与前面章节保持一致,为区域创新能力($inno$),此变量已经在第六章进行了测度,即从创新投入、创新产出和创新环境三个维度构建区域创新能力综

合评价指标体系,并运用全局主成分分析法衡量的区域创新能力指数;当基于价值链维度研究互联网创新溢出效应时,选取两个被解释变量,分别是区域研发创新能力($yfinno$)和区域转化创新能力($kfinno$),其中区域研发创新能力是科技成果产生的过程,表现为知识型成果,多数学者用专利数来衡量,并证实了专利数反映研发创新能力的可靠性(Gumbaualbert 和 Maudos,2009)[1],故沿用学者们的做法,从专利数视角来反映三大创新主体的创新能力,然而专利可以分为专利申请数和专利授权数,由于专利授权数存在滞后性,所以采用各省份专利申请数来衡量。区域转化创新能力是经济价值产生的过程,主要表现为新产品的生产,因此这里将采用各地区工业企业新产品销售收入来衡量。

核心解释变量。从不同角度探究互联网创新溢出效应时,其选取的核心解释变量也有所不同。当基于互联网维度考察互联网创新溢出效应时,选取互联网资源量($interzy$)和互联网普及度($interpj$)作为核心解释变量,其中互联网资源增加包括互联网基础设施的完善、网络平台的构建和互联网技术的开发,这里借鉴惠宁等(2020)的做法,将采用各省份的网站数来衡量互联网资源量;[2]而互联网普及的拓展,反映为互联网的知识溢出效应、信息的扩散效应以及思想的渗透效应,同样借鉴惠宁(2020)等做法,采用互联网普及度和各区域的普及率来衡量。当基于价值链维度考察互联网创新溢出效应时,选取互联网发展水平($inter$)为核心解释变量,此变量在第六章从互联网基础资源、互联网信息资源、互联网普及规模和互联网应用程度四个方面构建了互联网发展水平评价指标体系,并运用全局主成分分析法进行了测度,故这里不再赘述。

控制变量。区域创新能力会受到其他因素的影响,为了控制其他因素对

---

[1] Gumbaualbert M., Maudos J., "Patents, Technological Inputs and Spillovers Among Regions", Applied Economics, Vol.41, No.12, 2009.

[2] 惠宁、刘鑫鑫、马微:《互联网发展与我国区域创新能力的提升——基于互联网资源量与普及度双重视角的分析》,《陕西师范大学学报(哲学社会科学版)》2020年第6期。

本章的影响结果，引入以下控制变量，本章选取的控制变量与第七章保持一致，分别为：研发投入强度（$rd$），采用科学研究与试验发展经费内部支出占区域生产总值的比重来反映。对外开放水平（$open$），采用进出口总额与生产总值的比值来反映。市场化水平（$market$），采用国有企业就业人数占总就业人数的比例来体现。金融发展水平（$finance$），采用金融机构年末存贷款余额与地区生产总值的比值来刻画。城镇化水平（$urban$），采用年末城镇人口与总人口的比值来衡量。

## 第三节 基于互联网维度的异质效应检验

为了厘清互联网发展给区域创新能力带来的差异影响，这里将基于互联网维度分别考察互联网资源和互联网普及对区域创新能力的影响，并将两者回归的结果放在一起进行比较分析。考虑到变量之间可能存在相关性，在回归分析之前，需要对所有模型进行多重共线性检验，计算显示当以互联网资源量为核心解释变量时，模型的方差膨胀因子最大值为5.07，均值为2.65；当以互联网普及度为核心解释变量时，模型的方差膨胀因子最大值为3.98，均值为2.23。根据多重共线性经验法则，所有模型的方差膨胀因子值均小于10，判定模型不存在严重的多重共线性。同时考虑到异方差对回归结果可能造成不一致结果，这里均采用广义最小二乘法进行回归分析。

### 一、互联网资源对区域创新能力的影响结果

表9-2分别报告了互联网资源对区域创新能力的总体影响效应和区域影响效应。从全国层面来看，当不考虑控制变量时，互联网资源量变量在1%统计水平下显著为正，影响系数为0.037；当引入研发投入强度、对外开放水平、市场化水平、金融发展水平、城镇化水平控制变量后，互联网资源量变量仍显著通过1%的统计水平，但影响强度有所减弱，变为0.013，即每当互联网资

源量增加1%,区域创新能力就会增加0.013%,这是因为其他因素削弱了互联网资源对创新能力的影响效果,导致影响系数有所降低。可以看出,无论是否考虑控制变量,互联网资源对区域创新能力均有显著的促进作用,产生这种推动效应的解释可能是:第一,互联网资源能够优化创新资源的配置方式,有效提高生产创新要素的利用效率,降低创新过程中产生的生产成本,促进创新效率的提升。第二,互联网平台的搭建为创新思想的流动提供了机会,创新主体可以通过互联网平台相互交换思想、想法和经验,激发各行各业精英的创新潜力,营造开放式创新的氛围。第三,互联网技术衍生出来的3D技术、虚拟技术、仿真技术等可以使创新过程实现全面模拟,创新主体可以根据模拟反馈的问题及时优化方案,有效降低了创新风险和创新成本。

表9-2 互联网资源对区域创新能力的影响结果

| 变量 | 模型1<br>全国层面 | 模型2 | 模型3<br>25百分位 | 模型4<br>50百分位 | 模型5<br>75百分位 | 模型6<br>东部地区 | 模型7<br>中部地区 | 模型8<br>西部地区 |
|---|---|---|---|---|---|---|---|---|
| 互联网资源量 | 0.037***<br>(22.976) | 0.013***<br>(3.986) | 0.013***<br>(6.300) | 0.014***<br>(6.440) | 0.015***<br>(3.160) | 0.014*<br>(1.710) | 0.018***<br>(8.397) | 0.020***<br>(17.863) |
| 研发投入强度 | | 0.015***<br>(2.868) | 0.017***<br>(5.310) | 0.020***<br>(6.100) | 0.013*<br>(1.750) | 0.028**<br>(2.094) | 0.027***<br>(9.149) | 0.005***<br>(2.858) |
| 对外开放水平 | | 0.014***<br>(5.566) | 0.002<br>(1.060) | 0.002<br>(1.060) | 0.010***<br>(2.730) | 0.025***<br>(3.241) | 0.009***<br>(4.013) | 0.000<br>(0.395) |
| 市场化水平 | | | -0.020***<br>(-3.047) | -0.024***<br>(-5.840) | -0.027***<br>(-6.640) | -0.020**<br>(-2.170) | -0.059***<br>(-3.235) | -0.024***<br>(-6.516) | 0.014***<br>(6.460) |
| 金融发展水平 | | 0.004<br>(0.892) | -0.000<br>(-0.260) | 0.000<br>(0.280) | 0.014**<br>(2.300) | 0.035*<br>(1.858) | -0.015***<br>(-2.972) | -0.001<br>(-1.524) |
| 城镇化水平 | | 0.046***<br>(3.456) | 0.060***<br>(6.860) | 0.068***<br>(7.610) | 0.068***<br>(3.430) | -0.011<br>(-0.239) | 0.079***<br>(7.832) | 0.039***<br>(9.294) |
| 常数项 | -0.913***<br>(-54.365) | -0.934***<br>(-13.372) | -0.919***<br>(-22.560) | -0.940***<br>(-22.610) | -1.014***<br>(-10.960) | -0.873***<br>(-3.578) | -1.038***<br>(-27.515) | -0.851***<br>(-38.367) |
| 样本量 | 450 | 450 | 450 | 450 | 450 | 165 | 120 | 165 |

注:圆括号里是t值,***、**、*分别表示在1%、5%和10%的水平下显著。

然而,互联网不同于其他生产要素,第八章已经证实互联网的创新溢出具有显著的网络效应,那么互联网资源对区域创新能力是否也存在这种效应呢?这里将采用面板分位数回归分别检验在25百分位、50百分位和75百分位上互联网资源对区域创新能力的影响作用,回归结果见模型3—模型5。可以看出,当互联网发展资源量处于25百分位时,互联网资源量变量的影响系数显著为正,说明低水平的互联网资源量有利于区域创新能力的提升,互联网资源量每增加1%,区域创新能力提高0.013%。随着互联网资源量增加到50百分位水平时,互联网资源量变量在1%的显著水平下仍显著为正,且影响系数有所提高,说明当互联网发展水平处于中等阶段时,互联网资源对区域创新能力存在显著的促进作用,互联网资源量每增加1%,区域创新能力就会提高0.014%。当互联网资源量增加到75百分位时,互联网资源量变量仍显著通过1%的统计水平为正,且影响强度进一步增加,当互联网资源量每增加1%,区域创新能力会提高0.015%,说明高水平互联网资源对区域创新能力仍具有显著的促进作用,且促进效应加强。总的来说,互联网资源对区域创新能力的影响呈现边际效率递增的规律,随着互联网资源量的增加,其对区域创新能力的溢出效应越强,可见互联网资源对区域创新能力具有显著的网络效应。这是因为互联网资源发展初期,构建互联网平台需要投入大量的资金,在不确定的环境下只有少数企业投资互联网资源发展,小范围的互联网群体无法支撑互联网资源充分发挥作用,导致互联网资源带来的许多红利无法释放,在一定程度上制约了互联网资源的创新溢出效应。随着互联网资源的持续投入,互联网资源边际成本大幅度降低,在看到企业获得互联网创新红利时,各行各业陆续引入互联网资源和技术,社会领域商业模式和创新模式得到了全面革新,催生了一系列"互联网+"新业态,营造出"大众创业、万众创新"的良好氛围。

为了明晰互联网资源影响区域创新能力的区域差异,这里将全国数据分为东部、中部和西部地区三个样本进行回归分析。从东部地区来看,互联网资源量变量在10%的水平下显著为正,说明在东部地区互联网资源能够显著促进区域创新能力,互联网资源量每增加1%,东部地区的区域创新能力就会提高 0.014%。从中部地区来看,互联网资源量变量为正,且通过 1% 的统计水平,说明在中部地区互联网资源对区域创新能力具有明显的积极影响,互联网资源量每增加 1%,中部地区的区域创新能力就会提高 0.018%。从西部地区来看,互联网资源量变量的影响系数为 0.020,且通过 1% 的显著性水平,说明西部地区互联网资源对区域创新能力的影响是显著的,互联网资源量每增加 1%,西部地区的区域创新能力就会提高 0.020%。

比较三个地区的影响强度可以看出互联网对区域创新能力的促进作用呈现"西部地区>中部地区>东部地区"的特征,这是因为东部地区凭借自身地理位置、资源要素、先进技术的优势,很早就引入了互联网,大力扩建互联网平台,广泛应用互联网技术,已经提前释放了互联网资源带来的红利,导致互联网资源创新溢出效应被提前释放。然而,中西部地区引入互联网比较迟,且受到政府新一轮的支持和扶助,互联网的创新溢出效应正处于活跃阶段。综上可看,互联网资源不仅可以显著促进区域创新能力,而且有利于缓解区域之间创新的不平衡,因此有必要继续构建互联网资源、推广互联网平台、更新互联网技术,充分发挥其知识溢出效应和信息扩散效应,借助互联网力量构建创新型国家。

对控制变量做简单分析。研发投入强度变量在所有模型中显著为正,说明研发投入有利于促进区域创新能力的提升。对外开放水平变量在全国、东部和中部地区显著为正,却在西部地区不显著,说明对外开放对区域创新产生了正向溢出效应,但在西部地区尚未体现。市场化水平变量在全国、东部和中部地区均显著为负,但在西部地区显著为正,说明市场化有利于全国、东部和中部地区创新发展,而西部地区创新发展更需要政府的支持。金融发展水平变量在全国和西部地区不显著、东部地区显著为正、中部地区显著为负,说明金融发展为东部地区的创新发展提供了资金支持,但是对其他地区还未发挥促进作用。城镇化水平变量在全国、中部和西部地区显著为正,但在东部地区显著为负,说明城镇化进程集聚了技术、劳动、资本等资源,有利于区域创新能力的提升,但会使东部地区产生拥挤现象,反而阻碍了创新能力的提升。

## 二、互联网普及对区域创新能力的影响结果

表9-3报告了互联网普及对区域创新能力的总体影响效应和区域影响效应。从总体效应来看,当不加入控制变量时,互联网普及度的影响系数在1%的水平下显著为正,且影响系数为0.058。当加入研发投入强度、对外开放水平、市场化水平、金融发展水平和城镇化水平这些控制变量后,互联网普及度的影响系数仍显著为正,但由于其他变量分解了对区域创新能力的影响,降低了互联网普及度的创新溢出强度,这时互联网普及度每提高1%,区域创新能力仅提高0.026%。可见无论是否加入控制变量,互联网普及度变量的影响系数显著性和正负号并未发生改变,仍在1%的统计水平下显著为正,说明互联网普及对区域创新能力具有显著的促进作用,且这种影响具有明显的稳定性。对此解释有以下几点:第一,互联网普及产生了信息效应。互联网具有处理、传播、储存信息的功能,能够将杂乱无章的知识归纳整理并快速散播在网络空间中,人们不仅可以直接搜寻自身所需的信息资源,而且能够将自身的解释附加在信息上再次散播在网络空间中,随着网络空间的扩大,知识扩散范围不断拓展,知识积累价值越来越高,内容也愈加丰富,有利于创新思维的形成和扩散。第二,互联网普及产生了连接效应。互联网将社会各界连接成了一个高度一体化的经济网络体系,创造出无界、有效、自由的全面开放式创新创业环境,在开放式网络体系中,陆续融入企业创新创业活动中,创新模式由"供给主导"向"需求引导"转变,治理结构由"集权式、金字塔式"向"去中心化""人人参与式"转变,高校、研发机构和企业的联系合作更加紧密,充分激发了协同效应,调动了开放式创新创业的主动性。第三,互联网普及产生了渗透效应。随着"开放、平等、互助、共享"互联网思维的普及,"自协调、自学习、自进化"的创新文化逐渐形成,冲破了传统封闭创新的思维方式和哲学观念,有利于企业形成"互相沟通交流、互相解决问题、互相和谐进步"的工作氛

围,营造"大众创业、万众创新"的良好氛围。综上可得,互联网普及是推动区域创新能力提升的重要引擎,未来各地区应着重重视互联网的普及工作,拓展互联网普及范围,激发互联网普及的创新效应。

表 9-3　互联网普及对区域创新能力的影响结果

| 变量 | 模型 9<br>全国层面 | 模型 10 | 模型 11<br>25 百分位 | 模型 12<br>50 百分位 | 模型 13<br>75 百分位 | 模型 14<br>东部地区 | 模型 15<br>中部地区 | 模型 16<br>西部地区 |
|---|---|---|---|---|---|---|---|---|
| 互联网普及度 | 0.058***<br>(14.264) | 0.026***<br>(4.789) | 0.024***<br>(8.900) | 0.027***<br>(6.550) | 0.012<br>(1.220) | 0.054***<br>(3.169) | 0.034***<br>(7.143) | 0.014***<br>(6.007) |
| 研发投入强度 | | 0.026***<br>(5.547) | 0.024***<br>(10.850) | 0.026***<br>(7.550) | 0.025***<br>(2.990) | 0.035***<br>(2.868) | 0.026***<br>(9.254) | 0.014***<br>(7.257) |
| 对外开放水平 | | 0.020***<br>(10.494) | 0.010***<br>(10.500) | 0.012***<br>(8.420) | 0.016***<br>(4.780) | 0.039***<br>(5.969) | 0.010***<br>(4.307) | 0.010***<br>(12.593) |
| 市场化水平 | | -0.024***<br>(-4.036) | -0.020***<br>(-7.000) | -0.028***<br>(-6.270) | -0.035***<br>(-3.330) | -0.022<br>(-1.100) | -0.036***<br>(-12.325) | -0.005*<br>(-1.770) |
| 金融发展水平 | | 0.003<br>(0.651) | -0.001<br>(-0.670) | -0.002<br>(-0.710) | 0.012*<br>(1.680) | 0.032**<br>(2.034) | -0.030***<br>(-5.190) | -0.002<br>(-1.295) |
| 城镇化水平 | | 0.007<br>(0.435) | 0.020**<br>(2.400) | 0.018<br>(1.340) | 0.066**<br>(2.140) | -0.124***<br>(-2.670) | 0.036**<br>(2.506) | 0.031***<br>(4.530) |
| 常数项 | -0.464***<br>(-71.961) | -0.622***<br>(-7.539) | -0.615***<br>(-14.660) | -0.616***<br>(-9.430) | -0.864***<br>(-5.650) | -0.199<br>(-0.827) | -0.681***<br>(-10.393) | -0.677***<br>(-19.369) |
| 样本量 | 450 | 450 | 450 | 450 | 450 | 165 | 120 | 165 |

注:圆括号里是 $t$ 值,\*\*\*、\*\*、\* 分别表示在 1%、5% 和 10% 的水平下显著。

然而,是否应持续增大对互联网普及范围,互联网普及越高,其对区域创新能力的促进作用越强?为了回答这一问题,这里将用面板分位数回归考察在不同互联网普及阶段,互联网普及对区域创新能力的影响效应,回归结果见模型 11—模型 13,分别报告了在 25 百分位、50 百分位和 75 百分位上互联网普及带来的创新溢出效果。当互联网普及度处于 25 百分位时,互联网普及度变量的影响系数在 1% 统计水平下显著为正,说明当互联网普及范围较小时,互联网普及对区域创新能力存在显著的促进作用,互联网普及度每提高 1%,区域创新能力就会提高 0.024%。当互联网普及度拓展到 50 百分位时,互联网普及度变量的影响系数在1%的统计水平下仍显著为正,且影响强度较25百分位增加了0.003个百分点,说明处于中等水平的互联网普及度对区域创新能力仍具有显著的促进作用,且促进作用增强,互联网普及度每提高1%,区域创新能力水平就会提高0.027%。当互联网普及度水平提高到75百分位数时,互联网普及度变量为正但不显著,说明当互联普及度过大时,互联网普及对区域创新能力不具有显著的推动作用,产生这种现象的原因可能是:随着互联网普及范围的不断扩大,网络管理会越来越复杂,网络空间会涌现出各种虚假信息以及出现不良的网络犯罪行为,阻碍了创新主体对有效知识和信息的获取,削弱了互联网普及带来的创新溢出效应。可见,互联网普及对区域创新能力确实存在积极影响,但并不是简单的线性关系,随着互联网普及度水平的提高,其对区域创新能力的影响先增加后降低,呈现倒"U"型规律。所以盲目持续扩展互联网普及范围不是正确的做法,每个区域应根据自身的互联网普及发展水平,合适选择"互联网普及+区域创新"发展战略。

为了厘清互联网普及对区域创新能力的区域差异,这里将从东部、中部和西部地区探讨互联网普及影响区域创新能力的区域效应。从东部地区来看,互联网普及度变量在1%的统计水平下显著为正,说明东部地区互联网普及对区域创新能力具有显著的促进作用,且影响作用比其他地区较大,互联网普及度每提高1%,区域创新能力就会提升0.054%。从中部地区来看,互联网普及度变量的影响系数仍显著为正,但影响强度较东部地区有所减弱,互联网普及度每提高1%,中部地区区域创新能力就会提高0.034%。从西部地区来看,互联网普及度变量的影响系数仍在1%的统计水平下显著为正,但影响强度低于东部和中部地区,互联网普及度每提高1%,西部地区区域创新能力仅提升0.014%。可见,互联网普及的创新溢出效应在东部、中部和西部地区均显著为正,表明互联网普及确实是区域创新能力的新动能,证实了上述结论的稳健性。但互联网普及对东部地区区域创新能力的影响强度最高,中部地区其次，西部地区最弱，这是因为东部地区发展速度较快，吸引了大批人力、资本等要素的聚集，激发了互联网普及效应，能够将互联网信息效应、连接效应和渗透效应发挥到最大。而中西部地区的经济实力较弱，基础设施建设落后，现有互联网普及无法发挥最大的作用，导致互联网普及带来的溢出效应较低。

对控制变量做简单分析。研发投入强度变量和对外开放水平变量在所有模型中显著为正，说明研发投入和对外开放有利于区域创新能力的提升。市场化水平变量在全国、中部和西部地区均显著为负，在东部地区为负但不显著，说明加大市场化水平尚不能推动区域创新能力提升。金融发展水平变量在全国和西部地区不显著、东部地区显著为正、中部地区显著为负，说明金融发展为东部地区的创新发展提供了资金支持，但是对其他地区还未发挥促进作用。城镇化水平变量在全国地区为正不显著，在东部地区显著为负，在中部和西部地区显著为正，说明城镇化推动了区域创新能力的提升，但是对于东部地区而言，其拥挤负效应大于聚集正效应，整体表现为负面影响。

### 三、互联网维度上回归结果的比较

从全国层面来看，互联网资源量变量和互联网普及度变量均在1%的统计水平下显著为正，但互联网资源变量的影响强度（0.013）低于互联网普及度（0.026），说明虽然互联网资源和互联网普及对区域创新能力的影响均为促进作用，但互联网普及带来的创新溢出效应强于互联网资源。对此的解释是互联网资源是互联网普及的基础，互联网应用和普及是目的，只有搭建好互联网基础设施，才能广泛地应用互联网技术。随着互联网技术的广泛应用，互联网普及发挥的作用不断增大，互联网普及带来的信息效应、连接效应和渗透效应更能针对创新思维、创新模式、创新资源等，有利于拓展企业创新可能性边界，其发挥的创新溢出效应更强，因此互联网普及的创新溢出效应总的来说要强于互联网资源创新溢出效应。但从两者的影响规律发现，互联网资源对区域创新能力的促进作用一直在增强，随着互联网资源量的增加，其创新溢出效应持续增大；但不同于互联网资源，互联网普及对区域创新能力的促进作用却存在一个门槛，在这一门槛之前，互联网普及对区域创新能力的促进作用是增强的，但超过这一门槛互联网普及对区域创新能力的促进作用不显著，所以适当拓宽互联网普及范围能够增强互联网创新溢出效应，过度的互联网普及反而会减弱互联网创新驱动效应。

从东部地区来看，互联网资源量变量和互联网普及度均显著为正，但互联网资源量变量影响系数低于互联网普及度，可见在东部地区，互联网普及对区域创新能力发挥着重要的促进作用。这是因为东部地区地理位置优越，能够最先接触和引入互联网技术，互联网资源发展已经较为成熟，而目前正处于互联网快速普及的阶段，所以互联网资源已经提前释放了创新红利，而互联网普及的创新红利正处于释放的高潮期。从中部地区来看，互联网资源量变量和互联网普及度变量的影响系数显著为正，但互联网资源量的影响强度(0.018)弱于互联网普及度(0.034)，说明互联网资源和互联网普及均能显著促进中部地区区域创新能力的提升，但互联网普及的创新溢出效应更强，这可能是中部地区的发展速度虽然慢于东部地区，但互联网基础设施建设已经基本完成，互联网技术逐渐应用于社会领域，互联网普及处于初级阶段，其带来的边际效应较高。从西部地区来看，互联网资源量变量和互联网普及度变量的影响系数均在1%的显著水平下为正，但互联网资源的影响强度(0.020)高于互联网普及度(0.014)，说明互联网资源和互联网普及均能显著促进西部地区区域创新能力的提升，且互联网资源的创新溢出效应较强，这是因为西部地区经济实力薄弱，思想比较落后，不重视互联网技术的引入，目前处于互联网基础设施的建设阶段，互联网技术虽然已经开始应用于社会领域，但互联网资源带来的创新溢出效应更强。

## 第四节 基于价值链维度的异质效应检验

为了明晰互联网发展在不同创新过程中发挥的作用,这里将基于价值链维度分别考察互联网发展对区域研发创新能力和区域转化创新能力的影响作用。首先借助方差膨胀因子值来衡量模型中多重共线性的情况,发现当以区域研发创新能力或区域转化创新能力为被解释变量时,模型的方差膨胀因子最大值为2.58,均值为1.90,由多重共线性经验法则判定模型不存在严重的多重共线性。另外,为了消除异方差带来的负面影响,基本回归方法采用广义最小二乘法分析。

### 一、互联网发展对区域研发创新能力的影响结果

表9-4报告了互联网发展对区域研发创新能力的影响结果。从全国层面来看,当不考虑其他控制变量时,互联网发展变量的影响系数为正且通过1%的显著性水平,说明互联网发展能够显著促进区域研发创新能力提高。当加入研发投入强度、对外开放水平、市场化水平、金融发展水平和市场化水平变量后,互联网发展变量仍在1%的统计水平下显著为正,当互联网发展水平每提高1%,区域研发创新能力就会提升2.937%。可见不管是否考虑控制变量,互联网发展对区域研发创新能力均有显著的促进作用,互联网是提高区域研发创新能力的重要引擎,此结论具有明显稳定性。

表9-4 互联网发展对区域研发创新能力的影响结果

| 变量 | 模型17 | 模型18 | 模型19 | 模型20 | 模型21 | 模型22 | 模型23 | 模型24 |
| --- | --- | --- | --- | --- | --- | --- | --- | --- |
| | 全国层面 | 25百分位 | 50百分位 | 75百分位 | 东部地区 | 中部地区 | 西部地区 | |
| 互联网发展 | 9.514***<br>(14.907) | 2.937***<br>(6.758) | 2.298***<br>(3.580) | 2.806***<br>(3.430) | 3.616***<br>(4.920) | 3.539***<br>(6.107) | 1.707<br>(1.073) | 5.838***<br>(4.284) |
| 研发投入强度 | | 1.442***<br>(23.550) | 1.479***<br>(18.710) | 1.594***<br>(15.840) | 1.639***<br>(18.120) | 1.401***<br>(16.841) | 1.849***<br>(12.877) | 1.171***<br>(11.361) |

续表

| 变量 | 模型 17<br>全国层面 | 模型 18<br>25百分位 | 模型 19<br>50百分位 | 模型 20<br>75百分位 | 模型 21<br>东部地区 | 模型 22<br>中部地区 | 模型 23<br>西部地区 | 模型 24 |
|---|---|---|---|---|---|---|---|---|
| 对外开放水平 | 0.357***<br>(12.875) | 0.478***<br>(13.460) | 0.332***<br>(7.340) | 0.229***<br>(5.640) | 0.483***<br>(8.980) | 0.190***<br>(2.683) | 0.295***<br>(7.015) | |
| 市场化水平 | 0.011<br>(0.141) | −0.042<br>(−0.390) | −0.199<br>(−1.470) | −0.407***<br>(−3.350) | −0.052<br>(−0.441) | −0.054<br>(−0.306) | 0.280*<br>(1.918) | |
| 金融发展水平 | −0.192***<br>(−4.844) | −0.336***<br>(−4.930) | −0.097<br>(−1.120) | −0.166**<br>(−2.140) | −0.672***<br>(−5.439) | −0.341<br>(−1.591) | −0.082**<br>(−2.511) | |
| 城镇化水平 | −1.949***<br>(−10.264) | −1.710***<br>(−6.800) | −1.972***<br>(−6.170) | −1.612***<br>(−5.610) | −1.444***<br>(−4.968) | −1.384***<br>(−2.602) | −1.529***<br>(−4.675) | |
| 常数项 | 14.809***<br>(44.470) | 23.099***<br>(21.925) | 20.553***<br>(14.570) | 23.439***<br>(13.050) | 23.357***<br>(14.470) | 20.087***<br>(15.015) | 23.315***<br>(7.059) | 22.571***<br>(10.218) |
| 样本量 | 360 | 360 | 360 | 360 | 360 | 132 | 96 | 132 |

注：圆括号里是 $t$ 值，\*\*\*、\*\*、\*分别表示在1%、5%和10%的水平下显著。

为了深入探究互联网的研发创新溢出是否具有网络效应，这里将采用面板分位数回归检验在25百分位、50百分位和75百分位上互联网发展对区域研发创新能力的影响。当互联网发展处于25百分位水平时，互联网发展变量影响系数显著为正，说明低水平互联网发展阶段，互联网能够显著促进区域研发创新能力。当互联网发展水平提高到50百分位时，互联网变量影响系数仍显著为正，且提升了0.508个百分点，说明随着互联网发展水平提高到中等水平，互联网发展仍显著驱动区域研发创新能力，且促进作用增强。当互联网发展水平增加到75百分位时，互联网发展变量仍在1%的显著水平下为正，且影响系数继续增大，说明高水平互联网发展对区域研发创新能力仍具有积极影响，且积极影响持续增大。可见，随着互联网发展水平的提高，互联网的研发创新溢出效应持续增大，互联网发展对区域研发创新能力具有显著的网络效应，呈现边际效率递增规律。

由表9-1可知，区域研发创新能力存在明显的不平衡、不充分现象，那么互联网是否能够缩小这种差距？为了回答这一问题，这里将进一步从东部、中部和西部地区来观察互联网发展对区域研发创新能力的影响差异：模型22结果显示，从东部地区来看，互联网发展变量在1%的显著水平下为正，说明互联网发展对东部地区区域研发创新能力具有显著的促进作用，互联网发展水平每提高1%，东部地区区域研发创新能力就会提高3.539%。从中部地区来看，模型23中互联网发展变量没有通过10%的显著性检验，说明在中部地区互联网对区域研发创新能力的促进作用不显著。从西部地区来看，模型24中互联网发展变量在1%的显著水平下为正，且影响强度远远高于东部地区，可见互联网发展有利于缩小区域之间研发创新能力的差异。这可能是因为东部地区互联网发展速度快于中西部地区，互联网对东部地区研发创新能力的驱动作用提前释放，而西部地区虽然发展较为落后，但自然资源丰富，加之政府的鼎力扶持，在资源和政策双重优势下，互联网的转化创新溢出效应被充分激发。

对控制变量做简单分析。研发投入强度变量在所有模型中均显著为正，说明资金投入仍然是研发创新的基础，增加研发投入有利于促进区域研发创新能力的提升。对外开放水平变量在所有模型中显著为正，说明对外开放有利于引进先进技术和管理经验，加强了知识溢出，显著提高了区域研发创新能力。市场化水平变量在全国、东部和中部地区均不显著，但在西部地区显著为正，说明市场化虽然能够激活创新资源要素配置，但对全国、东部和中部地区区域创新能力的促进作用并未发挥出来，而政府支持更有利于西部地区创新能力的提升。金融发展水平变量在全国、东部和西部地区显著为负，在中部地区为负不显著，说明目前金融发展结构或者模式不利于区域研发创新，无法为研发创新提供可靠的资金保障，有必要创新金融发展模式，设定一系列有利于研发创新的金融产品。城镇化水平变量在所有模型中显著为负，说明城镇化进程聚集了更多低技能劳动力，不利于区域研发创新能力的提升。

## 二、互联网发展对区域转化创新能力的影响结果

表9-5报告了互联网发展对区域转化创新能力的影响效果。从全国层面来看,当不考虑控制变量时,互联网发展变量在1%的统计水平下显著为正,说明互联网发展有利于促进区域转化创新能力。当考虑研发投入强度、对外开放水平、市场化水平、金融发展水平和市场化水平控制变量后,互联网发展变量仍在1%的统计水平下显著为正,只是影响系数有所降低,当互联网发展水平每提高1%,区域研发创新能力会提升2.550%,这是其他变量弱化了互联网的区域转化创新效应,可见互联网发展对区域创新能力确实具有显著的促进作用,且促进作用具有稳定性。究其原因是:一方面,互联网技术改造了传统产品创新的生产方式,催生了精益生产、虚拟制造等新的生产模式,有效简化了创新转化的流程,提高了创新产品生产的速度和精度,使科技成果迅速转化为创新产品,并及时地推广到消费市场,明显减少了创新转化成本,提高了创新转化效率。另一方面,互联网催生了全新的商业模式和营销模式,企业可以通过互联网平台将供应商、消费者等利益相关者聚集在同一平台,构建出一个全新的虚拟商场,商家不仅可以在网络平台展示新产品,加大新产品推广力度,而且商家可以与顾客实现及时的交易,加快了新产品营销速度,提高了区域转化创新效率。

表9-5 互联网发展对区域转化创新能力的影响结果

| 变量 | 模型25 全国层面 | 模型26 25百分位 | 模型27 50百分位 | 模型28 75百分位 | 模型29 东部地区 | 模型30 中部地区 | 模型31 | 模型32 西部地区 |
|---|---|---|---|---|---|---|---|---|
| 互联网发展 | 10.930*** (15.700) | 2.550*** (4.434) | 2.917*** (3.580) | 3.407*** (5.080) | 3.828*** (7.280) | 3.942*** (7.181) | 0.065 (0.033) | 1.962 (1.312) |
| 研发投入强度 | | 0.812*** (11.293) | 1.019*** (10.150) | 0.689*** (8.340) | 0.817*** (12.630) | 0.960*** (11.919) | 0.736*** (4.864) | 0.478*** (4.724) |
| 对外开放水平 | | 0.465*** (14.127) | 0.494*** (10.970) | 0.419*** (11.310) | 0.271*** (9.350) | 0.545*** (11.539) | 0.022 (0.316) | 0.593*** (13.971) |

续表

| 变量 | 模型25 | 模型26 | 模型27 | 模型28 | 模型29 | 模型30 | 模型31 | 模型32 |
| --- | --- | --- | --- | --- | --- | --- | --- | --- |
|  | 全国层面 | 25百分位 | 50百分位 | 75百分位 | | 东部地区 | 中部地区 | 西部地区 |
| 市场化水平 |  | -0.874*** (-9.058) | -0.779*** (-5.770) | -0.955*** (-8.590) | -0.987*** (-11.34) | -0.433*** (-3.626) | -1.362*** (-6.612) | -1.060*** (-6.380) |
| 金融发展水平 |  | -0.181*** (-2.970) | -0.904*** (-10.470) | -0.456*** (-6.410) | -0.421*** (-7.560) | -0.952*** (-7.672) | -0.496** (-1.980) | 0.009 (0.212) |
| 城镇化水平 |  | -0.033 (-0.144) | -0.048 (-0.150) | 0.279 (1.060) | 0.733*** (3.570) | -0.043 (-0.160) | 2.124*** (3.490) | 1.305*** (4.324) |
| 常数项 | 22.173*** (63.515) | 16.060*** (12.551) | 17.225*** (9.620) | 15.055*** (10.210) | 15.360*** (13.300) | 17.987*** (13.582) | 8.434** (2.226) | 7.477*** (3.443) |
| 样本量 | 360 | 360 | 360 | 360 | 360 | 132 | 96 | 132 |

注：圆括号里是 $t$ 值，***、**、* 分别表示在1%、5%和10%的水平下显著。

为了明晰互联网转化创新溢出是否具有网络效应，这里将采用分位数回归探究互联网发展在25百分位、50百分位和75百分位上对区域转化创新能力的影响效果，回归结果见表9-5。其中，模型27显示，互联网发展变量在1%的统计水平下显著为正，说明当互联网发展水平处于25百分位水平上时，互联网发展对区域转化创新能力具有明显的促进作用，互联网发展水平每提高1%，区域转化创新能力就会提高2.917%。模型28显示，互联网发展变量仍在1%的统计水平下显著为正，且影响系数增加至3.407，说明当互联网发展水平增加到50百分位水平时，互联网发展对区域转化创新能力仍具有显著的促进作用，且促进作用增强。模型29显示，互联网发展变量仍显著通过1%的统计水平为正，且影响系数继续增加，说明当互联网发展水平提高到75百分位时，互联网发展对区域转化创新能力的促进作用持续增强，增加到最大。可见，互联网发展对区域转化创新能力的网络效应已经凸显，随着互联网发展水平的提高，区域转化创新能力持续提升，互联网发展与区域转化创新能力之间呈现边际效率递增的规律。

进一步，模型30、模型31和模型32分别基于东部、中部和西部地区分区域分析了互联网发展对区域转化创新能力的差异影响，结果表明互联网发展变量在东部地区显著为正,但在中部和西部地区为正但不显著,说明互联网发展显著推动了东部地区区域创新能力提升,互联网发展水平每提高1%,区域创新能力就会提高3.942%,但这种促进作用却没有在中部地区和西部地区显现。产生这种效果的原因可能是东部地区经济实力强、人力资源丰富、地理位置优越,有能力支撑起互联网红利的释放,从而推动了转化创新能力的溢出;而中西部地区基础设施建设不完善、管理体系不健全、经济基础较为薄弱,虽然拥有较好的政策优势,但是无法激发互联网在区域转化创新中的溢出红利。

从控制变量回归结果来看,研发投入强度变量在所有模型中显著为正,说明研发投入有助于区域转化创新能力的提升。对外开放水平变量除了在中部地区不显著外,剩余模型中均显著为正,说明实施对外开放战略有利于激发互联网转化创新溢出效应,但在中部地区尚未发挥作用。市场化水平变量在所有模型中显著为负,说明市场化有利于全国、东部和西部地区转化创新能力的提高。金融发展水平变量在西部地区为正不显著,但在其他地区显著为负,说明目前西部地区的金融发展能够支撑起创新活动的开展,但东部和中部地区的金融发展却无法给这些地区的创新活动提供充足的资金支持。城镇化水平变量在中部和西部地区显著为正,而在全国层面和东部地区却不显著,说明城镇化发展已率先促进了中西部地区的区域转化创新能力提升。

### 三、价值链维度上回归结果的比较

将表9-4和表9-5放在一起比较互联网发展对区域研发创新能力和区域转化创新能力的影响结果。从全国层面看,在区域转化创新能力模型中互联网发展变量的影响系数要低于区域研发能力模型中互联网变量0.387个百分点,当互联网发展水平每提高1%,区域研发创新能力和区域转化创新能力会分别提高2.937%和2.550%,说明互联网发展对区域研发创新能力的促进作用略微大于互联网对区域转化创新能力的促进作用,究其原因可能是研发部门能够利用互联网技术获取相应的知识和信息,激发研发人员创新潜能,捕捉社会中的现实需求,创造出全新的新科技和新成果,这一阶段对研发人员自主创新能力有很强的要求,其产出的科技成果中包含的创新含量很高,能够较大地推动区域创新能力水平的提高。而应用部门借助互联网技术和互联网平台实现精细化生产和网络化营销,互联网技术直接对接转化创新过程,显著驱动区域转化创新能力,但该阶段是科技成果经济效益产出的过程,更加注重经济效益水平,对于区域创新能力水平提高的效果有限,故互联网发展对区域研发创新能力的促进作用要强于区域转化创新能力。另外,互联网发展对区域研发创新能力和对区域转化创新能力的促进作用已经呈现出明显的网络效应,随着互联网发展水平的提高,其对区域研发创新能力和区域转化创新能力的促进作用越大,可见互联网发展能够实现区域研发和区域转化的双轮驱动。

从东部地区来看,互联网发展变量虽然在区域研发创新能力模型和区域转化创新能力模型中显著为正,但影响强度在转化创新阶段更为明显,可见东部地区互联网创新溢出效应已经释放,应该继续开发高端互联网技术,挖掘互联网创新潜力,重新激发互联网创新红利。从中部地区来看,互联网发展变量在区域研发创新能力模型和区域转化创新能力模型中的影响系数均为正不显著,说明中部地区互联网发展对区域研发创新能力和区域转化创新能力的溢出红利尚未发挥。从西部地区来看,互联网发展对区域研发创新能力的影响显著为正,但却对区域转化创新能力的促进作用不显著,可见,西部地区应该着力完善互联网基础设施,积极应用互联网技术,在充分释放研发创新红利的同时激发转化创新的潜力。

总之,互联网发展对区域创新能力的异质效应研究以 2006—2020 年中国 30 个省份的面板数据为样本,采用广义最小二乘法和面板分位数回归法实证检验了互联网发展对区域创新能力的异质效应。首先,基于互联网发展维度考察互联网资源和互联网普及对区域创新的影响作用规律;其次,基于创新价值链维度考察互联网发展对区域研发创新能力和区域转化创新能力的影响规

互联网驱动区域创新能力提升的效应研究

律。研究认为:(1)互联网资源能够显著驱动区域创新能力的提升,当互联网资源量每增加1%,区域创新能力就会提高0.013%。而且随着互联网资源量的增加,其对区域创新能力的提升作用越大,呈现边际效率递增的规律。分区域来看,互联网资源对东部地区、中部地区和西部地区的区域创新能力具有显著的促进作用,但影响强度呈现出"西部地区>中部地区>东部地区"的规律,可见互联网资源不仅能够成为驱动区域创新能力的新引擎,还能缓解区域创新能力水平失衡的问题。(2)互联网普及对区域创新能力具有显著的促进作用,且影响作用大于互联网资源的创新溢出,互联网普及度每提高1%,区域创新能力就会提升0.026%。然而,随着互联网普及范围的持续扩大,其对区域创新能力的影响呈现先增加后不显著的特征,两者之间表现为倒"U"型关系。从东部地区、中部地区和西部地区来看,互联网普及对三个地区均呈现显著的促进作用,但影响强度存在明显的差异,其中东部地区互联网普及对区域创新能力的促进作用最强,中部地区其次,西部地区最弱。(3)互联网发展能够显著促进区域研发创新能力的提升,且提升作用明显高于区域转化创新能力,互联网发展水平每提高1%,区域研发创新能力就会提高2.937%。且随着互联网发展水平的提高,互联网发展对区域研发创新能力的影响持续加大,互联网对区域研发创新能力具有明显的网络效应,呈现边际效率递增的规律。区域效应分析发现,中部地区互联网对区域研发创新能力的影响不显著,然而东部地区和西部地区互联网对区域创新能力存在积极的影响,而且西部地区对区域创新能力的促进作用最强。(4)互联网发展对区域转化创新能力具有显著的促进作用,互联网发展水平每提高1%,区域转化创新能力就会提高2.550%。而且随着互联网发展水平的提高,互联网发展对区域转化创新能力的积极影响逐渐增加,两者之间呈现边际效率递增的关系。进一步对东部地区、中部地区和西部地区的研究发现,互联网发展对东部地区转化创新能力显著为正,但在中部地区和西部地区互联网对区域转化创新能力的促进作用不显著。

# 第十章 互联网与区域创新的融合路径研究

互联网发展与区域创新融合路径,在分析"互联网+区域创新"的融合框架与原则的基础上,研究了"微观—中观—宏观"三维结合的融合路径,论述了企业如何利用互联网构造多元化创新能力矩阵,产业如何借助互联网有序推进数字化转型升级,区域如何以互联网为支撑塑造完善的创新创业生态。企业—产业—区域三层路径相互衔接、层层递进,推动互联网和区域创新的深度融合,促进经济发展质量提升。

## 第一节 互联网与区域创新融合路径的框架设计

"互联网+"的发展掀起了跨界融合热潮,新业态、新模式层出不穷,互联网的创新赋能力得到了理论与实践的持续验证。当前,我国正处在新一轮科技革命和产业变革的关键时期,积极参与全球互联网及新一代信息技术创新竞争,深入推进互联网与企业、产业以及区域创新的融合,对于提高发展质量,加速建设创新型国家有着现实意义。

互联网与区域创新融合路径设计的框架是围绕产业链部署创新链,围绕创新链部署服务链,确保区域产业链、创新链和服务链深度融合发展。设计"微观—中观—宏观"相结合的三维路径结构,旨在解决三个层面的融合问题。微观路径解决的核心问题是区域创新的核心主体——企业,在数字经济时代如何利用互联网构造多元化创新能力矩阵,为"互联网+区域创新"融合夯实动力。中观路径解决的核心问题是如何构筑方向明确、重点突出的产业创新推进结构,为"互联网+区域创新"融合提供支撑。宏观路径解决的核心问题是如何从互联网和区域创新两端同时着手塑造适宜创业创新的生态,为"互联网+区域创新"融合创造环境。互联网发展与区域创新融合路径的框架见图10-1。

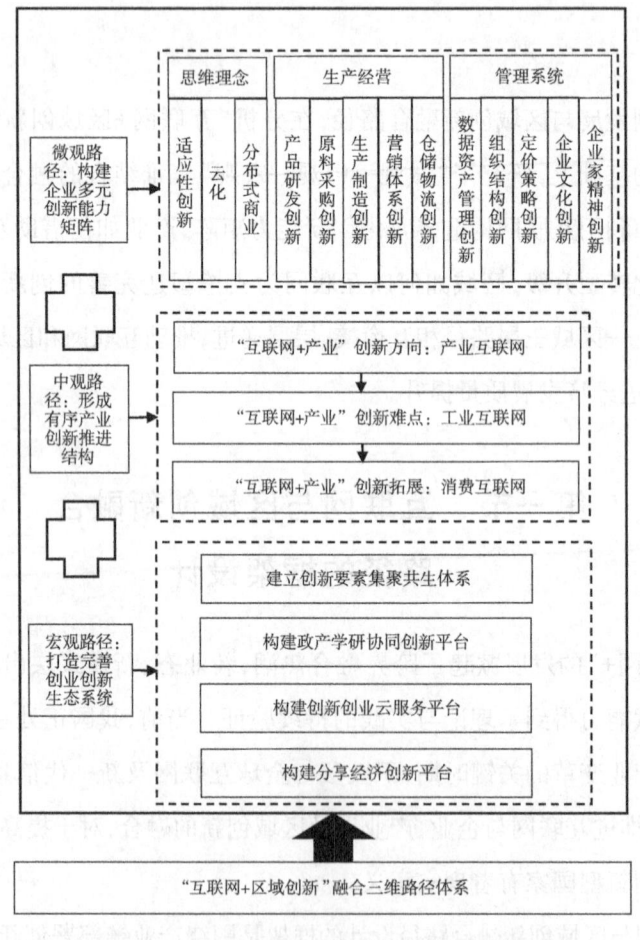

图10-1 互联网发展与区域创新融合路径的框架

融合路径设计遵循以下原则：一是系统性原则。区域创新活动具有系统性特征，系统内部的构成要素与要素间的互动对于提升区域创新能力同样重要。因此，融合路径设计既要关注区域创新要素、创新主体能力的提升，又要兼顾创新模式以及创新环境等的优化。既要始于微末，确保区域创新子系统活力充沛；又要立足全局，塑造各系统之间协同共进，互为助力的互动关系。二是有序性原则。区域创新能力的提升是循序渐进、动态积累的过程。当区域创新系统受到随机扰动时会逐渐偏离当前的均衡状态，长此以往会形成破坏系统结构有序演化的熵增特性（刘春艳和王伟，2016）[1]，需要有组织、有安排的筹划才能使系统从熵增向耗散结构转型。因此路径的设计要重点明确，相互衔接，逐层递进，确保"互联网+区域创新"融合有序推进。三是全面性原则。"互联网+区域创新"融合是包含着互联网驱动的理念创新、产品创新、技术创新、商业创新、制度创新等多项细化的创新内容，应该尽量囊括以上内容，构建较为全面的路径体系。

## 第二节　微观路径：构建企业多元创新能力矩阵

企业是区域创新的核心主体，也是我国建设创新型国家的主力军。一方面，互联网与区域创新的融合需要以微观企业为落实动力；另一方面，数字经济时代的竞争日趋激烈，企业迫切需要广泛借助互联网及新一代信息技术实现数字转型升级，以在创新竞争中脱颖而出。互联网与区域创新融合的微观路径是构建企业思维理念创新、生产经营创新、管理系统创新的多元创新能力矩阵。

---

[1] 刘春艳、王伟：《基于耗散结构理论的产学研协同创新团队知识转移模型与机理研究》，《情报科学》2016年第3期。

## 一、思维理念创新

哈耶克(1962)曾说,"在社会演化中没有什么是不可避免的,使其成为不可避免的是思想"。① 哈耶克的这一思想用于企业层面,就是没有企业可以一直不被取代,除非从思想理念上不断革新。因此,企业首先应该从理念层面改变认知,以互联网的创新、开放、协同和共建共享思维为导向,向适应性创新理念、云化理念和分布式商业理念转变。

(一)适应性创新理念

企业应该纠正一个误区,即创新需要以大量资源为基础,并且要有高技术做支撑,但其实区域创新可以是高科技、中科技、低科技甚至是零科技(李利凯,2016)②,并且技术本身并不具备价值,只有与更有价值的理念结合才能对社会产生影响。企业真正应该做的是贯彻适应性创新理念,选择适宜的创新路径:

第一,渐进式颠覆性创新。对于已在长期创新活动中积累起扎实的研发创新能力的企业而言,仅在原有价值链上持续创新不仅不能拓展企业的创新能力,还可能由于创新成本边际递增导致市场优势丧失。因此,此类企业应凭借其对创新的敏锐嗅觉,基于基础研究和市场需求主动进行自我颠覆,建立起以自身为核心的企业创新生态,并协同上下游企业开辟新的价值链。典型例子为腾讯在 QQ 已经聚起了海量用户后又推出了微信,尽管后者对前者造成了挤出,但却确保了企业在移动互联网时代保持了社交平台的领先优势。

第二,渐进式改良性创新。创新的目的是帮助企业盈利,而是否率先推出产品与能否盈利之间并无必然关系,特别是大部分小型企业都不具备颠覆式创新的意识和能力,改良性或者称为持续性创新是更适宜的选择。走改良性

---

① [英]哈耶克:《通往奴役之道路》,滕维藻、朱宗风译,商务印书馆 1962 年版,第 49 页。
② 李利凯:《开放式创新:大协作改变世界》,上海三联书店 2016 年版,第 73 页。

第十章　互联网与区域创新的融合路径研究

创新的企业可以紧盯行业内领先企业的创新动态,围绕其新产品和技术推出"互补性"创新。同时,大企业的产品功能系统完备,但单个功能通常存在待完善的空间,企业也可针对某一功能进行"部分替代性"创新。典型例子为苹果公司的 iPhone 手机拉开了移动互联网的序幕,但其耗电快的特点催生出了充电宝这一新事物。

第三,技术嫁接式创新。专攻技术创新的企业往往拥有大量的技术专利,但通常这些专利大部分并不具备生产力。那些拥有创意却缺乏技术支撑的企业可以通过技术专利库检索到已存在但尚未开发的技术去支撑创新,或是直接向这类技术企业寻求创意落地的实施方案,原本不相关的技术在嫁接后可能产生突破性价值。典型例子是无线通信网络技术发明后并未产生轰动,苹果公司率先将这一专利应用于笔记本电脑,实现了笔记本的无线上网功能,既提高了笔记本的应用价值,也让无线通信网络技术备受关注。

(二)"云化"理念

企业的发展需要顺应经济社会发展的大趋势,而当前增长的动力正蕴藏于互联网、移动互联网以及大数据等的商业应用中(刘俏,2018)。[①] 因此,企业也需要及时向"云化"理念转变,寻求合适的"上云""用云"路径以应对数字经济时代的新挑战。在"云化"理念实施过程中,一是需要明确并不是所有的企业或是企业的所有业务都适合接入云端。有意向"上云"的企业首先需要与上云服务的供应商和服务商进行系统的适应性和可行性分析,在确保收益—成本分析、业务流程需要等各方面都满足云化的条件后,再逐步推进信息系统的云端改造,避免因为盲目上云导致的财务压力、系统风险以及业务重心偏移问题。二是不同类型企业对"上云"的需求程度和负担能力都不相同,企业部署的云模式以及上云后订阅的服务类型均需要根据自身承受能力以及业

---

① 刘俏:《从大到伟大 2.0》,机械工业出版社 2018 年版,第 324 页。

务类型进行选择。对信息密级较高的大企业而言,建议建立自己的私有云,形成与公有云共同部署的混合云模式,既确保自身数据安全,也能节省成本。中小企业最优方案则是借助公有云平台进行创新。三是"云化"并不意味着忽视线下经营。相反,上云是为了更好地获取资源为线下实体经营发展提供帮助。对制造业企业,上云后可以提高数字化设计工具、研发工具使用率和数控化率,提高生产效率;对服务业企业,上云后获得的用户数据可以帮助线下门店制定更合理的营销方案。总之,企业应结合自身实际加快上云步伐,构建虚拟和实体融合发展生态。

### (三)"分布式商业"理念

分布式是计算机科学名词,指将一个需要大量计算力的任务指派给多个计算机,再将计算结果集成的过程。分布式商业则指多个平等的商业主体,基于预设规则进行合理分工,协作提供商品服务并共同获取价值的经济活动(马智涛等,2020)。① 本质上,"分布式商业"就是互联网开放、协作和共享的思维在商业领域的应用。企业向"分布式商业"理念转变的价值体现在:一方面,随着跨界融合的深入,供应链、产业链和价值链构成错综复杂,每个企业都是某一产业生态内的重要组成部分。内向型的发展方式既无法提供满足企业发展所需的所有资源,同时也容易使企业被排除于产业生态之外。只有积极嵌入价值链寻求分工机会,企业才能衔接起更多的内外部资源。另一方面,构成数字经济的基础——数据要素,需要分布式管理,这是因为数据的生产、交换和使用都涉及若干主体,而当前的技术和管理能力并不足以支撑数据确权。除数据要素外,互联网及新兴的数字技术均有明显的分布式架构特征,不同的技术开发部门之间相互协作奠定了分布式商业的基础。缔造分布式商业理念的前提是要找准自身比较优势,即明确"若以我为核心企业,我能贡献什么"。

---

① 马智涛、姚辉亚、李斌等:《分布式商业:数字时代的新商业变革》,中信出版社 2020 年版,第 31 页。

分布式商业中没有竞争对手,每个企业都需要依赖其他企业生存,关键是要推进数据和技术的共享互用,集全行业之力共建数据驱动创新型区域。

## 二、生产经营创新

企业创新能力提升的重点环节是生产全流程的颠覆再造。尤其是当下互联网已从消费端向生产端迁移,企业能否深挖互联网及新一代信息技术的赋能潜力,建立起覆盖产品研发、原料采购、生产制造、营销体系、仓储物流等全链条的数字化、网络化和智能化生产经营体系决定了其能否在数字经济时代的竞争中存活下来。

### (一)产品研发创新

产品研发创新指企业是否摸清了市场脉搏以及产品能否取得亮眼的市场表现的关键前提。在产品自研与联合研发中,企业需要树立适应数字经济要求的产品观:一是产品研发要抢抓先机。以互联网为代表的新一代信息技术升级快速,基于此类技术的产品创新也需缩短周期,率先推出新产品的企业能够先一步博得消费者眼球。同时互联网的一大特征是其有较高的创新包容性,允许企业再推出产品后通过灰度测试、A/B 测试等不断迭代试错,依靠小步快跑策略取胜。二是研发应该重视产品的平台基础。互联网平台的发展壮大为新产品提供了更多的展示机会,但也决定了只有兼容越多,大平台的产品才有机会触及更大市场。因此,企业在研发新产品时一定要与大平台兼容,也要与多平台兼容。三是更加重视产品的服务功能。网络经济下产品和技术的生命周期更短,但服务的生命周期相对却长久。因此要重视产品消费中的服务体验,并随着产品迭代不断对服务作出升级,以服务创新延长消费者对新产品的好感期限。四是在产品设计上要"让消费者发声",即在产品设计之初借助大数据分析技术查看受众群体过往消费史、消费评价、产品反馈等信息,确保新产品更贴近需求实际。五是"让伙伴发声":互联网的跨界融合使企业逐渐涉及未知领域的业务与经营,需要整合领域竞争者产品设计的知识与技巧以及行业平台上的经典研发案例为企业提供技术支撑。

(二)原料采购创新

传统的分散式采购过程复杂,配送周期长,企业无法及时查看流转进展。要解决以上问题,企业需要借助"互联网+"和大数据技术及时布局采购信息系统,密切与供应链企业、平台企业、物流企业的联系,关键是要协同原料供应商、平台服务商和物流服务商共同建立智慧采购平台并直接对接采购管理信息系统。在选择供应商环节,企业可以通过行业的招投标交易平台,在线完成网络投标和评标在采购商的确定上实现"一次都不用跑"。确定供应商后,企业可以委托供应商依据过往采购史、需求模型等逐月推荐产品清单,企业从中筛选并线上下单即可。由于物流企业的介入,企业在平台上便可实时查看到物流信息,与消费者在电商平台下单产品并无二致。在原料到货后在线完成公对公的结算业务,至此实现采购交易的全流程电子化和智慧化。

(三)生产制造创新

生产制造环节成本高、创新力低是困扰我国企业的难点问题,借助互联网实现生产流程的数字化转型可以有效提高企业的创新表现。一是提高生产过程设备的数字化程度。企业不仅需要及早部署数字生产系统,引进低成本、可复用、模块化的新型数字生产设备及工业机器人,对于存量设备也需要及时进行自动化、数字化基础再造,以实现生产设备的智能互联,进而让设备可以自主进行生产过程的实时监测、风险预警和应急处理,降低企业因为设备故障等导致的效率低下。二是要以智能化为升级方向。对于已经具备充分智能化基础的企业而言,应该主动与工程技术服务企业对接,尝试建设智能工厂、推行"智能制造"模式,探索建立起具有深度认知功能的生产体系;一般性企业则可以从建设智能制造单元、智能生产线开始,通过预设智能机器人的工作路径等,引导单个机器或生产单元率先实现自决策和自驱动以提高生产效率。三是借助互联网资源配置平台,将生产制造中非专业、非核心的业务以"众包"等方式转移出去,突破生产制造的效率与成本"瓶颈"。

(四)营销体系创新

数字经济情境下,企业应该向以智能终端和移动设备为载体,线上线下实时打通的全渠道数字营销体系转型。营销体系部署时,首先,企业要借助互联网及大数据分析技术建立起海量客户资料库,形成对营销目标群体业绩的初步预测;对内,企业需要深度挖掘过往营销数据,借助数据模型、智能算法等分析营销方案的优缺点;对外,企业可以借助网页分析技术、智能可穿戴设备、传感器等数字技术及智能设备收集各社交媒体或交易平台上的用户属性、消费行为、消费过程等数据,或是有偿发布用户问卷调查,收集更多客源数据,帮助企业准确划定目标客户群体并分类管理。其次,企业需借助数字网络向目标客户精准推送品牌、产品及服务信息。一是企业需要引入智能机器客服并在机器学习中不断提升其服务能力,确保智能客服在处理客户紧急需求时能灵活反应。二是企业应确保完善数字营销渠道,积极开拓电商直播带货、微信小程序、手机应用等热门营销方式并做好渠道维护,确保客户无论是在电脑端还是移动端都能享受到相同质量的服务。三是需要善用客户的社交网络,通过产品优惠、额外服务等方式换取客户在社交平台上的主动推介,发挥社交媒体在营销上的规模优势。最后,做好数字营销还需要企业重点关注数字品牌建设。互联网的信息传递优势会使品牌的缺点更易暴露,考虑到数字品牌的受众多为年轻群体,营销上应着重突出个性化、知名知识产权(Intellectual Property,IP)联动、粉丝参与等,与客户联手共同做好数字品牌。

(五)仓储物流创新

为满足供应链数字化的需求,企业的仓储物流环节也需创新。仓储物流创新可分为"自动化—数字化—智能化"三个阶段,企业根据自身业务需要及承受力选择适宜的阶段介入。第一阶段,借助物联网及传感器对货物及其传送设备编码化,并借助自动控制技术与机械臂等实现货物存储、搬运、挑选、包装、分拣等环节的自动化。第二阶段,企业可以扩大射频识别等新型数字技术在物流业务中的应用,为货物添加智能标签并在接触标签时自动识别,大幅减轻企业在库存盘点、出仓等环节的出错概率。同时,将该技术与供应链的结合还可以用于仓库存量、吞吐量、周转周期、客户订单等信息收集处理,实现货物与信息的同步流转。第三阶段,网络技术、云计算、人工智能等技术的大规模综合应用,大型物流企业或对物流服务需求较高的企业可以利用数字孪生技术试验建设智慧仓库,使仓储设备之间达成智慧互联,每一环节的决策都将在仓储系统全局最优的约束下作出。

## 三、管理系统创新

互联网及数字经济的发展改变了企业生存的内外部环境、企业价值创造的目标和过程等。为了迎接挑战,企业的管理系统也需要及时调整,克服长期累积的管理惯性,对资产管理、组织结构、定价策略、企业文化、企业家精神等作出更适宜的筹划安排。只有建立起科学的管理体系,企业才能享受更高的创新溢价。[1]

### (一)数据资产管理创新

互联网使信息载体向"比特"形式转变,"比特"又可以凝聚成更具价值的数据要素。[2] 因此,围绕数据要素的采集、加工、存储与分析应用等形成企业的数据资产管理链条是企业管理创新的新课题。一是通过智能化传感器的搭载实现贯穿生产流程的数据收集、整理、传递与分析等。对不同部门数据的定

---

[1] 刘俏:《从大到伟大2.0》,机械工业出版社2018年版,第324页。
[2] 戚聿东、肖旭:《数字经济时代的企业管理变革》,《管理世界》2020年第6期。

义、统计口径、记录格式、扩展格式、转换过程等制定统一标准,形成高质量的元数据库。二是建立内部数据集中处理平台,强化数据可视化分析、血缘式分析、搜索式分析等技术,对各部门数据的开发、分发、归档等进行统一调度,提高数据处理效率。三是完善数据全生命周期质量监测流程,通过购买数据质量评估工具,应用数据质量管理成熟度模型等实时确定作业数据的不足并及时修正。四是平衡好数据资产安全与开放的关系,可以通过对数据进行密级分类和可交易程度区分,决定企业不同层级的管理人员对数据库的访问权限,阻止外部的不当访问及对数据库的篡改、盗窃等,使数据资产活化增值的同时维护企业数据资产安全。

### (二)组织结构创新

跨界本质上是组织边界不断向外动态扩张的过程,因而企业组织结构也需作出适应性调整,从封闭式结构向模块化、扁平化和网络化结构转变,以降低创新各环节的依赖,降低整个系统的复杂性和创新风险(切萨布鲁夫,2005)。①

第一,企业要对组织功能进行模块化分解。如图10-2所示,系统可试向轻量级转型,对原来彼此依赖的部门进行切分。切分原则是确保部门间不再相互掣肘的同时达到比以往更高的信息沟通效率,并共同为企业创新成果价值最大化努力。模块分解后,小部分具有较强专业性和创新性的研发人员集聚成近似移动硬盘的小型组织,不仅为本企业服务,也可以"插入"其他系统解决类似问题。

第二,企业还需对分解后的模块进行再集成。因为单个的创新模块并不产生价值,系统需要集成以确保各模块物尽其用。集成环节重点是建设区域创新所需的物质、人力、知识管理、行政服务等网络平台作为模块集成的介质,减轻模块集成时的摩擦。在模块集成过程中,多个与A相似的系统需要就战

---

① [美]亨利·切萨布鲁夫:《开放式创新:进行技术创新并从中赢利的新规则》,金马译,清华大学出版社2005年版,第66页。

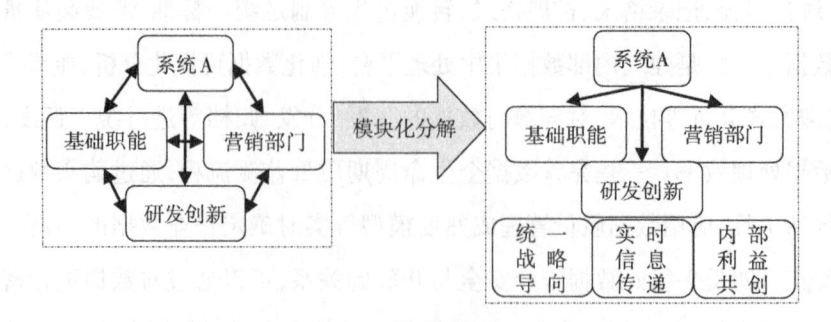

图 10-2　企业模块化转型流程

略目标、次级战略、突发状况等信息与模块网络协调与沟通,既要确保系统对各模块的领导力,也要授权模块灵活应对的能力。集成后的系统不再受组织边界的约束,创新链上多个系统互为供需方,共同进行价值创造,实现供应链动态均衡。

### (三) 定价策略创新

互联网发展对企业定价管理提出了新挑战。在实际操作中,一方面,企业要提高动态个性化定价能力。如今的消费者对时间、产品性能、服务体验等的敏感度逐渐高于对价格的敏感度,基于相同产品质量的特别预售折扣、常用商品组合折扣、好评返现等形式的差异化定价会帮助企业吸引更多客源。另一方面,企业需以产品功能无限细分支撑差异化定价。不少企业借数字技术实施"大数据杀熟"策略,但差异化定价不应成为企业借助大数据技术实施的消费者福利单方面剥夺,企业应该借助互联网时代产品的版本化、迭代化特点对产品功能进行模块化和无限细分(戚聿东和肖旭,2020)[1],为消费者提供更多的价格—功能自选组合,在满足不同消费需求的同时提高企业的获利能力。除此之外,企业还可探索顾客定价模式,如提"建议价格"或"成本价格",以质量驱动消费者主动为产品和服务付出相应的价格,为企业拓展更广阔的需求空间。

---

[1] 戚聿东、肖旭:《数字经济时代的企业管理变革》,《管理世界》2020 年第 6 期。

## （四）企业文化创新

适应互联网时代管理系统需要，企业必须以互联网精神重铸其文化内核。一是树立共创共享的价值观。企业的经营管理必须突破内部边界，以市场需求为导向，与产业链及供应链上下游企业通力合作，共享资源，共担风险，共创产品价值。二是形成多元包容的文化。企业需要在内部建立反性别、年龄、学历等歧视的制度，从招聘到人才培养的每一步都要将包容的企业伦理贯彻到底。同时也需要多与其他优秀企业、社会组织等外联，将企业对多元文化的尊重传递出去。三是贯彻"以人为本"的价值理念。与组织结构的扁平化相匹配，互联网时代的员工与企业之间应该是平等、自由的关系，对员工的管理应该以充分激发员工的创造力为目标，给予员工业务范围内的自主决策权，尊重员工的自我表达和价值创造诉求。四是塑造特色与亮点文化。跨界融合使企业同时要应对来自本行业和其他行业的冲击，剧烈的竞争使企业"爆点"文化更重要。例如美国3M公司的15%文化、谷歌的20%文化等，独特的企业文化加网络媒体的营销力量可以让企业迅速捕获消费者眼球进而实现注意力变现。

## （五）企业家精神培育

熊彼特认为，让企业家特殊的正是其所具备的企业家精神，这种精神帮助企业家完成其所承担的创新任务。[1] 但事实是，目前企业家精神的缺乏却构成了互联网经济繁荣发展的"瓶颈"（朱富强，2016）。[2] 因此，还需要重视企业家精神的塑造：一是企业领导者需要利用互联网广泛开拓社会资本，积极参

---

[1] ［美］约瑟夫·熊彼特：《经济发展理论》，贾拥民译，中国人民大学出版社2019年版，第61页。
[2] 朱富强：《深刻理解互联网经济：特征、瓶颈和困境》，《福建论坛（人文社会科学版）》2016年第5期。

与各类社会活动以拓展社会网络,学习其他企业家的经验教训,不仅可以提高企业社会资本存量,还可以一定程度上避免创新"弯路"。二是企业家要充分发挥破坏性创新职能。身处瞬息万变的网络时代,错失一次创新时机企业就可能被市场淘汰。企业家必须颠覆"求稳"心理,积极融入跨界融合浪潮,利用互联网广泛获取需要的信息,增强风险利用能力和管控能力。三是积极承担社会责任。互联网的舆论发酵能力既可以导致社会责任感缺失的企业家及品牌被抵制,也可以为勇于承担社会责任,积极捐赠物资的企业家带来超额回报并塑造企业家独有的人格魅力,为企业积累良好的口碑和信誉。

## 第三节 中观路径:形成有序的产业创新推进结构

互联网与区域创新融合需要产业层面的支撑,要明确产业转型升级的主要方向,抓住产业创新的突出重点,稳步推进互联网赋能产业经济,实现生产力、生产关系以及生产组织形式等的解耦与重组,形成重点突出、平稳有序的产业经济创业创新推进结构。

### 一、产业互联网

产业互联网是互联网及新一代信息技术与传统产业深度融合的可操作面。传统产业应通过建立覆盖全产业链的网络连接,以价值链创新为战略导向,以供应链创新为实施细则,立足资源配置以优化和升级价值链,带动产业革新,形成产业互联网发展的"3—3—4"路径体系。

(一)价值链创新

以价值链创新为战略导向的"三步走":一是结合当前国际国内复杂形势,重新定义本产业参与者各自的需求和风险是什么,新的价值突破点在哪里。价值链参与者应该以掌握行业价值链高端为目标(周永亮,2016)[1],充分发挥企业的核心能力抢先寻找价值链的新入口、新平台。二是承诺价值,通过共同承担产业创新任务可以为各价值贡献者提供什么激励。这种激励既可以是结果性的,也可以是过程性的,即在共创价值过程中可以为参与者提供何种服务确保其价值创造过程成本更低。三是实现新价值,即按照既定的框架设计完成各项任务,既确保系统目标实现,也保证各参与方获取应得激励(宋华,2018)。[2] 对于那些已经处于全球价值链前端却难获利的产业,价值链的集中和整合更重要;仍旧处于价值链中低端环节的,可以尝试更新价值链上的要素或是引入更具价值的新要素参与竞争,以提高价值链的灵活性。

(二)供应链创新

以供应链创新为实施细则的"三抓手":一是要实现供应链要素的数据化,一切决策都应以数据为支撑。二是供应链行动的同步化,既要做到供应链各环节之间互动的同步,更重要的是借助产业互联网实现决策的同步,即供应商之间要以联盟目标为导向,就生产计划、市场动向、消费者行为等信息实时沟通,协同制定供应策略。三是供应链结构需要从"链式"向"网状"转变,既要达成产业上下游之间的垂直合作,还要形成与其他产业的跨界横向合作,与高校和研究机构、中介组织、政府之间的网状合作等。

(三)产业互联网发展

具体到实施路径层面,产业互联网发展需历经"四阶段":一是个体突破期,企业内部必须实现生产经营活动的联网化(余菲菲和高霞,2018)[3],也就

---

[1] 周永亮:《价值链重构:突破企业成长的关口》,机械工业出版社2016年版,第71页。
[2] 宋华:《基于产业互联网的现代供应链及其创新路径》,《中国流通经济》2018年第3期。
[3] 余菲菲、高霞:《产业互联网下中国制造企业战略转型路径探究》,《科学学研究》2018年第10期。

是完成企业的数字化转型；二是规模扩张期，多个生产主体虚拟集聚与共享资源，形成小范围的生产联合体；三是平台构建期，以大企业、行业组织或是国家级有关部门为核心，成立产业发展云平台为产业创新提供人才、资金、机制、政策、环境等战略支撑；四是生态融合期，即依赖本行业云平台与其他产业云平台互换资源、互相服务以及互生价值，或是将本行业云平台及其资源跨界移植，达到多个产业边界消弭，产业价值链重构升级。需要注意的是，以上四个阶段并非逐层递进关系，这是因为技术创新总是呈非线性规律，可能存在某一时间点上的爆炸式增长，因此产业互联网也可能在某一时刻取得突破性成果（见图10-3）。

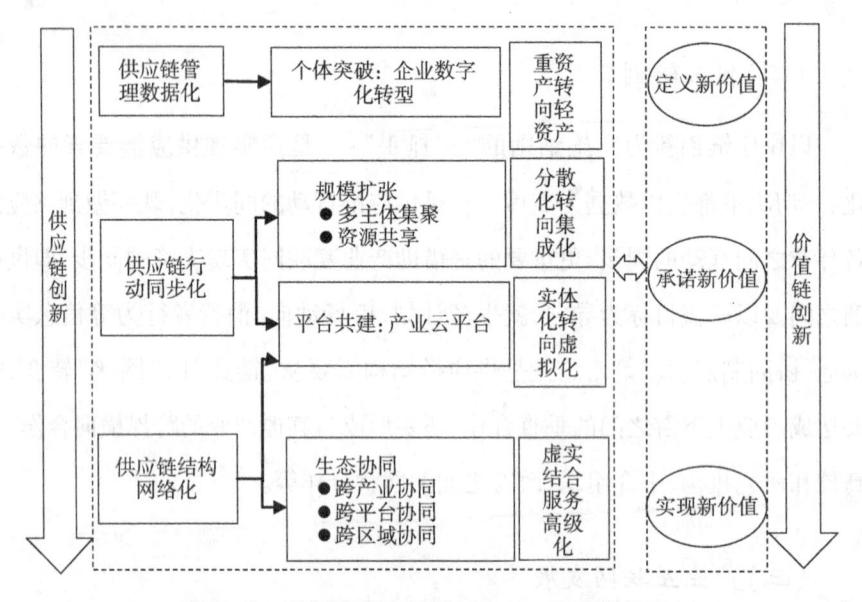

图10-3 产业互联网实施的"3—3—4"路径体系

## 二、工业互联网

工业互联网是互联网与产业创新融合的重点，也是最具潜力的点。这是因为庞大的工业体系和制造业能够为互联网向产业端移植提供海量应用场景，同时消费互联网发展积累的技术、平台和服务可以为工业转型升级提供新动能。因此,搭建以工业互联网平台为主体,以技术创新、服务创新、标准建设和网络安全为四翼的工业互联网体系应成为互联网赋能工业行业创新发展的核心路径。

(一)推进技术创新

"核心技术乃国之重器",要避免"卡脖子"技术的断供和制裁就必须先人一步在关键核心技术上取得突破。构建工业互联网平台的技术体系难点在于工业门类庞杂繁多且产业特征差异较大,亟须明确工业互联网的技术架构,针对工业互联网平台的关键技术和通用技术进行创新。一是要在核心电子元器件、集成电路、基带射频、高级芯片和半导体等底层材料技术领域扭转当前受制于人的局面,抢先铺设"空天地"一体化的第六代移动通信技术(6G)空间互联网,专注攻关卫星与地面、卫星与卫星、卫星与高空通信所需的关键技术和产品。二是工业互联网技术复杂,目前已经形成了包括数据集成和边缘处理、平台通用使能技术、大数据计算技术等在内的7大技术支撑体系。[1] 要同时塑造7大技术优势难度较高,但可以集中攻克边缘计算技术、区块链技术和人工智能技术等对工业互联网平台起着关键作用的领域(王建伟,2018)。[2] 三是通过产学研用部门的有力合作率先实现一批像类脑芯片、人工智能物联网芯片、人工智能计算机芯片等我国目前有一定话语权的产业的"弯道超车"。

(二)鼓励服务创新

依托互联网及数字技术的服务创新可以使传统工业企业逐步实现从生产

---

[1] 中国信息通信研究院:《工业互联网平台白皮书》,中国信息通信研究院2019年版,第32—34页。

[2] 王建伟:《工业赋能:深度剖析工业互联网时代的机遇和挑战》,人民邮电出版社2018年版,第376页。

加工角色向行业服务供应商角色的转变,提高其在全球价值链上的分工地位和利润率。因此,工业互联网平台建设应逐步推进工业企业的服务化转型。一是大型制造企业服务化转型。这类企业有丰厚的研发制造经验积淀,通过将过往的理论、经验、诀窍、案例等封装在工业软件中,可以让隐性知识传递至其他行业,诱发更多创新成果。二是大型的装备和自动化企业的服务化转型。此类企业在硬件生产上有显著优势,并且在设备大数据的生产、采集、处理和应用上有技术基础,可以成为工业互联网平台建设的主要力量。三是工业软件供应商的服务升级。"软件定义"特征使软件服务商的服务能力决定了企业数智化的质量,但目前其主要提供数字化研发和管理工具类软件服务,还需强化智能装备和系统运行时类软件的服务能力才能满足企业的智能化发展需要。四是信息与通信技术(Information and Communications Technology,ICT)企业的服务延伸。信息与通信技术企业在信息技术领域极具先发优势,并且已经在消费互联网领域积攒了大量的经验,有平台构建的资源和技术能力,应该鼓励其深化与工业企业的合作,将已有资源向工业领域延伸,以信息技术服务支撑工业互联网平台建设。

## (三)强化标准建设

信息技术相关的产业都带有一个鲜明的特征,即"产业未动,标准先行"。[①] 工业互联网也不例外,其体系架构中的标志与解析是连接终端和云端的关键。标准化建设应包括工业互联网的基础共性标准、核心技术标准、安全标准以及应用服务标准等。在行业层面,可以以中国信通院、中国电信等为引领,着力在工业互联网网络、智能制造等领域统一、融合和开放的标准体系建设上继续加大研究力度,为互联网与工业产业融合创新提供技术支撑。在企业层面,不仅要培育技术领先企业,积极争取和参与互联网领域国际技术标准

---

① 中国信息通信研究院:《ICT 产业创新发展白皮书》,中国信息通信研究 2020 年版,第32 页。

的制定与推广,鼓励企业的技术专家在国际标准组织担任重要职位,扩大标准和开源组织的参与范围,发挥好"头雁效应"。还要重视处于技术跟随地位企业的规范化发展,要以已有的国际标准为发力方向,走好先"削足适履"再优化创新的道路。同时,在标准的制定上还应该坚持试验和验证同步进行的原则,并且要积极与国际标准对接,增强标准体系适用性。

### (四)突出网络安全

场景丰富既是工业互联网发展的优势,也让其面临更不可控的网络风险。只有企业的数据安全得到充分保障才能吸引更多企业主动"上云用数赋智"。因此,要围绕设备、控制、网络、应用和数据五大对象构筑起网络安全防护体系。网络安全产业链上中游企业一是提高生产的芯片、智能终端和设备产品等基础产品的安全性能。二是从提供基础设施安全产品向提供安全服务和解决方案转变,将业务范围向云计算、物联网、能源、电子政务等新型应用场景移植部署。三是根据新兴信息通信技术的特征及时开发适宜的保密技术服务,尤其要为人工智能、量子加密、数据清洗等前沿技术的应用提供零信任技术、对抗机器学习技术等更高级别技术防护体系。产业链下游的网络安全服务应用部门也要主动加入网络安全的检测、预警、应对环节中来,及时反馈对网络安全的新需求,并主动部署访问控制、漏洞扫描、入侵检测、防火墙、防病毒技术提高应对数据攻击和窃取、重要数据泄露和滥用、关键数据遗失和备份恢复等的能力。

### 三、消费互联网

尽管消费互联网的流量红利正在消失,产业互联网成为创新的新蓝海,但后者的发展仍需时日,并且需要消费互联网的支撑,因此在"国内大循环为主体,促进国际国内双循环"的新发展格局下,探索消费互联网的生存空间,加速消费互联网与产业互联网融合发展应成为产业创新的可行路径。

## （一）产品创新

消费互联网流量已经饱和，围绕既有流量池的需求继续细分、深挖并创造新产品成为创新的必然选择。同时，经济外环境的变动也为创新提供了更多机会。在新冠疫情背景下，消费领域孕育出了一批具备长足发展空间的新产品和新服务，值得继续挖掘与巩固。一是继续开发"动态仿真"消费产品。要结合增强现实（Augmented Reality, AR）、虚拟现实（Virtual Reality, VR）以及超高清视频技术，广泛开发"云看房""云旅游""云看展"等新产品，为居家生活提供更便捷、更丰富的选择。二是继续扩展无人消费场景创新。加强有关技术创新和熟化，加速无接触服务从外卖、快递等行业向商场、餐厅、酒店、地铁等人流密集行业移植。三是继续探索生活信息消费产品创新。要对社区团购、共享出行等产品进一步推陈出新，更好地满足消费者多场景的需求。四是创造新型信息产品。新冠疫情使消费者的健康意识普遍上升，要重点开发小微型可穿戴设备、移动健康监测设备、医疗记录互联等新型医疗产品，扩大健康消费产品的市场规模。

## （二）体验至上

消费产业创新的新方法是线上线下渠道融合共塑体验经济。尽管线上—线下概念并不新颖，但在疫情前更多的是线上向线下消费的单向融合。疫情使实体店铺看到了线上渠道的必要性，加速了二者双向融合的速度。渠道融合的难点在于要确保线上消费空间不缩减的同时启动实体消费，因此实体消费区别于线上消费的最大特征——沉浸式体验，成为破局的关键，也即消费互联网创新应该抓住"体验经济"的趋势从两个方面着手：一方面增强线下实体店铺的服务体验感，从服务模式、服务态度、服务营销等环节创新，满足消费者到店铺的品质消费、族群社交、创意消费等新需求。另一方面继续提升线上消费的仿真和沉浸感，提供"云自习室""云吸猫"、砍价、团购等以追求最大化消费真实感的服务,将用户体验至上做到极致。

### (三) 市场拓展

随着城市层面消费互联网市场的饱和,农村网络基础设施、物流体系的不断完善以及农村网民用网能力、对新事物的接受度的提升,下一步必须使网络消费延伸到三线以下的城市和农村。以对新生事物接受力较高的年青一代为消费的支点,逐步在小城镇和乡村铺开消费互联网。例如,疫情使中小学的网课常态化,为在线教育行业向村镇拓展提供了机遇;中老年人是闲暇时间多、健康意识较强的群体,则应成为在线问诊、医疗常识教育、休闲娱乐数字内容等消费行业的主要攻略对象;社区团购也急需在村镇设点,形成更密集的服务网络。

### (四) 供应链掌控

消费互联网的组织形式应该从"轻"公司向"重"公司形式创新转型,这是消费互联网和产业互联网融合发展的必然趋势。传统的消费互联网组织强调轻资产运行模式,淘宝、天猫等平台初始时期只起到黏合供需的作用,并不真实介入生产环节。但是,消费互联网的流量是有限的,在流量触顶后就无法通过匹配新供需促成交易获利,因此,所有流通平台的生存方式都需转型。转型的方向应该融合产业互联网的思路,切入创造价值的交易环节,并且切入的交易环节越多,创造的价值就越大。这就要求消费互联网平台要重视布局供应链,强化备链接链的意识,从中间商逐渐向供应者的角色转型。尤其是在消费互联网已经发展到"体验经济"为王的时代,将供应链掌握在平台手中可以从物流配送时效、产品质量上重塑消费者对平台的信心,再度从体验感中获利。

## 第四节　宏观路径：打造完善创业创新生态系统

从宏观层面来看，互联网发展与区域创新的融合过程就是利用互联网将区域打造成更加适宜创新创业的生态系统的过程。建立创新要素集聚共生体系，搭建政产学研协同创新平台、创新创业云服务平台及分享经济创新平台，优化区域创新资源、创新主体、创新人才及创新服务的表现可以为"互联网+区域创新"融合提供全景式路径支撑。

### 一、建立创新要素集聚共生体系

习近平总书记在中共中央第三十四次集体学习上指出，"数字经济成为重组全球要素资源、重塑全球经济结构、改变全球竞争格局的关键力量""要充分发挥海量数据和丰富应用场景优势""推进数字产业化和产业数字化，支持基于互联网的各类创新，打造具有竞争力的数字产业集群"。形成数字产业集群首先要促成创新要素的集聚共生，增强区域创新的溢出能力。

#### （一）数字技术促进要素虚拟集聚

数字技术和数字经济的发展正在驱使区域创新活动所需要的劳动力、资本、技术、信息、管理等要素以数字化、虚拟化形态存在。虚拟形态既促进了信息、知识的泛在化，也造成了创新资源和要素的分散化，需要新的组织和流通形式提高创新要素的配置效率。互联网及新一代信息技术的发展降低了知识生产过程的空间地理依赖，在达到与物理集聚同样的高效率、低成本作用的同时，还可以避免物理集聚的"拥堵成本"及空间限制。因此，以数字技术为依托，以"云、端、网、台"为载体，促进创新要素虚拟集聚是区域创新活动的新选择。借助数字技术超强的计算性能、低廉的成本和较高的安全性在虚拟创新

第十章 互联网与区域创新的融合路径研究

资源共享方面的优势,可以解决要素的合理调度和分配以及异构资源的协同和管理问题。同时,所需的计算和存储能力、软件、工具、专业服务等都被集聚封装在供应商的服务器上,资源的可复用性强,创新资源的效率也更高,能够最大化发挥要素集成创新能力。

(二)产业链促进要素双重集聚

围绕互联网研发和应用部门构建产业生态链,借助产业生态链的虚拟和地理双重集群加速创新要素双重集聚共生。在构建产业生态链时,要注意结合区域自身要素禀赋和产业结构基础,选择合适的产品和产业布局:一是以区域已有的产业优势为载体,培育优质龙头企业作为吸引产业链要素集群的来源,实现"以点带面"式集群;二是由政府或创新组织主导,选择某一产业作为本区域的优势产业,通过政策及平台孵化机制吸引要素向孵化区转移,实现"自上而下"式集群;三是树立错位竞争意识,尤其是对于创新能力较弱的区域,可以选择与邻近区域差异较大的高新技术产业,集中创新力量在该产业突破,实现"错位发展"式集群;四是对于已经成熟的地理空间集聚形态,例如产业园区、创新示范区等,要以数字化转型促进其虚拟集聚。

(三)产学研协同促进互联网知识管理

知识管理已成为创新活动中必须重视的环节。参与协同的高校、企业和科研机构带来了大量的显性知识资源。同时,参与产学研协同的员工往往具有跨学科、跨领域的知识背景,在参与协同的过程中思想的交流和碰撞会产生数量客观的隐性知识。互联网知识管理可以帮助机构更好地利用各类显性知识和隐性知识,充分挖掘和利用集体的智慧和力量来提升其知识水平和创新能力。互联网知识管理的内容主要有:构建知识库;搭建员工知识交流的平台;建立良好的知识分享和共建的文化氛围;以资产的视角来管理知识以促进知识的升值。互联网信息管理主要以提供信息和可供利用的情报为主,而互联网知识管理不仅提供有用的信息和情报,还提供面向问题的解决方案。因此,知识管理是信息管理的升华,而信息保障系统,则为知识管理的推进搭建基础平台并提供资源支撑,能够有效促进产学研协同中的知识管理水平。

## 二、构建政产学研协同创新平台

协同创新能力是区域创新能力的重要构成。创新资源的分散化、创新过程的模块化、创新风险的复杂化等趋势决定了要完成创新成果产出到应用转移的过程,必须搭建政产学研多个部门的紧密协作平台,使创新资源自动集聚整合,创新主体实时良性互动,最大限度激发创新系统活力。实践中,多元创新主体主动的载体建设和创新人才培养是协同创新平台建设的关键。

### (一)载体建设支撑创新协同

对高校和研究机构而言,在小范围内可以围绕自身学科特色、研究专长以及交叉学科构建高校协同创新平台、协同创新中心、协同创新实验室等,就前沿领域科研难题展开集中攻关,形成基础创新联盟。区域各大高校可以合力共建"知识城""科学城"等广义协同创新聚集区,将本区域智力资源拧成一股绳,增强对外知识供给能力。

对企业而言,要搭建服务于产业的创新载体,形成核心企业与关联企业之间稳定的技术联盟。载体形式可以是行业技术创新平台、共性技术研发平台等。载体设计的结构见图10-4:底层是概念词典层,目的是对行业常用的知识口径、科学原理等进行统一,方便新进入的企业迅速掌握行业标准知识。中层的基础库则应该覆盖行业专利知识、过往的研发惯例、典型研发案例等方便企业查询。最上层负责将行业知识切分成模块,成立专题知识库,方便企业相互检索和复用某一特定技术或产品的知识。依托这样的创新载体,同一产业链上的企业可以通过知识生产过程联结,并且在知识的调取、复用和交流中不断创造新知识。

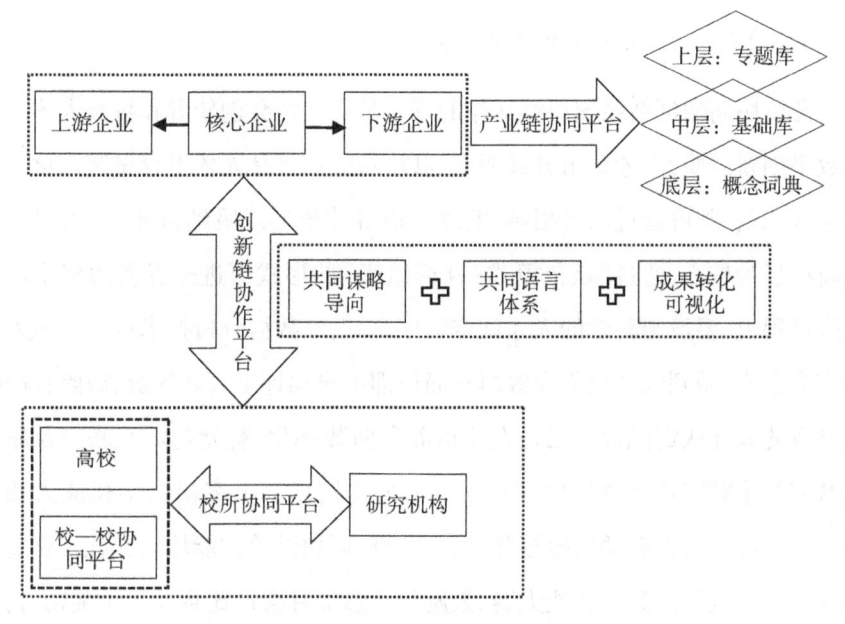

**图 10-4　区域创新载体与创新主体协同关系**

对整个区域创新系统而言,区域各级政府、创新服务机构以及产学研单位等均应发挥主动性,加速域内创新节点单位"结网",内外部共同发力引导政产学研网络趋于完善,进一步削减协同创新过程中的系统摩擦和资源耗损。一是确定平台的协同战略目标,打破当前创新主体间只有表面的"协",没有深层的"同"的困境(方茜和郑建国,2015)[1],此目标必须对产学研部门同时具有激励能力才能为长久联盟做铺垫。二是注重成果转移阶段共同语言体系的建设,培养能在知识背景完全不同的企业和高校之间正确传递信息的人才,确保成果转化过程不产生额外的理解成本。三是推广中央全国校企创新协同平台,利用信息技术实时成像校企协同的流向和路径,改变以往平台"看不见摸不着"的窘境,让政产学研协同创新过程实时可见可控。

---

[1]　方茜、郑建国:《协同创新体系的结构特征及系统实现路径——基于解释结构模型》,《经济学家》2015 年第 12 期。

## （二）人才升级驱动创新协同

开放协同的创新系统持续运作的基础是广大社会创新者和科技人才。适应数字创新需要，人才队伍升级要做到以下几点：一是人才引育渠道广化。在引进方式上，既可通过网络招聘、实地宣讲等传统形式吸纳贤才，也可以具体创新项目为核心，通过"众包模式+社群组织"的形式引进外界智力资本。在引进流程上，要设定科学的人才认定程序，借助大数据分析技术构建区域人才评定数据库，做到人才只需在线填写简历即可自动评定人才等级，破除行政壁垒导致的人才认定低效。二是人才培养方向数字化、智慧化。互联网及新一代数字技术赋能产业创新的过程要求人才协同培养上突出数字化能力的提升。高校可以增设有关大数据分析、云计算、区块链等技能培训课程。企业可以通过举办内部的数字技能大赛、鼓励员工参加社会性比赛并给予奖励、构建数字人才认定体系等提高员工对数字技能培育的重视程度，也可以积极向大企业和大平台争取数字人才交流和实训机会。三是人才激励科学化。应设定"国家—省部—行业—单位"四维立体的奖酬体系，确保对创新人才的物质激励到位。探索建立多元化的创新人才激励体系，例如开辟创新型人才晋升的绿色通道，创造高水平人才的对外交流、访学、进修机会，为成果显著的人才提供惠及家庭教育、医疗、住房、带薪休假等的福利，以更高的人文关怀帮助区域容留人才。

## 三、构建创新创业服务平台

科技创新服务云平台能汇聚整合各类信息资源，提供信息关联分析，满足学界和业界关于创新的基础应用服务需求、平台服务功能需求和平台支撑构建功能需求，有效降低创新的不确定性和风险性。云服务平台的部署要集成专业化服务内容，还要精准赋能成果转化环节，围绕知识产权服务不断创新，力争为科技创新和成果转化提供"一站式"云服务。

## 第十章 互联网与区域创新的融合路径研究

### （一）提供专业化服务内容

科技创新云服务平台的首要功能是为创新主体提供多元化、专业化的创新服务，鼓励区域创新主体更加热情地投入创业活动中去。从云平台创建上，要加速区域内创新机构、仪器设备等的数字化编号和二维码化，对科技报告、科技监管、政策法规等创新资源和信息的"云化"，为其上云和预约、查询等奠定基础。并且在PC端外，云平台还需做好移动端开发，形成区域创新"指尖上的智慧大脑"。从功能模块上，要完善布局政策咨询服务、创新创业服务、技术服务体系，重点突出检验检测、研究开发、知识产权、科技咨询、科技金融、创业孵化等功能，实现创新服务事项的"一网通办"。在架构上，由于企业和高校所需的创新服务类别不同，可以划分学术库和企业库，提高服务资源的检索效率。

### （二）精准赋能科技成果转化

一方面，应基于云服务平台建立在线科技成果管理系统。在高校和企业内部预设的科技成果"发现—收集—筛选"机制基础上，依托云服务平台上设置的科技成果申请与鉴定入口，将各类通过内部筛选机制的有价值的研究成果鉴定后按照产业门类详细归类于成果库，提高成果源头管控能力。同时要增强成果管理数据的实时同步能力，及时更新并反馈至创新主体以及政府部门端网设备。另一方面，还要构建起"网络渠道+线下展会"的双渠道科技成果推介平台，推动在更大的区域范围内建设技术网络交易中心、技术转移转化示范区等虚拟和实体机构等主动向外推介本地成果，确保打通科技成果转化的每个环节。

### （三）创新知识产权服务

科技创新服务的各项内容中，知识产权服务是互联网及数字经济时代突出的挑战之一。既要推动知识产权保护以激发创新意愿,又要克服过度保护与开放式创新范式的冲突。在云服务平台基础上,一是完善知识产权交易市场,建设从专利政策查询、网上预演、专利估值、磋商竞价到交易支付全流程的知识产权在线交易平台。二是创新知识产权运营方式,在全国范围内推广北京的知识产权虚拟证券化项目,通过运营使区域具备以无形资产融资的能力。三是构建多层次的知识产权交易机构体系。既要立足本土,又要服务全球;既要有专业化机构,也要有综合性服务机构;既要有线上平台,也要有线下平台,形成功能互补、层级明确的知识产权保护体系。

### 四、构建分享经济创新平台

在"大众创业、万众创新"的背景下,构建分享经济创新平台可以使海量分散、闲置的创新资源得以跨企业、跨产业和跨区域配置,提高社会资源使用效率。平台创新的重点应围绕以下三方面展开:

#### (一)推动闲置资源开放共享

分享经济针对的是不使用就会产生浪费的闲置资源,其开放和共享一定能提高资源价值。数字经济情境下,一面是跨界融合趋势延长了创新链条,使创新需要的资源设备越来越复杂多样,但同时许多设备使用次数有限或只在研发的某个阶段使用,直接购入所需仪器设备不切实际。一面是许多机构的大型仪器和设备等仍有生产力盈余,造成了对其所有者的资金、空间等的挤占。因此,迫切需要建立起分享经济创新平台,为区域高校、企业、专业机构以及政府闲置的大型仪器、设备、研发工具等提供共用平台,为个人的认知盈余、时间和空间盈余、资金盈余等提供创收可能,提高闲置资源利用效率。

## （二）做大已有分享经济平台增量

分享经济是转向服务型、创新型经济的重要途径（李文明和吕福玉，2015）[①]，但其前提是资源增量的扩充。只有资源增量做大了，每个交易者才能分配到更多的服务和价值。做大增量一方面要加快现有分享经济平台的"适老化""护老化"改造。分享经济基于移动互联网的特性使其市场主要面向年轻消费群体，老年市场有很大的缺口。平台需要主动增强对老年群体的包容度，推出适宜老年群体的简洁、易操作的平台界面等，并为平台使用过程中可能遭遇的风险和不确定性因素提供技术、工具、宣传支持，使平台向主动式、全覆盖服务形态转变。另一方面要继续扩大分享经济平台与传统租赁服务的对接。目前分享经济应用范围有限，传统租赁市场已经渗透到生产生活的各个方面，加速分享经济平台向传统租赁服务的拓展可以增强分享经济的规模和范围，充分提高闲置资源利用效率。

## （三）加速"众孵""众信"等平台创新

构建分享经济创新平台的目的是闲置资源最大化发挥产出价值，使资源需求方以较低成本取得资源。因此，交易应尽可能减少对机构的依赖，削减交易中介环节的成本，平台要重构交易双方关系，以短期、契约式、以创新项目为核心的灵活连接关系取代长期、低质效的连接关系，使闲置资源交易者拥有更大的交易自主权，如在交易对象不诚信时可以随时更换对象等，节约交易监督和履约成本。这种交易对象自选择机制还可倒逼闲置资源提供者提高其资源质量。更重要的是，在已有的众筹、众包、众创、众扶平台以外，平台还需及时搭建和衔接众孵、众验、众享和众信平台，借助群体闲置的力量孵化新企业，检验新模式下交易的质量、共享交易的价值以及建立良性的互信机制，为"大众

---

① 李文明、吕福玉：《分享经济起源与实态考证》，《改革》2015 年第 12 期。

创业、万众创新"提供长期稳定的平台基础。

总而言之,互联网发展与区域创新的融合路径研究以提供全面科学的"互联网+区域创新"融合路径体系为目标,按照围绕产业链部署创新链,围绕创新链部署服务链的总体框架,遵循系统性、有序性和全面性原则,设计了"微观—中观—宏观"三维路径体系:(1)微观层面,要构造企业多元创新能力矩阵。一是思维理念创新,企业要树立适应性创新理念、"云化"理念和分布式商业理念。二是生产经营创新,企业需完成产品研发、原料采购、生产制造、营销体系、仓储物流的全流程创新。三是管理系统创新,企业要及时进行数据资产管理创新、组织结构创新、定价策略创新、企业文化创新及企业家精神培育。(2)中观层面,要形成有序的产业创新推进结构。一是确立产业互联网为"互联网+区域创新"融合的可行方向,以价值链创新为战略导向,以供应链创新为实施细则,实现产业全方位革新。二是以工业互联网为融合创新的重点,形成以工业互联网平台为中轴,以关键技术创新、服务创新、标准建设以及网络安全建设为四翼的发展路径。三是通过产品创新、体验至上、拓展市场和产业链掌控继续深挖消费互联网潜力,促进消费互联网与产业互联网融合发展。(3)宏观层面,打造完善的区域创新创业生态系统。一是推进创新要素集聚共生,以数字技术促成要素虚拟集群,以产业链吸引要素双重集群。二是构建政产学研协同创新平台,以创新载体建设以及人才队伍升级带动区域创新主体内外部协同。三是构建创新创业云服务平台,为创新主体提供专业化内容、精准赋能成果转化过程并创新知识产权服务。四是构建分享经济创新平台,推动闲置资源开放共享、做大分享经济平台增量并加速"众孵""众信"等平台创新。

# 第十一章 互联网驱动区域创新能力提升的政策建议

互联网驱动区域创新能力提升的政策建议以理论和实证研究为基础,以解决"互联网+区域创新"融合中的"难点""重点"问题为目标,深挖互联网发展潜力,为释放互联网对区域创新能力的动能作用提供了以下政策建议:一是强化顶层设计,构建科技创新体系;二是深化网络应用,加快建设网络强国;三是夯实企业创新主体地位,提升企业创新能力;四是推进产业结构优化升级,提高产业整体素质;五是畅通区域创新渠道,高质量打造区域科创走廊。

## 第一节 强化顶层设计,构建科技创新体系

科技创新是系统性工程,一项科技成果的诞生需要科技、经济、制度、生态、法律各个部门的相互配合。政府作为企业创新的重要策应者,有必要立足全局,做好科技创新体系和政策体系的顶层设计与整体部署,实现对创新各参与方的行动与利益的协调,确保区域创新活动有序开展。

### 一、构建科技创新体系

科技创新要以面向世界科技前沿、面向国民经济主战场和面向国家重大

需求为导向(习近平,2014)①,这一论断为新一轮科技革命和产业变革背景下,我国正确应对国内外科技创新竞争压力,构建更适应数字经济发展需求的科技创新体系指明了方向。

### (一)构建面向世界科技前沿的数字科技创新体系

构建面向世界科技前沿的数字科技创新体系,实现互联网驱动区域创新能力提升:一是长期基础研究规划体系。基础研究需要久久为功,建议发挥我国"集中力量办大事"的优势,出台10年期的基础研究规划,围绕第五代移动通信技术、区块链、量子计算、芯片和集成电路等核心技术强化基础研究,对以通用数字技术为基础的航空发动装置、新材料、新能源、深空深海探测、元宇宙等领域的"卡脖子"问题要抢先布局,力争取得原创性突破。二是数据要素市场体系。形成数据的挖掘、采集、清洗、储存、传递、分析等开发应用链条以及数据确权、定价与交易体系。三是国际科技合作体系。围绕互联网及新一代信息技术等开展对外学术交流与合作,构建区域间、政府间、企业间"科技合作关系+科技合作协定+科技合作组织"三位一体的合作体系。

### (二)构建面向国民经济主战场的数字科技创新体系

构建面向国民经济主战场的数字科技创新体系,实现互联网驱动区域创新能力提升:一是梯级创新型企业体系。完善"中小型科技企业—高技术企业—大型高技术企业—创新领军企业"的企业培育体系,形成数字技术领域专精特新企业、瞪羚企业、智能制造单项冠军企业、产业链领头企业协同共进的生态体系。二是金融科技体系。以互联网和数字技术为依托的企业创新需要更加高效灵活、普惠公平和风险可控的投融资体系,建立在数字基础设施上的金融科技能够很好地满足要求。三是数字人才体系,要建立起"战略科学

---

① 习近平:《在中央财经领导小组第七次会议上的讲话》,《人民日报》2014年8月19日。

家及首席人才—科技领军人才及团队—青年创新人才"的梯级数字人才培育体系,完善数字创新管理人才队伍。四是数字创新激励与评价体系,探索科研人员成果归属及奖励机制,创新企业、政府、投融资机构等多方参与的成果评价体系,激发成果转化动能。

### (三)构建面向国家重大需求的数字科技创新体系

构建面向国家重大需求的数字科技创新体系,实现互联网驱动区域创新能力提升:一是数字计划项目体系。围绕数字非对称技术出台重大专项、重点研发计划项目、产业技术攻关项目等,从立项、进度管理、项目绩效评估等全链条密切监管项目运转。二是高端数字创新平台体系。以国家实验室和国家重点实验室为总领,推动国家工程技术研究中心、中省联合工程技术中心、教育部重点实验室、产业集成攻关平台等国家、地方和产业数字创新平台的互通互认、共建共享。三是交叉融合创新体系。建立并完善高校"新工科""新文科"等交叉融合学科体系,企业智能制造、工业互联网等通用型和专用型技术交叉融合创新体系,支持融合基础设施建设,扶持培育交叉融合新业态,从系统环境、运行机制、服务平台多角度入手确保交叉融合创新体系顺畅运行。

## 二、构建行之有效的创新政策体系

掌握并利用互联网对区域创新能力的作用规律,综合运用多种政策工具并提高政策的长期性、空间关联性和区域差异性,构建起精确的、有实效的政策体系,为深度激发互联网及数字经济的创新赋能性提供切实支持。

### (一)以需求面为主,综合应用多种政策工具

充分释放互联网的创新势能必须强化需求面政策工具的使用,以促进融合为施策理念,重视从协作研发、新概念形成到市场化推广三个阶段的畅通物理空间和数字空间的打造,多措并举确保创新成果取得相应的经济收益,激发

创新主体的成果转化动力。需求面政策首先要加强政策的需求调研,针对科技体制机制改革中市场主体、高校与科研院所等所反馈较多的需求及问题制定创新管理活动的规则和标准。同时政府采购也需强化支持创新职能,增加自主创新、重大创新、核心关键技术创新等产品集采的范围和力度。供给面政策中,数据成为增长的新要素要求政府强化数据开发和分享力度以增强提供信息支持的能力。环境面政策中,对于创新文化塑造、税收优惠、知识产权保护和开发工具的使用率也需提高。

(二)制定长期性"互联网+区域创新"政策

互联网与区域创新之间有长期稳定的均衡关系,若能尽早布局,长期将对经济增长和科技创新有显著提升作用,典型的如贵州省较早布局的大数据产业目前已领跑全国。因此,西部网络水平较低地区应树立长远目光,加大互联网领域投入,发挥互联网在这些地区更高的创新激励性。同时,互联网对区域创新能力的提升作用有滞后性,对后期提升的作用高于当期。这一方面要求地方政府在政策制定上要给予充分的时间使其释放创新效能,而不是在某一时间段密集投入后又出现政策的"断档期",尤其是要重点规避由于地方官员换届产生的施策理念不连续性对互联网企业发展预期的负面作用。另一方面,对于可能会出现的扎堆投入互联网基建、数字基建的局面,互联网政策更应该充分考虑到与产业政策、宏观政策的协调性,引导既有资源的合理配置与有效利用,避免过度投资、无效投资和重复建设对创新资金的挤出以及创新资源的浪费。

(三)制定空间关联性"互联网+区域创新"政策

我国区域创新能力呈现"高—高"与"低—低"集聚共存的局面,长此以往,会造成区域创新能力发展的不平衡。因此,必须结合区域特征分类施策,引导区域协调发展。东部创新能力较强的省份,要强化其"创新策源地"的责

第十一章 互联网驱动区域创新能力提升的政策建议

任意识,在找准地区禀赋的基础上通过设立技术开发区、指定创新试点城市等,带动创新人才、资金以及创新项目在中西部落地,充分释放东部地区创新溢出。对于西部创新能力较低的地区,首要的是要破除"低水平集聚"的路径依赖,转而在人才培育和引进、制度改进、营商环境优化等方面发力,为吸收东部地区知识溢出创造条件。在政策细节上,要释放区域自身的技术、人才、产业基础等优势,通过共建智慧城市群、共商共建数字基础设施等促进要素市场整合,围绕产业链和创新链分工合作,集中全力塑造起创新发展高地后再向区域内部扩散。另外,地方政府要在数据开放和数据共享平台上再出新策,尤其是要推进科学数据的共享,充分释放互联网开放合作基因对各区域协同创新的激发作用。

(四)制定差异化"互联网+区域创新"政策

东部、中部、西部三大区域互联网与创新能力之间的非线性关系在特征上有较大的差异,东部、西部地区存在三重门槛效应,而中部地区只存在一重门槛,因此要结合三大区域各自的实际情况制定差异化的政策。东部地区的浙江、广东、福建、北京、江苏、上海和山东等地互联网和区域创新能力发展均处于最高水平,政策上应该着眼于"先试先行",率先探索互联网及数字经济领域的技术创新、商业创新、制度创新,为继续发挥"互联网+""数字经济+"融合创新作用提供经验范本。天津这类区域创新能力水平较高但互联网发展水平较低地区,政策重点应放在吸引更多互联网人才和企业落户上,加速摆脱首都对互联网资源的虹吸效应。中部地区大部分省份存在严重的"高水平陷阱",应该侧重于疏解网络资源错配和重复建设乱象,有序引导资金从扎堆建设向创新活动上转变,强化创新人才与配套资源支撑,突破互联网与区域创新能力的"瓶颈"期。西部地区大量省份已经能够正确地利用互联网的创新溢出红利,但影响较之东部仍然较小,需要持续强化互联网领域创新,尤其是促进互联网与产业融合创新。

## 第二节　深化网络应用，加快建设网络强国

互联网因其独有的技术、平台和思维模式在区域创新中发挥了先锋带头作用。促进"互联网+区域创新"融合发展需要加速网络及数字基础设施建设，提高互联网资源和普及率，深化互联网在经济社会中的应用程度，确保网络安全并做好网络监管治理，弥补当前"互联网+创新"的短板。

### 一、量质并举推进信息基础设施建设

互联网基础设施对区域创新的影响是边际报酬递增的，因此建设网络强国的壮举中，首要的就是持续推进基础设施建设。在通信网络基础设施领域，着力在第五代移动通信技术、工业互联网、物联网、卫星互联网等领域持续发力，驱动从人际互联、人机互联走向"万物互联"阶段。在城市，以智慧城市建设为导向分批次实现"双千兆"网络的城市全覆盖，同时在有条件的地区率先建设万兆无源光网络。在乡镇，首先完成农村光纤全覆盖的任务，在有条件的重点乡镇开始第五代移动通信技术试点布局直至逐步实现县、乡、镇三级的第五代移动通信技术网络全覆盖。在新技术基础设施方面，围绕量子科技、类脑计算、边缘计算、区块链、人工智能等部署项目和工程，重点支持信息领域核心技术的突破，搭建起涵盖国家级、区域级和行业级的综合数据中心体系架构；在算力基础设施上，继续建设国家级超算中心、智能计算中心的同时，要强化区域超算中心的互联互通，促进全国超算资源开放共享，构筑算力资源集约化、规模化和绿色化发展格局。从区域分布上，以甘肃为代表的西部地区省份多处于物质资本投资显著不足阶段，经济发展水平不足以支撑数字基建投入需求，政府应紧抓"东数西算"工程实施的投资拉动契机加大招商引资力度，增强产业链受益能力，保质保量建成区域性数据中心集群。江苏、广东和山东三地新基建物质资本投入充足，但应该在物质投入

第十一章　互联网驱动区域创新能力提升的政策建议

的同时兼顾好人力、智力资本投入,尤其是要增强数据要素的有效供给,避免造成要素结构失衡。其余省份应继续加大新基建投资,做好数字基建的标准制定和供应商在规划、建设和运维方面的资质筛查,促进信息基础设施建设健康有序发展。

## 二、拓展互联网应用,发展多态经济

互联网发展水平中的一项重要指标是网络应用能力,要推进互联网与区域创新协同发展就需要深化网络应用对创新的支撑力,不断引导互联网与商业、生活、生产、政务等方面深度融合,促进网络应用场景的拓展和应用能级的深化。当前,互联网技术的进步及全球疫情的冲击出现了"零工经济""共享经济""社区经济""体验经济""码上经济"等新经济形态、新就业形态,政策的制定应以鼓励和保护多态经济合法合规、健康存在为目标。一是成立互联网及数字经济新业态的管理专班,负责统筹协调以上新事物的发展,管理队伍要从互联网及数字经济人才库中抽取。形成企业、工会、学术专家等共同组成行业发展决策咨询机制,为新事物的发展提供意见和建议。二是加速财税政策、社保政策的衔接创新。随着互联网和数字技术的普及,灵活就业形态更加普遍,开辟针对新就业形态的财税政策模块刻不容缓。可以将灵活就业人员认定为新型劳动者,搭建临时税务登记平台,鼓励其按规缴税的同时可给予其适当的税收优惠等。引导灵活就业者根据其工作时长、薪酬等灵活缴纳社会保险,确保其享受同等水平的公共服务。成立工会保护其合法劳动权益;为灵活就业者根据职业需要提供短期的培训和指导。三是开展试点示范行动。多态经济发展为劳动关系的界定增加了难度,尽管保障和支持灵活就业刻不容缓,但是职业伤害、参保户籍限制、社保补贴等统一推进难度过大,可以从试点向全国推进,逐步建立互联网时代完善的新型劳动者的劳动权益保护体系,激发新经济形态下"大众创业、万众创新"创造的活力。

### 三、关注网络安全,提升网络治理能力

无论是创新资源、要素、创新成果等都需要借助网络渠道存在,网络安全若是得不到保障,那么创新成果的安全性就无从谈起。一是绘制国家网络安全产业发展路线图,综合运用金融税收优惠、外包、政府采购政策支持网络、数据、云端、第五代移动通信技术、人工智能等产业发展,奖补芯片、智能终端和设备产品等基础产品生产企业,重点支持为人工智能、量子加密、数据清洗等前沿技术提供零信任技术、对抗机器学习技术等更高级别技术防护体系的企业,形成一批有自主创新力的队伍。二是深化建设国家级网络安全攻防实验室,资助重点高校网络安全学院组建高校网络应用安全攻防实验室,与企业网络安全攻防实验室形成协同体系;牵头组建校企网络安全实践基地,网络安全人才培养基地、网络安全校企联合实验室等,强化网络安全领域校企创新协同。三是鼓励地方财政在信息化采购方面强化对网络安全的需求,提高对网络安全产品和技术服务的评审力度。对网络安全领域的基础研究和应用研究人才,符合条件的鼓励其申报相应的人才奖补。四是搭建网络安全领域对外合作平台,鼓励技术型企业主动参与国际安全领域标准建设,鼓励社会组织就网络安全产业发展、法律法规制定、政策激励等积极对外交流学习,牵头举办及支持各类网络安全领域会议、展览、学术论坛等,为网络安全产业发展规划提供智力支持。

确保网络安全的同时还需提高网络治理能力:一是建立健全互联网治理综合体系,按照"共享共治"原则完善监管部门、企业、行业和网民协同治理机制。贯彻落实"依法治网"理念,科学认识和利用互联网传播规律完善网络和信息服务领域法律法规,增强互联网治理体系的科学性、精准性和有效性。针对网络服务内容、应用程序等建立完善的分级治理体系,强化网络执法力度。树立网络联动治理和长效治理机制,强化数据开放和共享力度,借助区块链等数字技术建立起网络整顿行动跨区域、跨部门互认与协同机制。二是压实行

业企业主体责任意识,按照"谁主办谁负责"加强对网络服务提供商的从业素质审查,责令平台提高对平台使用者、内容创作者的培训力度,切实落实和完善其服务准则。强化平台对内容及运作机制的自我审核和对外公示,畅通网络平台违规内容披露和举报渠道。责成行业组织出台自律公约,切实弘扬社会主义核心价值观。三是引导网民合规合法用网,严厉惩治博噱头、蹭流量、传播虚假内容、炒作社会热点等造成不良社会影响的用网行为。加大网络精神文明建设宣传力度,形成文明用网、文明上网的良好风气。四是提高应急治理能力,完善重大舆情问题应急响应和处置机制。针对全网关切的直播行业乱象、青少年沉迷网络、平台滥用算法等突出问题和重大问题逐年开展"清朗"专项行动集中整治,切实维护网民权益,营造风清气正的网络空间环境。

## 第三节　夯实企业创新主体地位,提升企业创新能力

夯实企业创新主体地位,综合运用财税政策资助企业创新活动,为企业提供完善的知识产权保护制度可以大大降低企业的研发和非研发性风险,形成以企业为核心的互联网、数字经济与科技创新融合发展的良好局面。

### 一、夯实企业创新主体地位

企业是科技和经济紧密结合的重要力量,应该成为技术创新决策、研发投入、科研组织、成果转化的主体(习近平,2016)。[1] 一是完善企业分级分类、动态跟踪成长机制。滚动遴选中小型科技企业、雏鹰、瞪羚等高成长型企业等纳入企业成长后备库集中培育孵化,已经初具规模的高技术企业鼓励其深耕本领域,向行业领军型企业发展,并为行业头部企业上市提供优质服务,形成梯

---

[1] 习近平:《为建设世界科技强国而奋斗——在全国科技创新大会、两院院士大会、中国科协第九次全国代表大会上的讲话》,人民出版社2016年版。

度创新企业集群。二是压实企业创新主体责任意识。提高重大战略项目、重点项目对企业的开放度,鼓励企业主动"揭榜挂帅"承担创新项目。强化深耕行业领域的龙头企业的责任意识,鼓励其以市场需求为导向,在基础研究、应用研究中主动发现问题、提出问题,为重大项目立项建言献策。三是引导企业构建"创新联合体"。驱动和支持企业主动向高校、研究机构寻求基础研究合作、定向委托研究等,奖励主动落实"双长制"的企业并鼓励有专利在身的科学家主动到企业就职,特别奖励优先向中小微企业出让技术专利成果的高校及个人,促进创新要素向企业集聚。四是优化营商环境,在监管中引入互联网及数字技术,开发远程监管、实时监管、预测预警等新监管形式,引导企业加大电子证照、电子发票、电子公文、电子签章等利企服务的使用。强化平台经济、共享经济等新业态领域的反垄断和反不当竞争力度,维护数字经济市场准入公平,为企业创新营造良性环境。

## 二、增强财税补贴政策力度

财政支持是企业科技创新的"启动器",进一步增强财税政策支持能够充分激发创新主体活力,提高科技成果转化效能。一是简化财税奖补的资格认定和兑现程序,确保创新型企业应知尽知,应享尽享。对致力于提供更强大的数字技术、开拓更广阔的数字融合应用场景的高新技术企业,继续加大其所得税减免力度、研发费用加计扣除力度等,提高财税政策的普惠性。二是财税政策资助创新活动要突出研发导向,对于"专精特新"、独角兽、准独角兽、瞪羚、雏鹰等类型的企业研发活动给予明显的政策倾斜。对其他科技创新型中小企业、从事原始创新的其他企业等贯彻执行科技部《关于营造更好环境支持科技型中小企业研发的通知》,按照拥有关键核心技术产品数量、科技人员数量、高价值知识产权数量以及研发投入强度对科技型企业进行资格认定,符合认定条件的企业可以优先享有用人、用地、用金、用能等方面的减免补贴,享受研发活动的加计扣除、研发所用仪器设备的加速折旧、更大力度的新产品和新服务的"首购首用",更高额度的科技创新券等优惠政策,提高财税政策的精准有效性。

### 三、丰富创新资金融通渠道

破解市场主体融资"瓶颈",创新资金融通渠道是为创新主体纾困解难的重要任务。一是完善多层次资本市场体系,支持互联网企业、数字经济企业登陆主板、创业板、科创板和新三板直接融资,鼓励创新型中小企业、隐形冠军企业借力北交所发展直接融资,引导西部地区科技企业搭上"陕股交"这一区域性资本市场快车,鼓励大型工业企业、能源企业与证券、保险业头部金融机构合力开拓数字经济新领域。二是创新融资渠道,对于高新技术企业善用私募股权、创投基金为企业提供资金、管理、咨询等服务,发挥风险资本的创新激励性,引导数字化转型企业通过知识产权、票据、订单和应收账款融资,鼓励和支持借助新一代信息技术发展绿色制造、绿色能源的企业探索环境权益融资渠道,开发环境权益回购、环境权益借贷、环境权益债券等直接融资工具和环境权益抵质押贷款等间接融资工具。鼓励各省市试点实行企业创新积分制度,会同企业、行业组织、高校等共同完善企业创新评价指标体系,对于企业的创新活动形成长效监测机制,引导地方科技金融机构资金率先向积分排名在前企业倾斜。三是充分发挥数字金融精准"输血"优势,鼓励传统金融机构成立数字金融子公司以提供企业信用数据融资服务,并奖补对中小微企业创新活动融资业绩突出的机构,激励数字金融主动支持中小企业创新活动。

### 四、完善知识产权保护制度

当前知识产权保护难点在于互联网的内生基因是开放的,开放程度越高,网络价值就越高,这与知识产权的私密性构成了冲突,新的知识产权保护制度应兼具"保护"和"开发"两大功能。

对于海南、新疆、宁夏等尚处在知识产权保护低水平区域的企业应强化知识产权保护力度,带动产权保护水平向合理区间迈进,以此保护市场主体的创新意愿。一是严厉打击网络侵权行为、恶意囤积专利和商标行为等,提高侵权企业惩罚性赔付额度。二是设立知识产权纠纷调解专项资金用于鼓励和支持企业主动就数字知识产权纠纷案件开展维权行动。三是在知识产权纠纷裁决中,主动借鉴东部发达地区以及互联网先发国家的成熟裁决案例和纠纷处理机制,化解因为机制不成熟导致的纠纷裁定失衡。

与之相反,北京、广东、湖北、山东、天津、上海与江苏等知识产权保护水平较高,过高的地区甚至可能会阻碍创新溢出,更重要的是要做好企业知识扩散与保护之间的平衡,从单纯的知识产权保护向知识产权服务转变。一是建立知识产权规范交易市场以及知识产权信息平台,鼓励大数据、云计算、人工智能等数字技术在企业知识产权保护中的应用。二是尽早完善数据资产确权、定价和交易相关法律法规,为企业合法共享数据提供便利。三是培育和支持高资质水平的知识产权服务机构集聚,为企业提供知识产权代理、咨询、交易、维权等专业服务。四是引导并奖励企业先行先试,探索知识产权质押融资、专利保险等新兴知识产权运作方式。建立知识产权运作"白名单"系统,专项奖补主动与产业链、供应链和创新链上合作伙伴共享数据、知识产权等无形资产的企业以及在知识产权运作中探索出新模式、新标准的企业,提高企业成果转化的意愿和能力。

## 第四节　推进产业结构优化升级,提高产业整体素质

围绕数字经济与实体经济融合发展目标,支持产业基础能力再造,保护产业链供应链安全稳定,形成特色的有竞争力的数字和智慧产业集群,为推动产业结构优化升级,加速构建以创新为引领的现代产业体系积蓄强大动能。

# 第十一章　互联网驱动区域创新能力提升的政策建议

## 一、支持产业基础能力建设

产业数字化和数字产业化是实现产业结构转型升级的关键路径,《中华人民共和国国民经济和社会发展第十四个五年规划和二〇三五年远景目标纲要》中也明确提出到2025年要实现"产业数字化转型迈上新台阶"和"数字产业化水平显著提升"的目标。因此,产业政策应积极衔接创新政策从选择性向功能性转变,大力支持产业基础再造,为产业转型奠定坚实基础。一是实施产业基础零部件、技术、工艺等薄弱环节的"清单制"并绘制"攻关路线图",引导全产业链就清单中所列项目逐个击破,逐年评估任务完成情况并出台产业基础能力评价报告,帮助掌握产业基础现状。二是广泛推行"链长制",对工业"五基"再造的关键核心环节精准引导和调控。建立产业基础能力建设服务平台,引导产业在关键标准、质量、积极对接国际口径。三是在政府采购规划中明确设定国产仪器、设备、技术、产品的采购比例,设立专项基金奖补同等资质下优先采购国产化技术和产品的单位并落实国产设备、产品和技术采购的减、免、退税政策,改变企业对国产化仪器设备"不敢用""不想用"的思想观念。

## 二、保护产业链供应链稳定安全

互联网和数字经济的发展延长了产业链和供应链,使产业分工风险增加,加之当前国际形势复杂多变,在产业结构转型中更要格外关切产业链供应链的稳定性。一是由国家部委牵头,会同跨国企业、行业龙头企业、行业专家等组成产业链风险监督预警机制,形成科学严谨的产业链风险评估方法和对策体系,长效监测和评估历次产业链供应链风险的溢出范围、传导路径和破坏性,提高产业链风险预测和应对能力。二是引导企业树立供应链体系分散化和多元化理念,建立供应渠道同准、降准备份机制,对于主动寻求多元化合作伙伴的企业做好信息、资金、对接平台等服务。针对关键技术和产品建立项目和供应商管理库,借政府间、区域间合作机会与优质供应商互联拓展平台。三是树立"长板思维",支持企业依托我国大市场、规模化制造能力等优势开展对外合作,重点在第五代移动通信技术、智能制造等领域强化技术攻关,提升面对"断供""脱钩"制裁时的反制衡能力。四是利用好国内消费升级机遇,在生产端推动行业形成需求牵引创新突破的正向促进机制,在消费端引导广大群众以精细化、品牌化和高端化为目标,提升数字消费、服务消费、质量消费的规模,以消费升级倒逼产业链供应链竞争力升级,提高产业链供应链的自主可控性。

## 三、规划布局有竞争力的产业集群

优化产业布局,形成有竞争力的产业集群,驱动产业规模效益显著升级。一是突出区域资源禀赋对产业布局的正向作用,在新疆、宁夏、内蒙古、云南等地重点布局能源互联网及"双碳"产业,在西藏、青海等地优先引入和发展智慧农牧业,向东北地区转移技术密集型制造业等,"一群一策"助力形成基于地方特色的数字及智慧产业发展集群。二是编制产业布局和转移地图,以数字产业、智能制造、服务制造为主要方向,发挥我国产业发展的战略纵深优势推广"东部研发+中西部转化及制造"模式。大力支持产业承接地的集群基地和重要供应链基地建设,鼓励中西部各区域设立自主创新示范区、科技园区、创新产业基地以及高新区等,并对已有的自主创新示范区、科技园区等"以升促建"和"以升代建",扩大产业集群承载空间。三是深化产融合作发展机制,设立产业生态发展基金,常态化搭建重点项目产融对接平台,发挥产业投资引导基金、创业投资引导基金、基础设施引导基金、科技成果转化引导基金等在项目遴选、资源集聚、引智引资、平台服务等方面的作用,引导社会资本重点支持智能制造、工业互联网创新发展,形成跨行业、跨产业、跨区域的工业互联网生态平台赋能重点产业集群数字化转型。四是完善产业集群规模和质量综合评价办法,监测考核龙头企业、协作配套企业运行绩效和问题,释放企业在产业集群中的带动作用。

## 第五节 畅通区域创新渠道,高质量打造区域科创走廊

畅通区域创新溢出渠道,通过高素质的人力资本、丰富的创业活动、数字化智慧化的城市群、密切的区域科技合作以及更高水平的对外开放提升区域创新溢出质量,形成定位明确、特色互补的区域联动创新机制,推动区域协同创新发展。

### 一、厚植人力资本优势

人才是发展的第一资源,区域创新需要建立和完善人才的引育、容留、激励等政策体系,为人才发展孕育良好环境。一是构建层次科学合理的人才队伍体系。规划突出贡献人才、科技领军人才、青年科技人才、技术技能人才的梯度培养方案,组织编制区域发展"紧缺型人才"和"高层次人才"清单,定期发布区域人才需求预测报告,提高对清单人才招引单位的奖补力度。二是重视数字技能培养教育。引导高校、职业院校广泛发展交叉学科教育,围绕工业互联网、数字经济等前沿领域加快学科建设,发展新工科、新文科等交叉专业,协同企业搭建交叉研究中心、交叉实验室、交叉科学实习基地等,提升高校数字技能型人才产出率。三是鼓励支持人才柔性引进模式。择取人才、科教、产业、经济等方面实力强劲的区域建设"人才飞地"载体,除居留优待、科研奖助、生活便利外,扩大优惠面至留居人才的配偶及子女的教育、工作、购房等。四是提高区域全民数字素养。积极举办数字经济展览、科普、竞赛等活动,搭建数字公共资源共享平台,提高全民,尤其是老年群体和残障人士对互联网及数字经济的理解和关注度,培养全民终身学习意识。五是在人才认定和评价方面,要建立灵活开放的人才认定标准体系,成立民间组织、行业协会、企业和

高校共同参与的评价组织对不同行业的人才进行分类评价。六是在科研人才激励上，要以切实提高科研人员收入水平为导向，完善"基本工资+项目奖补+成果激励"三重收入体系，扩大奖励资助的覆盖面。关注青年学者群体，在奖补政策上适当提升弹性，避免以科研年限和成果总数论资排辈，针对有重大贡献的青年科技人才畅通晋升绿色通道。

## 二、支持创业创新活动

创业活动是区域创新的重要构成部分，也是互联网能够提升区域创新力的主要渠道之一。要通过政策部署提高互联网与数字经济领域创业意识和能力，培育以大学生为代表的创新创业人才队伍，形成"大众创业、万众创新"的良好局面。一是大力支持"互联网+""数字经济+"创业活动。搭建创业资源平台，向社会、高校的创业个人及团队开放创新基地、科技企业孵化器、科技服务机构等公共创新资源，促进科技成果转化。积极举办互联网及数字经济相关的创业赛、科技发明赛等在社会面加速创新创业项目广泛涌现。鼓励大学毕业生借助互联网平台灵活创业、返乡创业等，利用新一代信息技术壮大农村智慧农业、电商直播等行业。二是培育产学研创业协同生态。强化高等教育中创业培训比重，帮助大学生群体树立正确的创业观并助其掌握创业所需的综合技能。鼓励高校推广"学分转化制"，推荐优秀学生到企业实践积累创业经验，对于积极创业的学生根据其创业成绩分等级予以学分认可。引导高校成立专业的技术转移办公室，下设分管部门专司在校学生数字创业项目转移转化。三是强化创业服务。加大创新创业奖补政策宣传力度，做好贷款辅助、担保贴息、奖补审批绿色通道、项目索引及数据信息提供等工作，针对大学生创业者出台创业失败贷款政府代偿政策。建设从国家级到省级的众创空间、创新创业孵化基地、大学科技园、星创天地等载体和组织，为创业项目孵化提供良好的硬件环境。加强科技创新中介服务质量，开展科技中介服务人才培训班，形成技术转移经纪人、技术经理人等高质量服务队伍。推广落地创业项目"导师制",滚动遴选区域互联网及数字经济领域成功企业家形成创新导师组,实地走访调研创业项目,集中传授创业经验,帮助创业者降低创业风险。

## 三、推进智慧城市建设

借助互联网、大数据、云计算等新数字技术带动城市化向智慧化、数字化转型升级,助力区域创新集约化、绿色化和智慧化发展。一是利用新一代信息技术做好城市规划建设,将物联网、传感器、计算机视觉等技术纳入交通、能源、道路、公安、医疗等公共基础设施的规划之中统一建设,对现有的老旧城市设施进行数字化和智能化改造,提高城市数字生活服务供给能力。二是建设和完善城市的数字治理体系和治理能力。鼓励建设城市"数字大脑"和"智慧大脑"等一体化大数据指挥平台,大力发展智慧能源、智慧政务、智慧社区、智慧医疗等新领域,形成城市治理"一网统管"。支持有条件的大城市探索建设数字孪生城市,使城市完成"识别险情—定位险情—自动决策—预演决策—决策优化—决策执行"的过程,建立统一标准和数据端口,打造共通互认的数字孪生城市底层架构,使"智慧城市群"成为区域创新溢出畅通渠道。三是统筹财政资金调度,对城市数字基建、数字公共服务等项目吸引各项开发性、政策性、商业性中长期资金支持。强化城市健康码、电子证件、在线出行、在线医疗等服务的推广。

## 四、强化区域科技合作

区域科技合作是解决区域创新资源分布不平衡,西部地区创新能力发展不充分的重要途径。一方面,优化东部对中西部地区的科技支援帮扶机制,从"点对点帮扶"向"体系化帮扶"转变。扶持东部地区先行先试摸索出人才柔性流动、资质跨区互认、资源共创共享的新路子。鼓励东部研发企业主动在中西部地区寻求供应商及成立成果转化基地,支持驻地高校及研究机构加强与外省研究机构的学术交流合作,共建学科、共享资源、共育人才。另一方面,强化中西部地区组团创新意识,从"等待援助"向"寻求合作"转变。一是引导中西部地区依托自贸区、高新区等就近组建区域创新联盟,共同出台发展规划和合作框架协议。二是重点推进"科技支撑西部大开发行动",引导西安高质量建成区域创新中心并辐射整个西北地区。支持西安发展"城市伙伴"关系,与京津冀、长三角、粤港澳大湾区等创新集聚区建立长效科技交流机制,系统学习其区域创新集聚中心建设经验。引导西安以西部创新港、翱翔小镇、国家技术转移西北中心、西安科技大市场等平台为支撑,发挥"秦创原"科技创新平台的资源集聚作用,吸引以先进制造业为代表的硬科技供应链、产业链、创新链集群。提高西安与成渝经济圈协作水平,率先在人工智能、超算等领域创新"飞地""托管"等模式,共同打造数字经济创新集群和网络,并开展重大科研项目联合攻关,为人工智能、区块链、边缘计算等数字经济与实体经济融合中的关键问题提供解决方案。

## 五、提升对外开放水平

对外开放水平能够显著促进区域创新能力提升,各区域应继续推动更高水平的开放,加速形成内外双轮驱动的创新格局。从顶层设计上,围绕数字经济扩大对外科技合作,积极参与全球经贸规则制定、对话与协商,构建跨国数字经济治理综合平台,就数字经济治理热点问题贡献中国方案并吸取全球经验,为数字企业"走出去"开创安全有序的环境。同时,紧抓"数字丝绸之路"发展机遇,以数字贸易为新方向强化与"一带一路"沿线国家和地区在数字基建、数字技术、数字金融、智慧物流、电商直播等领域的合作,畅通以项目为依托的机制、组织、产业、人才、载体多领域合作渠道,为国内企业利用海外差异化消费场景优化数字技术供给能力提供机会。重点推动云贵滇蒙藏等地区依托自贸区、自贸港、对外口岸等资源与周边国家开展科技合作,形成创新战略合作带。从合作路径上,一是鼓励各区域积极探索国际合作渠道,以高校学术交流、企业技术合作、民间交往活动等形式作为政府间合作的有力补充。二是支持本土科技创新载体积极组建离岸创新创业基地、异地研发实验室、海外成果转移转化中心等,吸收国外创新溢出。同时发挥东部地区在数字经济基础研究和应用研究领域的先发优势,吸引全球领先机构在东部设立研发总部或区域研发中心,鼓励本土企业积极参与承担其中的重大研发项目,推动形成双向科技合作网络。三是支持扩大"世界互联网大会""全球硬科技创新大会""全球程序员节""世界制造业大会"等品牌展会影响力,为全球互联网及数字技术领域交流合作提供平台。健全外资服务体系,提高外资利用水平并引导外资更多流向中西部地区创新项目。倡导建立关键核心领域人才标准,推动国际数字经济人才互信互认等,为区域集聚高质量创新要素。

总之,互联网驱动区域创新能力提升的政策建议主要包括:一是强化顶层设计,构建科技创新体系。构建面向世界科技前沿、面向经济主战场、面向国家重大战略需求的科技创新体系。同时构建与之相适应的行之有效的政策体系,以需求面政策工具为主,综合运用"供给面""需求面""环境面"等多种政策工具,强化"互联网+区域创新"政策制定的长期性、空间关联性和差异性。二是深化网络应用,加快建设网络强国。推进信息基础设施建设,尤其是数字基础设施。拓展互联网应用场景,鼓励支持多态经济发展。关注网络安全问题,提升网络治理能力,三管齐下保障网络对区域创新的供给质量。三是夯实企业创新主体地位,提升企业创新能力。夯实企业创新主体地位,形成完善的创新企业集群培育机制。增强财税补贴政策的力度和精准度,拓展企业资本市场融资、权益工具融资、数字金融融资等多种资金融通渠道。完善知识产权保护制度,根据互联网开放度及知识产权保护发展程度,差异化制定兼具保护和开发职能的知识产权政策。四是推动产业结构优化升级,提高产业整体素质。围绕产业数字化和数字产业化发展目标,支持产业基础能力再造,保护产业链供应链安全稳定,推动形成有特色的具有竞争力的数字和智慧产业集群,充分释放产业结构优化升级对互联网与创新融合的调节作用。五是畅通区域创新渠道,高质量打造区域科创走廊。厚植人力资本优势,加大数字技能人才培育力度。引导、鼓励和支持创业群体紧抓"互联网+""数字经济+"融合机遇有序开展创新创业活动。推进智慧城市建设,为互联网创新赋能的传递打开通道。强化区域科技合作,使东部地区科技支援帮扶从"点对点"向"体系化"拓展,中西部地区从"等待援助"向"寻求合作"转变,供需双侧发力促进区域创新能力协调发展。提高对外开放质量,形成国际国内双轮创新驱动格局。

# 参 考 文 献

[1]白俊红、蒋伏心:《协同创新、空间关联与区域创新绩效》,《经济研究》2015年第7期。

[2]曾国屏、林菲:《走向创业型科研机构——深圳新型科研机构初探》,《中国软科学》2013年第11期。

[3]陈光锋:《互联网思维:商业颠覆与重构》,机械工业出版社2014年版。

[4]陈国青、曾大军、卫强等:《大数据环境下的决策范式转变与使能创新》,《管理世界》2020年第2期。

[5]陈荣达、余乐安、金骋路:《中国互联网金融的发展历程、发展模式与未来挑战》,《数量经济技术经济研究》2020年第1期。

[6]陈彦斌、林晨、陈小亮:《人工智能、老龄化与经济增长》,《经济研究》2019年第7期。

[7]程立茹:《互联网经济下企业价值网络创新研究》,《中国工业经济》2013年第9期。

[8]单豪杰:《中国资本存量K的再估算:1952—2006年》,《数量经济技术经济研究》2008年第10期。

[9]丁疆辉、刘卫东、吴建民:《中国农村信息化发展态势及其区域差异》,《经济地理》2010年第10期。

[10]丁琳、王会娟:《互联网技术进步对中国就业的影响及国别比较研究》,《经济科学》2020年第1期。

[11]方刚、常瑞涵:《互联网对企业协同创新中知识增值的影响——软创新资源的作用》,《科技进步与对策》2021年第10期。

[12] 方茜、郑建国:《协同创新体系的结构特征及系统实现路径——基于解释结构模型》,《经济学家》2015年第12期。

[13] 冯华、陈亚琦:《平台商业模式创新研究——基于互联网环境下的时空契合分析》,《中国工业经济》2016年第3期。

[14] 干春晖、郑若谷、余典范:《中国产业结构变迁对经济增长和波动的影响》,《经济研究》2011年第5期。

[15] 辜胜阻、李睿:《以互联网创业引领新型城镇化》,《中国软科学》2016年第1期。

[16] 古银华:《包容型领导对员工创新行为的影响——一个被调节的中介模型》,《经济管理》2016年第4期。

[17] 顾雪松、韩立岩、周伊敏:《产业结构差异与对外直接投资的出口效应——"中国—东道国"视角的理论与实证》,《经济研究》2016年第4期。

[18] 郭家堂、骆品亮:《互联网对中国全要素生产率有促进作用吗?》,《管理世界》2016年第10期。

[19] 韩先锋、惠宁、宋文飞:《信息化能提高中国工业部门技术创新效率吗》,《中国工业经济》2014年第12期。

[20] 韩先锋、宋文飞、李勃昕:《互联网能成为中国区域创新效率提升的新动能吗》,《中国工业经济》2019年第7期。

[21] 何大安、任晓:《互联网时代资源配置机制演变及展望》,《经济学家》2018年第10期。

[22] 何凌云、马青山:《互联网金融促进了企业研发创新吗》,《科技进步与对策》2020年第13期。

[23] 洪银兴:《科技创新阶段及其创新价值链分析》,《经济学家》2017年第4期。

[24] 胡冰:《互联网经济下我国产业创新溢出效应的实证研究》,《经济问题》2018年第9期。

[25] 胡俊、杜传忠:《人工智能推动产业转型升级的机制、路径及对策》,《经济纵横》2020年第3期。

[26] 胡凯、吴清、胡毓敏:《知识产权保护的技术创新效应——基于技术交易市场视角和省级面板数据的实证分析》,《财经研究》2012年第8期。

[27] 黄亮、王振、范斐:《基于突变级数模型的长江经济带50座城市科技创新能力测度与分析》,《统计与信息论坛》2017年第4期。

[28] 黄鲁成:《宏观区域创新体系的理论模式研究》,《中国软科学》2002年第1期。

[29]黄群慧、余泳泽、张松林:《互联网发展与制造业生产率提升:内在机制与中国经验》,《中国工业经济》2019年第8期。

[30]黄群慧:《论新时期中国实体经济的发展》,《中国工业经济》2017年第9期。

[31]黄益平、黄卓:《中国的数字金融发展:现在与未来》,《经济学(季刊)》2018年第4期。

[32]惠宁、刘鑫鑫、马微:《互联网发展与我国区域创新能力的提升——基于互联网资源量与普及度双重视角的分析》,《陕西师范大学学报(哲学社会科学版)》2020年第6期。

[33]惠宁、刘鑫鑫:《互联网发展与区域创新能力非线性关系研究》,《科技进步与对策》2020年第12期。

[34]惠宁、刘鑫鑫:《信息化对中国工业部门技术创新效率的空间效应》,《西北大学学报(哲学社会科学版)》2017年第6期。

[35]惠宁、马微、刘鑫鑫:《互联网发展对中国区域创新能力的影响及地区差异研究》,《北京工业大学学报(社会科学版)》2021年第2期。

[36]江小涓:《高度联通社会中的资源重组与服务业增长》,《经济研究》2017年第3期。

[37]姜建强、乔延清、孙烽:《信息技术革命与生产率悖论》,《中国工业经济》2002年第12期。

[38]蒋欣娟、吴福象、丛海彬:《异质性研发、知识溢出与企业创新产出——基于创新链视角的实证分析》,《科技进步与对策》2020年第24期。

[39]金春枝、李伦:《我国互联网数字鸿沟空间分异格局研究》,《经济地理》2016年第8期。

[40]经济合作与发展组织:《以知识为基础的经济》,机械工业出版社1997年版。

[41]李海舰、田跃新、李文杰:《互联网思维与传统企业再造》,《中国工业经济》2014年第10期。

[42]李恒:《区域创新能力的空间特征及其对经济增长的作用》,《河南大学学报(社会科学版)》2012年第4期。

[43]李佳钰、周宇:《互联网对中国工业技术创新效率的影响:基于阶段异质效应的分析》,《人文杂志》2018年第7期。

[44]李立威、景峰:《互联网扩散与经济增长的关系研究——基于我国31个省份面板数据的实证检验》,《北京工商大学学报(社会科学版)》2013年第3期。

[45]李利凯:《开放式创新:大协作改变世界》,上海三联书店2016年版。

[46] 李莉、闫斌、顾春霞:《知识产权保护、信息不对称与高科技企业资本结构》,《管理世界》2014 年第 11 期。

[47] 李平、宫旭红、齐丹丹:《中国最优知识产权保护区间研究——基于自主研发及国际技术引进的视角》,《南开经济研究》2013 年第 3 期。

[48] 李唐、李青、陈楚霞:《数据管理能力对企业生产率的影响效应——来自中国企业—劳动力匹配调查的新发现》,《中国工业经济》2020 年第 6 期。

[49] 李万、常静、王敏杰等:《创新 3.0 与创新生态系统》,《科学学研究》2014 年第 12 期。

[50] 李晓华:《全球工业互联网发展比较》,《甘肃社会科学》2020 年第 6 期。

[51] 李长英、赵忠涛:《技术多样化与企业价值——专利产出的中介作用和环境不确定性的调节效应》,《山西财经大学学报》2020 年第 4 期。

[52] 李紫娟:《加快推动人工智能产业高质量发展》,《红旗文稿》2021 年第 2 期。

[53] 林光平、龙志和、吴梅:《我国地区经济收敛的空间计量实证分析:1978—2002 年》,《经济学(季刊)》2005 年第 S1 期。

[54] 林娟:《互联网对经济收敛性的影响研究》,《经济问题探索》2013 年第 1 期。

[55] 林军:《沸腾十五年:中国互联网 1995—2009》,中信出版社 2009 年版。

[56] 刘斌、辛伟涛:《互联网是否会激活机会型创业?——基于创业动机视角的实证研究》,《经济评论》2020 年第 5 期。

[57] 刘传明、王卉彤、魏晓敏:《中国八大城市群互联网金融发展的区域差异分解及收敛性研究》,《数量经济技术经济研究》2017 年第 8 期。

[58] 刘桂芳:《中国互联网区域差异的时空分析》,《地理科学进展》2006 年第 4 期。

[59] 刘湖、张家平:《互联网对农村居民消费结构的影响与区域差异》,《财经科学》2016 年第 4 期。

[60] 刘俏:《从大到伟大 2.0》,机械工业出版社 2018 年版。

[61] 刘诗源、林志帆、冷志鹏:《税收激励提高企业创新水平了吗?——基于企业生命周期理论的检验》,《经济研究》2020 年第 6 期。

[62] 刘思明、侯鹏、赵彦云:《知识产权保护与中国工业创新能力——来自省级大中型工业企业面板数据的实证研究》,《数量经济技术经济研究》2015 年第 3 期。

[63] 刘小鲁:《知识产权保护、自主研发比重与后发国家的技术进步》,《管理世界》2011 年第 10 期。

[64] 刘鑫鑫、惠宁:《互联网对企业家精神的影响——基于"双创"视角的分析》,

《经济经纬》2021年第2期。

[65]刘玉国、王晓丹、尹苗苗等:《互联网嵌入对创业团队资源获取行为的影响研究——创业学习的中介作用》,《科学学研究》2016年第6期。

[66]刘姿均、陈文俊:《中国互联网发展水平与经济增长关系实证研究》,《经济地理》2017年第8期。

[67]柳卸林、胡志坚:《中国区域创新能力的分布与成因》,《科学学研究》2002年第5期。

[68]卢涛、周寄中:《我国物联网产业的创新系统多要素联动研究》,《中国软科学》2011年第3期。

[69]罗珉、李亮宇:《互联网时代的商业模式创新:价值创造视角》,《中国工业经济》2015年第1期。

[70]马明、赵国浩:《交通基础设施和人力资本对区域创新能力影响研究》,《财经问题研究》2017年第8期。

[71]马微、惠宁:《金融结构对技术创新的影响效应及其区域差异研究》,《经济科学》2018年第2期。

[72]马晓河、胡拥军,《"互联网+"推动农村经济高质量发展的总体框架与政策设计》,《宏观经济研究》2020年第7期。

[73]马智涛、姚辉亚、李斌等:《分布式商业:数字时代的新商业变革》,中信出版社2020年版。

[74]毛德勇、杜亚斌:《我国互联网金融发展的宏观经济效应分析——基于PVAR模型的实证》,《贵州社会科学》2016年第10期。

[75]倪进峰、李华:《产业集聚、人力资本与区域创新——基于异质产业集聚与协同集聚视角的实证研究》,《经济问题探索》2017年第12期。

[76]宁进厅、邱娟、汪明峰:《中国互联网产业发展的区域差异及其动态演进——基于生产和消费的视角》,《世界地理研究》2010年第4期。

[77]戚聿东、肖旭:《数字经济时代的企业管理变革》,《管理世界》2020年第6期。

[78]邱泽奇、张樹沁、刘世定等:《从数字鸿沟到红利差异——互联网资本的视角》,《中国社会科学》2016年第10期。

[79]沙文兵、李莹:《OFDI逆向技术溢出、知识管理与区域创新能力》,《世界经济研究》2018年第7期。

[80]沈国兵、袁征宇:《企业互联网化对中国企业创新及出口的影响》,《经济研究》2020年第3期。

[81]施炳展:《互联网与国际贸易——基于双边双向网址链接数据的经验分析》,《经济研究》2016年第5期。

[82]史丹、白骏骄:《产业结构早熟对经济增长的影响及其内生性解释——基于互联网式创新力视角》,《中央财经大学学报》2019年第6期。

[83]史丹、孙光林:《数字经济、金融效率与我国经济高质量发展》,《企业经济》2022年第1期。

[84]世界银行和国务院发展研究中心联合课题组:《2030年的中国:建设现代、和谐、有创造力的社会》,中国财政经济出版社2013年版。

[85]宋旭光、赵雨涵:《中国区域创新空间关联及其影响因素研究》,《数量经济技术经济研究》2018年第7期。

[86]孙琳琳、郑海涛、任若恩:《信息化对中国经济增长的贡献:行业面板数据的经验证据》,《世界经济》2012年第2期。

[87]孙耀吾、翟翌、顾荃:《服务主导逻辑下移动互联网创新网络主体耦合共轭与价值创造研究》,《中国工业经济》2013年第10期。

[88]孙早、徐远华:《信息基础设施建设能提高中国高技术产业的创新效率吗?——基于2002—2013年高技术17个细分行业面板数据的经验分析》,《南开经济研究》2018年第2期。

[89]孙正:《"营改增"视角下流转税改革优化了产业结构吗?》,《中国软科学》2016年第12期。

[90]童有好:《"互联网+制造业服务化"融合发展研究》,《经济纵横》2015年第10期。

[91]王彬彬、李晓燕:《互联网平台组织的源起、本质、缺陷与制度重构》,《马克思主义研究》2018年第12期。

[92]王华:《更严厉的知识产权保护制度有利于技术创新吗?》,《经济研究》2011年第S2期。

[93]王缉慈、王可:《区域创新环境和企业根植性——兼论我国高新技术企业开发区的发展》,《地理研究》1999年第4期。

[94]王建伟:《工业赋能:深度剖析工业互联网时代的机遇和挑战》,人民邮电出版社2018年版。

[95]王金杰、郭树龙、张龙鹏:《互联网对企业创新绩效的影响及其机制研究——基于开放式创新的解释》,《南开经济研究》2018年第6期。

[96]王可、李连燕:《"互联网+"对中国制造业发展影响的实证研究》,《数量经济

技术经济研究》2018年第6期。

[97]王永华：《我国人力资本与区域创新能力的非线性关系研究——基于面板门槛模型的经验证据》，《经济问题》2015年第6期。

[98]王子敏、潘丹丹：《中国区域互联网发展水平测度与收敛性分析》，《统计与决策》2018年第8期。

[99]温忠麟、叶宝娟：《中介效应分析：方法和模型发展》，《心理科学进展》2014年第5期。

[100]温忠麟、张雷、侯杰泰等：《中介效应检验程序及其应用》，《心理学报》2004年第36期。

[101]乌家培、秦海菁：《信息产业化和工业信息化》，《中国工业经济》1995年第1期。

[102]乌家培：《正确处理信息化与工业化的关系》，《经济研究》1993年第12期。

[103]乌家培：《中国信息化道路探索》，《经济研究》1995年第6期。

[104]吴福象、沈浩平：《新型城镇化、创新要素空间集聚与城市群产业发展》，《中南财经政法大学学报》2013年第4期。

[105]吴一平、李鲁：《中国开发区政策绩效评估：基于企业创新能力的视角》，《金融研究》2017年第6期。

[106]习近平：《高举中国特色社会主义伟大旗帜　为全面建设社会主义现代化国家而团结奋斗——在中国共产党第二十次全国代表大会上的报告》，人民出版社2022年版。

[107]肖静华、谢康、吴瑶等：《从面向合作伙伴到面向消费者的供应链转型——电商企业供应链双案例研究》，《管理世界》2015年第4期。

[108]谢印成、高杰：《互联网发展对中国经济增长影响的实证研究》，《经济问题》2015年第7期。

[109]邢娇阳：《促进我国农业信息化建设研究》，《经济纵横》2015年第12期。

[110]徐鹏杰、黄少安：《我国区域创新发展能力差异研究——基于政府与市场的视角》，《财经科学》2020年第2期。

[111]徐维祥、周建平、周梦瑶等：《数字经济空间联系演化与赋能城镇化高质量发展》，《经济问题探索》2021年第10期。

[112]徐伟呈、范爱军：《"互联网+"驱动下的中国产业结构优化升级》，《财经科学》2018年第3期。

[113]许小年：《商业的本质和互联网》，机械工业出版社2020年版。

［114］杨波、李波：《开发区设立提升了企业创新质量吗——来自中国 A 股上市公司的经验证据》，《科技进步与对策》2021 年第 3 期。

［115］杨吉：《互联网：一部概念史》，清华大学出版社 2016 年版。

［116］杨继瑞、薛晓、汪锐：《"互联网+现代农业"的经营思维与创新路径》，《经济纵横》2016 年第 1 期。

［117］杨维、姚程、苏梦颖：《城镇化水平影响创新产出的地区差异性和空间依赖性——基于非空间面板与空间面板模型的实证分析》，《中国软科学》2019 年第 7 期。

［118］尹楠：《我国各省份互联网区域化发展竞争力差异分析》，《中国流通经济》2015 年第 9 期。

［119］余菲菲、高霞：《产业互联网下中国制造企业战略转型路径探究》，《科学学研究》2018 年第 10 期。

［120］原毅军、谢荣辉：《环境规制的产业结构调整效应研究——基于中国省际面板数据的实证检验》，《中国工业经济》2014 年第 8 期。

［121］湛泳、徐乐：《"互联网+"下的包容性金融与家庭创业决策》，《财经研究》2017 年第 9 期。

［122］张骁、吴琴、余欣：《互联网时代企业跨界颠覆式创新的逻辑》，《中国工业经济》2019 年第 3 期。

［123］张旭亮、史晋川、李仙德等：《互联网对中国区域创新的作用机理与效应》，《经济地理》2017 年第 12 期。

［124］赵大伟：《互联网思维独孤九剑：移动商业时代的思维革命》，机械工业出版社 2014 年版。

［125］赵宏波、李光慧、苗长虹：《河南省区域创新能力与提升路径》，《经济经纬》2020 年第 4 期。

［126］赵立斌、张莉莉：《数字经济价值链重构与产能利用率提升》，科学出版社 2020 年版。

［127］甄峰、黄朝永、罗守贵：《区域创新能力评价指标体系研究》，《科学管理研究》2000 年第 6 期。

［128］植草益：《信息通讯业的产业融合》，《中国工业经济》2001 年第 2 期。

［129］周鸿祎：《周鸿祎自述：我的互联网方法论》，中信出版社 2014 年版。

［130］周永亮：《价值链重构：突破企业成长的关口》，机械工业出版社 2016 年版。

［131］周宇、陈锦强：《互联网驱动实体经济创新发展的效应研究》，《福建论坛（人文社会科学版）》2020 年第 7 期。

# 参考文献

[132]周宇、惠宁、陈锦强:《互联网促进高技术产业创新效率提升研究》,《北京工业大学学报(社会科学版)》2021年第6期。

[133]朱俊杰、徐承红:《区域创新绩效提升的门槛效应——基于吸收能力视角》,《财经科学》2017年第7期。

[134]朱盼、孙斌栋:《中国城市的企业家精神——时空分布与影响因素》,《人文地理》2017年第5期。

[135]祝仲坤、冷晨昕:《互联网与农村消费——来自中国社会状况综合调查的证据》,《经济科学》2017年第6期。

[136][美]埃德蒙·费尔普斯:《大繁荣:大众创新如何带来国家繁荣》,余江译,中信出版社2013年版。

[137][美]埃里克·斯蒂芬·雷蒙:《大教堂与集市》,卫剑钒译,机械工业出版社2014年版。

[138][美]安纳利·萨克森宁:《地区优势:硅谷和128公路地区的文化与竞争》,曹蓬译,上海远东出版社1999年版。

[139][以]奥兹·谢伊:《网络产业经济学》,张磊译,上海财经大学出版社2002年版。

[140][美]菲利普·阿吉翁、[美]彼得·霍依特:《内生增长理论》,陶然译,北京大学出版社2004年版。

[141][美]哈耶克:《通往奴役的道路》,滕维藻、朱宗风译,商务印书馆1962年版。

[142][美]亨利·切萨布鲁夫:《开放式创新:进行技术创新并从中赢利的新规则》,金马译,清华大学出版社2005年版。

[143][美]杰里米·里夫金:《工作的终结:后市场时代的来临》,王寅通译,上海译文出版社1998年版。

[144][美]杰伦·拉尼尔:《互联网冲击:互联网思维与我们的未来》,李龙泉、祝朝伟译,中信出版社2014年版。

[145][美]克里斯·安德森:《创客:新工业革命》,萧潇译,中信出版社2015年版。

[146][美]马歇尔:《经济学原理》,朱志泰、陈良璧译,商务印书馆2009年版。

[147][以]本特-奥克·伦德瓦尔:《国家创新系统:建构创新和交互学习的理论》,李正风、高璐译,知识产权出版社2016年版。

[148][英]克里斯托夫·弗里曼:《技术政策与经济绩效:来自日本的经验》,张宇

轩译,东南大学出版社 2008 年版。

[149] Akerman A., Gaarder I., Mogstad M., "The Skill Complementarity of Broadband Internet", *The Quarterly Journal of Economics*, Vol.130, No.4, 2015.

[150] Armstrong M., "The Theory of Access Pricing and Interconnection", *MPRA Working Paper*, 2001.

[151] Arin K.P., Huang V.Z., Minniti M., et al., "Revisiting the Determinants of Entrepreneurship: A Bayesian Approach", *Journal of Management*, Vol.41, No.2, 2015.

[152] Atasoy H., "The Effects of Broadband Internet Expansion on Labor Market Outcomes", *Industrial & Labor Relations Review*, Vol.66, No.2, 2013.

[153] Barro, Robert J., "Economic Growth in a Cross Section of Countries", *The Quarterly Journal of Economics*, Vol.106, No.2, 2010.

[154] Cardona M., Kretschmer T., Strobel T., "ICT and Productivity: Conclusions from the Empirical Literature", *Information Economics & Policy*, Vol.25, No.3, 2013.

[155] Choi C., Yi M.H., "The Effect of the Internet on Economic Growth: Evidence from Cross-country Panel Data", *Economics Letters*, Vol.105, No.1, 2009.

[156] Cohen-Almagor, Raphael, *Moral, Ethical, and Social Dilemmas in the Age of Technology: Theories and Practice*, IGI Global, 2013.

[157] Cooke P., Hans Joachim Brazyk H.J., Heidenreich M., *Regional Innovation Systems: The Governance in the Globalized World*, London: UCL Press, 1996.

[158] Cumming D., Johan S., "The Differential Impact of the Internet on Spurring Regional Entrepreneurship", *Entrepreneurship Theory and Practice*, Vol.34, No.5, 2010.

[159] Czernich N., Falck O., Kretschmer T., et al., "Broadb and Infrastucture and Economic Growth", *The Economic Journal*, Vol.121, No.5, 2011.

[160] Daft R.L., "A Dual-core Model of Organizational Innovation", *The Academy of Management Journal*, Vol.21, No.2, 1978.

[161] Dekker, Rianne, Engbersen G., "How Social Media Transform Migrant Networks and Facilitate Migration", *Global Networks*, Vol.14, No.1, 2014.

[162] Dutta S., Benavente D., Lanvin B., et al., *The Global Innovation Index* 2013: *Local Dynamics Keep Innovation Strong in the Face of Crisis*, The Global Innovation Index, 2013.

[163] Economides N., "The Economics of Networks", *International Journal of Industrial Organization*, 1996, Vol.14, No.6.

[164] Evans D., "The Antitrust Economics of Multi-Sided Platform Markets", *Yale*

*Journal on Regulation*, Vol.20, No.2, 2003.

[165] Forman C., Zeebroeck N. V., "From Wires to Partners: How the Internet has Fostered R&D Collaborations within Firms", *Management Science*, Vol.58, No.8, 2012.

[166] Freund C., Weinhold D., "The Internet and International Trade in Services", *American Economic Review*, Vol.92, No.2, 2002.

[167] Fritz M. S., MacKinnon D. P., "Required Sample Size to Detect the Mediated Effect", *Psychological Science*, Vol.18, No.5, 2007.

[168] Guan J., Ma N., "Innovative Ccapability and Export Performance of Chinese Firms", *Technovation*, Vol.23, No.9, 2003.

[169] Gumbaualbert M., Maudos J., "Patents, Technological Inputs and Spillovers among Regions", *Applied Economics*, Vol.41, No.12, 2009.

[170] Greco M., Grimaldi M., Cricelli L., "Hitting the Nail on the Head: Exploring the Relationship Between Public Subsidies and Open Innovation Efficiency", *Technological Forecasting and Social Change*, Vol.118, No.5, 2017.

[171] Griffith R., Huergoe, Mairesse J., "Innovation and Productivity Across Four European Countries", *Oxford Review of Economic Policy*, Vol.22, No.3, 2006.

[172] Hall B., "R&D Tax Policy during the 1980s: Success or Failure?", *Tax Policy and the Economy*, No.7, 1993.

[173] Heidenreich M., "The Renewal of Regional Capabilities: Experimental Regionalism in Germany", *Research Policy*, Vol.34, No.5, 2005.

[174] Hong J., Feng B., Wu Y., Wang L., "Do Government Grants Promote Innovation Efficiency in China's High-tech Industries?", *Technovation*, 2016.

[175] Hsieh P. H., Mishra C. S., Gobeli D. H., "The Return on R&D Versus Capital Expenditures in Pharmaceutical and Chemical Industries", *IEEE Transactions on Engineering Management*, Vol.50, No.2, 2003.

[176] Huang Y., Chen C., "The Impact of Technological Diversity and Organizational Slack on Innovation", *Technovation*, Vol.30, No.7-8, 2010.

[177] Javalgi R.R.G., Johnston W.J, et al., "Entrepreneurship, Muddling through, and Indian Internet-enabled SMEs", *Journal of Business Research*, Vol.65, No.6, 2012.

[178] Kafouros M. I., "The impact of the Internet on R&D efficiency: Theory and Evidence", *Technovation*, Vol.26, No.7, 2006.

[179] Katz M.L., Shapiro C., "Network Externalities, Competition, and Compatibility",

*The American Economic Review*, Vol.75, No.3, 1985.

[180] Kautonen T., Down S., Minniti M., "Ageing and Entrepreneurial Preferences", *Small Business Economics*, Vol.42, No3, 2014.

[181] Lesage J.P., Fischer M.M., "Spatial Growth Regressions: Model Specification, Estimation and Interpretation", *Social ence Electronic Publishing*, Vol.3, No.8, 2008.

[182] Lucas R.E., " On the Mechanics of Economic Development", *Journal of Monetary Economic*, Vol.22, No.1, 1998.

[183] Lundvall B.Å., *National Systems of Innovation: Toward a Theory of Innovation and Interactive Learning*, London: Anthem Press, 2010.

[184] Lesage J.P., Pace P.K., *Introduction to Spatial Econometrics*, New York: CRC Press, 2009.

[185] Meyer T., "Online P2P Lending Nibbles at Banks' Loan Business", *Deutsche Bank Research*, No.7, 2007.

[186] Meijers H., "Does the Internet Generate Economic Growth, International Trade, or Both?", *International Economics & Economic Policy*, Vol.11, No.1-2, 2014.

[187] March J.G., " Exploration and Exploitation in Organizational Learning", *Organization Science*, Vol.2, No.1, 1991.

[188] Mollick E., "The Dynamics of Crowdfunding: An Exploratory Study", *Journal of Business Venturing*, Vol.29, No.1, 2014.

[189] Mowery D.C., Simcoe T., "Is the Internet a US invention? —An Economic and Technological History of Computer Networking", *Research Policy*, Vol.31, No.8-9, 2002.

[190] Noh Y.H, Yoo K., "Internet, Inequality and Growth", *Journal of Policy Modeling*, Vol.30, No.6, 2008.

[191] Paunov C., Rollo V., " Has the Internet Fostered Inclusive Innovation in the Developing World?", *World Development*, Vol.78, 2016.

[192] Romer P.M., "Endogenous Technical Change", *Journal of Political Economy*, Vol.98, No.5, 1990.

[193] Shannon C.E., "A Mathematical Theory of Communication", *Acm Sigmobile Mobile Computing and Communications Review*, Vol.5, No.1, 2001.

[194] Solow R.M., " We'd Better Watch Out", *New York Times Book Review*, 1987, Vol.12, No.7.

[195] Strassman P.A., *Information Payoff: The Transformation of Work in the Electronic*

## 参考文献

Age, New York: Free Press, 1985.

[196] Xue L., Ray G., Sambamurthy V., "Efficiency or Innovation: How do Industry Environment Moderate the Effects of Firms' IT Asset Portfolios?", *MIS Quarterly*, Vol. 36, No. 2, 2012.

策划编辑:郑海燕
封面设计:石笑梦
版式设计:胡欣欣
责任校对:周晓东

**图书在版编目(CIP)数据**

互联网驱动区域创新能力提升的效应研究/惠宁 著. —北京:人民出版社,
2023.7
ISBN 978－7－01－025619－1

Ⅰ.①互… Ⅱ.①惠… Ⅲ.①区域经济发展-研究-中国 Ⅳ.①F127

中国国家版本馆 CIP 数据核字(2023)第 070739 号

互联网驱动区域创新能力提升的效应研究
HULIANWANG QUDONG QUYU CHUANGXIN NENGLI TISHENG DE XIAOYING YANJIU

惠 宁 著

**人民出版社** 出版发行
(100706 北京市东城区隆福寺街99号)

中煤(北京)印务有限公司印刷　新华书店经销
2023 年 7 月第 1 版　2023 年 7 月北京第 1 次印刷
开本:710 毫米×1000 毫米 1/16　印张:20.25
字数:300 千字
ISBN 978－7－01－025619－1　定价:102.00 元

邮购地址 100706　北京市东城区隆福寺街99号
人民东方图书销售中心　电话 (010)65250042　65289539

版权所有·侵权必究
凡购买本社图书,如有印制质量问题,我社负责调换。
服务电话:(010)65250042